CONSULTA FISCAL

*Comentários à Instrução
Normativa RFB 1.396/2013*

AUTORES
ANTONIO GUIMARÃES SEPULVEDA
IGOR DE LAZARI

CONSULTA FISCAL

Comentários à Instrução Normativa RFB 1.396/2013

Rio de Janeiro
2018

1ª edição – 2018

© Copyright
Antonio Guimarães Sepulveda
Igor De Lazari

Coordenação de Pesquisa
Carlos Bolonha

Colaboradores
Flávio Franco Correa
Alexandre José Brito Guedes

Capa
Imagem original da capa desenhada por Freepik (Freepik Company)
/Original cover art designed by Freepik (Freepik Company)

Diagramação
Olga Martins

Impressão e acabamento: Editora Kindle Direct Publishing
Formato: 17x24
218pp

O titular cuja obra seja fraudulentamente reproduzida, divulgada ou de qualquer forma utilizada poderá requerer a apreensão dos exemplares reproduzidos ou a suspensão da divulgação, sem prejuízo da indenização cabível (art. 102 da Lei nº 9.610, de 19.02.1998).

Quem vender, expuser à venda, ocultar, adquirir, distribuir, tiver em depósito ou utilizar obra ou fonograma reproduzidos com fraude, com a finalidade de vender, obter ganho, vantagem, proveito, lucro direto ou indireto, para si ou para outrem, será solidariamente responsável com o contrafator, nos termos dos artigos precedentes, respondendo como contrafatores o importador e o distribuidor em caso de reprodução no exterior (art. 104 da Lei nº 9.610/98).

Reservados os direitos de propriedade desta edição pelos autores
antonioguisep@gmail.com
igorlazari@outlook.com

Impresso no Brasil
Printed in Brazil

PREFÁCIO

Recebi com alegria o pedido para a apresentar a obra "A Consulta Fiscal", de Antonio Guimarães Sepúlveda e Igor de Lazari. Ambos são valorosos e dedicados pesquisadores da Faculdade Nacional de Direito, com amplo conhecimento teórico e prático da legislação tributária nacional.

Ao conciliar o esforço e competência da dupla em tema tão inexplorado, o resultado não poderia ser diferente. Temos, aqui, o compêndio mais completo sobre a temática da consulta fiscal já feito no Brasil. A didática dos Autores permitiu conciliar análises extremamente objetivas, mas, também, apresentar aprofundamentos e reflexões maiores, sempre que necessários.

O texto tem o cuidado de não somente discorrer sobre a consulta fiscal, mas, em abordagem compreensiva, expor como contribuintes e seus advogados devem agir em demandas administrativas. Até os dias de hoje, as consultas fiscais consideradas ineficazes são a maioria. As falhas na formulação das demandas são corriqueiras, prejudicando esse instrumento de grande relevância.

Particularmente no caso brasileiro, em que a legislação – infelizmente – é dotada de grande complexidade, a consulta fiscal é porto seguro a ser explorado, fixando entendimentos relacionados a aspectos concretos do contribuinte, viabilizando a atividade econômica com maior segurança.

A conjugação do texto com precedentes administrativos, consultas fiscais e até mesmo pareceres normativos, expõe como deve o leitor interpretar e aplicar as previsões normativas. A linha mestra seguida pela obra, de acordo com a regulação administrativa, não implica submissão aos ditames da Secretaria de Receita Federal do Brasil, mas, pragmaticamente, a deferência ao rito usualmente praticado pelo fisco. Quando necessário, observações e críticas são apresentadas, sempre com o intuito de aprimorar o instituto e orientar os leitores.

A consulta fiscal, mais do que mero instrumento protelatório de consectários legais, deve ser robustecida como elemento de segurança e confiabilidade da atividade fiscal do Estado, prestigiando e estimulando o agir cooperativo entre os sujeitos da relação jurídico-tributária. A presente obra é gerida em momento oportuno, aportando novas luzes e garantido um caminho seguro para todos que buscam, nesse instrumento, respostas para suas dúvidas fiscais.

Rio de Janeiro, 13 de novembro de 2018

Fábio Zambitte Ibrahim

APRESENTAÇÃO

A consagração do trabalho de um Jurista do Direito Tributário e Pesquisador somente é alcançada após percorrer um árduo caminho. A disciplina e a humildade tornam-se essenciais para que este percurso alcance o seu devido fim. Estas características são nitidamente observadas ao longo da trajetória profissional e acadêmica dos Professores Antonio Sepulveda e Igor de Lazari, as quais tenho a honra de acompanhar a partir dos brilhantes trabalhos realizados no Laboratório de Estudos Institucionais – LETACI, vinculado ao Programa de Pós-Graduação em Direito da Faculdade Nacional de Direito da Universidade Federal do Rio de Janeiro – PPGD/FND/UFRJ.

Desde o início, o perfil de Jurista e Pesquisador nato se destacava nas atividades desempenhadas por cada um dos Autores desta Obra. Grandes contribuições ao nosso Laboratório e, consequentemente, à Academia brasileira foram desenvolvidas a partir da Pesquisa e dos Estudos ali realizados. Dos nossos encontros semanais de anos, desde a época que nos encontrávamos em um café no Leblon aos sábados, saíram os mais diversos debates, através dos quais sempre demonstraram preocupação em caracterizar seus trabalhos pela atualidade e aprofundamento do conteúdo do Direito Público, especialmente, no Direito Tributário.

Esta obra, *Consulta Fiscal*, retrata exatamente este caráter de grandes estudiosos e profissionais da área tributária que são Antonio Sepulveda e Igor de Lazari; esta notoriedade se funda na razão deste cuidadoso estudo: único na área jurídica tributária brasileira!

De tal forma, não há dúvidas sobre a importância desta produção para os debates acerca do Direito Tributário, na teoria e na prática. Mediante abordagem teórico-prática de qualidade, sem fugir do uso de uma linguagem objetiva e técnica, esta Obra é mais uma prova disto. Resta, portanto, congratular os Autores por esta Obra, que já lhes permite serem consagrados como Juristas e Pesquisadores de escol na Academia brasileira.

Rio de Janeiro, 21 de novembro de 2018

Professor Drº Carlos Bolonha

SOBRE OS AUTORES

ANTONIO GUIMARÃES SEPULVEDA
Doutorando em Direito pela Universidade do Estado do Rio de Janeiro (UERJ) na linha de Finanças Públicas, Tributação e Desenvolvimento e mestre em Teorias Jurídicas Contemporâneas pela Faculdade Nacional de Direito da Universidade Federal do Rio de Janeiro (FND/UFRJ). Possui graduação em Direito pela Universidade Federal do Estado do Rio de Janeiro (UNIRIO) e especialização lato sensu em Direito Público pela Universidade Gama Filho (UGF/RJ). Dedica-se à pesquisa na área da Teoria das Instituições e Desenhos Institucionais, participando do Laboratório de Estudos Teóricos e Analíticos do Comportamento das Instituições (LETACI) do Programa de Pós-Graduação da Faculdade Nacional de Direito da UFRJ. É professor convidado das Pós-Graduações da Fundação Getúlio Vargas (FGV-Rio) e Universidade Federal Fluminense (UFF). É instrutor da Escola de Administração Fazendária (ESAF). Exerce o cargo de Auditor Fiscal da Receita Federal do Brasil e atua, na qualidade de revisor e parecerista na elaboração de soluções de consulta e despachos decisórios, na Divisão de Tributação da Superintendência Regional da 7ª Região Fiscal (RJ). Foi, por breve período, julgador do Conselho Administrativo de Recursos Fiscais (CARF), na qualidade de suplente. Detém o título de engenheiro naval pela UFRJ e possui também especializações tanto na área de tecnologia da informação (PUC/RJ) quanto na área docente (UCAM). É revisor de periódicos, articulista e colunista convidado da Revista Verdict/Justiça e do site Justificando (Coluna Olhar Institucional).

IGOR DE LAZARI BARBOSA CARNEIRO
Mestre em Direito pelo Programa de Pós-Graduação em Direito da Universidade Federal do Rio de Janeiro. Bacharel em Direito Summa Cum Laude da Faculdade Nacional de Direito da Universidade Federal do Rio de Janeiro (FND/UFRJ). Pesquisador do Laboratório de Estudos Teóricos e Analíticos sobre o Comportamento das Instituições (LETACI). Colunista do Justia Verdict e do Justificando (Coluna Olhar Institucional). Membro do Conselho Editorial da Revista Estudos Institucionais. Técnico Judiciário da Justiça Federal da 2ª Região.

ÍNDICE SISTEMÁTICO

PREFÁCIO	V
APRESENTAÇÃO	VII
SOBRE OS AUTORES	IX

Introdução	1
Fundamento Normativo	16
Art. 1º	16
Consulta fiscal	18
Interpretação	20
Tributo	21
Classificação de serviços, intangíveis e outras operações	22
Jurisprudência	23

Capítulo I
Da Legitimidade

Legitimidade	27
Art. 2º	28
Sujeito Passivo da Obrigação Tributária	29
Entidade representativa de categoria econômica ou profissional	35
Jurisprudência Administrativa	36
Pessoa Jurídica	36
Estabelecimento Matriz	36
Consulta Individual	37
Regularidade de Representação	39
Jurisprudência	40

Capítulo II
Dos Requisitos

Art. 3º	41
Formulação da Consulta	43
Domicílio Tributário	46

Modelos	47
Jurisprudência	47
Formulação da Consulta	51
Procuração	55
Procuração RFB	56
Procuração para o portal e-cac: presencial e eletrônica	56
Declarações obrigatórias	57
Fato determinado	58
Representação processual	61
Autorização	62
Jurisprudência	62
Declarações obrigatórias	64
Mandato de representação mediante procuração pública	64
Situação não ocorrida	65
Unicidade do tributo	66
Art. 4º	67
Art. 5º	69
Informações complementares	69
Art. 6º	70
Pluridade de matéria	70

Capítulo III
Da Solução

Art. 7º	71
Competência para solução da consulta	72
Inadmissibilidade de recursos. Duplo grau de jurisdição	77
Art. 8º	78
Discricionariedade das soluções	79
Art. 9º	86
Efeito vinculante	86

Capítulo IV
Dos Efeitos da Consulta

Art. 10.	95
Pendência da Consulta	96
Jurisprudência	103

Art. 11. 105
    Jurisprudência 106
Art. 12. 108
    Eficácia da Consulta sobre Situação não Ocorrida 108
Art. 13. 108
    Efeitos da consulta formulada pela matriz 108
Art. 14. 108
Art. 15. 108
    Alcance dos efeitos da consulta 109
    Jurisprudência 109
Art. 16. 110
    Proibição de instauração de procedimento fiscal 110
    Precedentes Administrativos 112
Art. 17. 113
    Modificação de entendimento 113
Art. 18. Não produz efeitos a consulta formulada: 116
    Ineficácia da Consulta 117
    Ineficácia. Consulta em tese 120
    Ineficácia. Fato Genérico 121
    Ineficácia. Falta de Indicação de Dispositivo da legislação
    tributária federal 121
    Ineficácia. Intimação para cumprir obrigação 122
    Ineficácia. Pendência de decisão definitiva 123
    Ineficácia. Pendência de Procedimento Fiscal 124
    Ineficácia. Modificação de decisão anterior 127
    Ineficácia. Fato disciplinado em ato normativo 128
    Ineficácia. Constitucionalidade ou legalidade de legislação tributária ... 130
    Jurisprudência 131
    Ineficácia. Fato definido em lei 132
    Ineficácia. Fato definido como crime ou contravenção 134
    Crime e Contravenção 135
    Ineficácia. Inexatidão da hipótese 136
    Extensão da ineficácia 142

Capítulo V
Do Recurso Especial e da Representação

Recursos das soluções 145
Art. 19. 147
    Recurso especial de divergência... 149
    Jurisprudência... 149
Art. 20. 156
Art. 21. 157

Capítulo VI
Da Solução de Consulta Vinculada

Art. 22. 163

Capítulo VII
Das Competências

Art. 23. 165
Art. 24. 174
Art. 25. 177
Art. 26. 177

Capítulo VIII
Das Disposições Finais

Art. 27. 179
Art. 28. 182
Art. 29. 183
Art. 30. 184
Art. 31. 186
Art. 32. 187
Art. 33. 187
Art. 34. 188
Art. 35. 188

Anexo de Instrução

Anexo I 189

Anexo II 191

Anexo III 193

Anexo IV 195

Referências Bibliográficas 197

INTRODUÇÃO

A consulta, formulada por escrito, é o instrumento que o sujeito passivo da obrigação tributária possui para esclarecer dúvidas quanto à interpretação de determinado dispositivo normativo da legislação tributária e aduaneira relativo aos tributos administrados pela Secretaria da Receita Federal do Brasil (RFB) e sobre classificação de serviços, intangíveis e outras operações que produzam variações no patrimônio.

A consulta fiscal tem múltiplos fundamentos constitucionais expressos (v.g., publicidade, moralidade, eficiência, legalidade e impessoalidade) e implícitos (v.g, transparência, deliberação, imparcialidade e responsabilidade).

Fundada especialmente nos direitos constitucionais à informação[1]

---

1 Conforme Adrian Vermeule, a informação "é um fundamental ponto de apoio para o projeto de mecanismos [democráticos], porque as instituições são, entre outras coisas, sistemas de manejo de informação. Instituições agregam informações mantidas pelos indivíduos e tentam reduzir a incerteza a fim de promover as metas (coletivas) dos membros da instituição [...] Instituições são sistemas informacionais, o desenho pode, em geral, realizar uma de duas funções: tanto melhorar ou deliberadamente frustrar os arranjos institucionais de manejo da informação" (VERMEULE, 2007, p. 9). Em se tratando a interpretação oficial da Administração integrante do espectro informacional público, a consulta tributária é, também, modalidade de exercício do direito de acesso à informação, que, a propósito, "é uma das pedras angulares da democracia representativa. Em um sistema representativo de governo, os representantes devem responder ao povo que lhes confiou sua representação e a autoridade para tomar decisões sobre assuntos públicos. É ao indivíduo que delegou a administração dos assuntos públicos a seu representante que pertence o direito à informação. Informação esta que o Estado usa e produz com o dinheiro dos contribuintes" (OEA, 1999, p. 24). Neste sentido, decidiu a Corte Interamericana de Direitos Humanos (ICHR), no Parecer Consultivo OC-5/85: "para o cidadão comum, é igualmente importante conhecer as opiniões dos outros e ter acesso à informação em termos gerais assim como o é o próprio direito de transmitir sua própria opinião". Reflexamente, a informação faz promover a transparência na governança. Cite-se, nesse sentido o art. 10 da Convenção da Organização das Nações Unidas (ONU) contra a corrupção que estabelece que: "Cada Estado-parte deverá [...] tomar as medidas necessárias para aumentar a transparência em sua administração pública [...] Tais medidas poderão incluir, *inter alia*: (a) adoção de procedimentos ou regulamentos que

e de petição², a consulta, formulada necessariamente por escrito, é o canal de comunicação posto à disposição do consulente para o fim de esclarecer dúvida fundada³ quanto a determinado dispositivo da legislação tributári⁴ relacionado com sua atividade institucional ou empresarial. A quantidade expressiva de atos normativos, a contínua criação e adaptação legislativa, a complexidade da legislação tributária⁵, o caráter

---

    permitam aos membros do público em geral obter, conforme o caso, informações sobre a organização, funcionamento e processos decisórios de sua administração pública, com a devida consideração da proteção da privacidade e de dados pessoais, em decisões e atos legais que digam respeito aos membros do público". Confira ainda a Lei nº 12.527, de 15 de novembro de 2011, que regula o acesso a informações e dá outras providências.

2   Confira inciso XXXIV do artigo 5º da Constituição Republicana. O direito de petição é assegurado a todos, sejam pessoas físicas, pessoas jurídicas ou mesmo entes despersonalizados. A todo interessado é assegurado o direito de petição, podendo fazer bom uso quando assim o desejar. A resposta oficial é a contrapartida à postulação do peticionante, uma vez que o órgão consultado não pode restar silente, sob pena de esvaziar esse instrumento jurídico-constitucional. Se a Constituição Republicana assegura democraticamente o direito de petição, a resposta oficial, a decisão conexa ao pedido formulado, é dever da Administração Pública, ainda que esta se manifeste por não conhecer o pedido, em razão, por exemplo, da má qualidade da formulação do pedido.

3   Não é qualquer dúvida que pode ser objeto de processo administrativo de consulta. No processo de consulta, admite-se apenas a dúvida fundada, isto é, a dúvida efetivamente demonstrável e vinculada ao consulente. Por isso, são inadmissíveis, por exemplo, as simples informações, as dúvidas de feição acadêmica ou de caráter meramente teórica ou, ainda, aquelas formuladas em tese.

4   Conforme art. 96 da Lei nº 5.172, de 25 de outubro de 1966 – Código Tributário Nacional, a expressão "legislação tributária" compreende as leis, os tratados e as convenções internacionais, os decretos e as normas complementares que versem, no todo ou em parte, sobre tributos e relações jurídicas a eles pertinentes. Por sua vez, as "normas complementares" encerram as seguintes espécies, segundo o artigo 100 do mesmo Códex: (i) os atos normativos expedidos pelas autoridades administrativas;(ii) as decisões dos órgãos singulares ou coletivos de jurisdição administrativa, a que a lei atribua eficácia normativa; (iii) as práticas reiteradamente observadas pelas autoridades administrativas e (iv) os convênios que entre si celebrem a União, os Estados, o Distrito Federal e os Municípios.

5   A complexidade da legislação fiscal e a ignorância por parte dos cidadãos sobre aspectos basilares do sistema tributário não é característica exclusiva do Brasil. Nos Estados Unidos da América, várias pesquisas demonstram o crescimento da complexidade normativa e o desconhecimento da legislação tributária por parte dos cidadãos estadunienses, tais como: (i) 58% dos norte-americanos, em 2008, contrataram especialistas (*tax preparer*) para preencherem suas declarações de

assistemático do ordenamento jurídico-tributário, a plurissignificação dos enunciados normativos e a necessidade crescente de maiores conhecimentos técnicos (*expertise*) dificultam sobremaneira a observância e a aplicação das normas jurídico-tributárias pelos obrigados ao seu cumprimento.

Diante da extrema complexidade das sociedades pós-modernas, em que as relações políticas, sociais e econômicas agudizam o estado de incerteza, o ordenamento jurídico oferece aos administrados o instituto da consulta fiscal, que tem por finalidade sanar dúvida decorrente da textualidade do enunciado consultado. A consulta fiscal reveste-se de nítido caráter instrutivo, porquanto esclarece as questões tormentosas que afligem o consulente. Essas dúvidas linguísticas (internas ao enunciado) normalmente derivam de lacunas, obscuridades, ambiguidades, contradições, imprecisões terminológicas; ou, ainda, em razão de aberturas, vale especificar, pela indeterminação de conceitos jurídicos e cláusulas gerais. As dúvidas podem ainda decorrer do jogo concertado de regras e princípios jurídicos. As antinomias, as inconsistências ou as incoerências de diferentes normas do ordenamento jurídico causam igualmente problemas de articulação das mais diversas normas jurídicas. Em razão disso, tem a Administração Tributária – intérprete primário da legislação tributária – o dever constitucional de elucidar as dúvidas fundadas que exsurjam a partir da interpretação dos enunciados normativos. Afinal, para os contribuintes é importante saber, com antecipação, a interpretação administrativa fiscal em relação a casos [...] a que estejam vinculados" (NOGUEIRA, 1994, p. 255).

Mediante a consulta fiscal, o consulente – ou seja, o legitimado ativo da consulta fiscal[6] – procura esclarecer dúvida fundada, por meio da in-

---

renda (no Canadá, nesse mesmo período, foi apurado índice de 76%); (ii) a fim de garantir melhor qualidade às informações prestadas pela "indústria de preparação de declarações", especialistas em preenchimento de declarações, a partir de 2011, passaram a se submeter a exames e a treinamentos específicos por exigência da Receita Federal norte-americana (*Internal Revenue Service – IRS*); (iii) os regulamentos, nas últimas décadas, sofreram, em termos quantitativos, significativo aumento do número de palavras e de dispositivos normativos; (iv) desconhecimento sobre a aplicação do princípio da progressividade na tributação sobre a renda (BURMAN; SLEMROD, 2013, pp. 186-189; 199-200).

---

6 O autor da consulta fiscal pode, inclusive, ser informado, a partir da resposta oficial, de que não detém legítimo interesse, de que não é o sujeito passivo da obrigação tributária.

terpretação levada a cabo pelo Poder Executivo, o qual lhe presta assistência, informando-o acerca de seu entendimento. A consulta fiscal, portanto, "permite ao contribuinte conhecer, com antecedência, a interpretação oficial e autorizada sobre determinado dispositivo normativo da legislação tributária federal e, assim, planejar a vida fiscal, prevenir conflitos e evitar a aplicação de penalidades"[7]. Pela consulta, não se objetiva obter simples informação fiscal, pois careceria de seu pressuposto, isto é, a dúvida fundada[8]. Nem muito menos a consulta se presta à obtenção da interpretação correta da legislação tributária, mas sim da interpretação do próprio Estado Administração, de órgão do Poder Executivo, em última análise, do órgão fazendário. Na consulta fiscal, a Administração Tributária noticia, legitimamente, a interpretação que julga, em determinado contexto fático-jurídico, ser a que melhor revela o teor do enunciado normativo consultado. A resposta oficial não é simples opinativo, informação ou conselho, é categoricamente uma decisão administrativa e aduz interpretação decisória. Consoante Neder & López,

> é benéfico para ambos os pólos da relação jurídico-tributária a existência de um sistema de informações que obrigue a Administração a pronunciar sobre questões formuladas pelos administrados, pois a prévia definição da interpretação de determinada norma tributária permite harmonizar interesses igualmente relevantes: o primeiro, proveniente dos órgãos fazendários que desejam rápido ingresso de receitas sem se defrontarem com grande resistência dos devedores; o segundo, da parte dos contribuintes que almejam atuar em terreno seguro que afaste a surpresa de interpretações desconhecidas por eles (NEDER, 2010, p. 515).

Se inúmeras obrigações tributárias são impostas aos administrados, nada mais razoável que a Administração Tributária declare sua interpretação no intuito de orientar a ação dos obrigados. Deve-se frisar a importância da consulta fiscal como instrumento de redução de incer-

---

7   Confira STJ, REsp 786.473/MG, Rel. Min. CASTRO MEIRA, T2 – Segunda Turma, DJ 31/10/2006.

8   Esta é uma das razões pelas quais Valdir de Oliveira Rocha não fundamenta a consulta fiscal no direito constitucional à informação. Segundo ele, não "cabe consulta fiscal, portanto, pelo mero diletante, entendido como tal aquele que a formulasse por puro e simples gosto de saber ou estar informado. Daí que o instituto da consulta fiscal não deriva do direito à informação" (ROCHA, 1996, p. 38).

tezas exegéticas e de garantia da previsibilidade[9] da atuação da Fazenda Pública, uma vez que esta não poderá assumir comportamento contraditório[10]. A consulta fiscal pressupõe a boa-fé[11] do consulente – "porque, tendo dúvida quanto à interpretação tributária, procura obter esclarecimentos quanto à maneira correta de cumprir sua obrigação [tributária]" (ROSA JÚNIOR, 2007, p. 631)[12]. A atitude colaborativa do consulente, que se presume de boa fé, demonstrada a partir da apresentação da consulta fiscal, possibilita conhecer o entendimento oficial para o fiel cumprimento da legislação tributária, desde que atendidos os requisitos previstos para a admissibilidade da consulta.

---

9   A previsibilidade permite ao sujeito passivo da obrigação tributária estimar a carga tributária a que se submeterá. De modo antecipado, há possibilidade de adequação da conduta em face dos efeitos fiscais calculados em decorrência de resultado interpretativo divulgado pela Administração Tributária.

10 Confira STJ, Resp nº 396.483/PR, rel. Min. Humberto Martins, Segunda Turma, julgado em 2/08/2007, DJ de 17/12/2007, p. 158: TRIBUTÁRIO – AÇÃO ANULATÓRIA DE DÉBITO FISCAL – PRODUTORA DE SEMENTES – ALÍQUOTA REDUZIDA – ART. 278 DO RIR – ART. 30 DO DECRETO N. 81.877/78, QUE REGULAMENTA A LEI N. 6.507/77. 1. É fato incontroverso nos autos que a recorrida encontra-se registrada no Ministério da Agricultura como "produtora de sementes." É o próprio art. 30 do Decreto n. 81.877/78 que conceitua produtor de semente como toda pessoa física ou jurídica devidamente credenciada pela entidade fiscalizadora, de acordo com as normas em vigor. Tendo a recorrida obtido o registro competente, não cabia à União indagar ou desclassificar essa situação jurídica sem o procedimento adequado, a fim de excetuá-la da alíquota reduzida descrita no art. 278 do RIR (Decreto n. 85.450/80). 2. Ademais, ao assim pretender fazer, está a União inserida em patente comportamento contraditório, vedado pelo ordenamento jurídico pátrio, pois a ninguém é dado *venire contra factum proprio*, tudo em razão da caracterização do abuso de direito. Assim, diante da especificidade do caso, sem razão a recorrente em seu especial, pois é o registro no órgão de fiscalização competente, diante do reconhecimento da própria União do cumprimento dos requisitos legais, que faz com que a pessoa jurídica ora recorrida seja qualificada como produtora de sementes. Recurso especial improvido.

11 O Decreto nº 9.094, de 17 de julho de 2017, estabelece que a presunção de boa-fé deverá pautar as relações entre os órgãos e as entidades do Poder Executivo Federal assim como entre este e o cidadão.

12 Em contraposição, Valdir de Oliveira Rocha aduz que: o "simples fato de formular consulta fiscal não está a significar que o interessado age de boa-fé. Neste passo ouso a divergir da posição de Ruy Barbosa Nogueira, para quem 'O contribuinte que consulta revela espírito de colaboração no cumprimento da lei, boa-fé e honestidade fiscal'. O interessado ao formular consulta fiscal deve agir, de um ponto de vista estritamente jurídico, de boa-fé, mas isto não estará a revelar que sempre estará imbuído desse espírito". (ROCHA, 1996, p.66).

A solução de consulta não beneficia apenas o consulente no planejamento de sua atividade institucional ou empresarial, mas favorece igualmente a Fazenda Nacional, pois questões jurídicas apresentadas pelo consulente podem identificar potenciais defeitos da legislação tributária e servir de motivação para a promoção de modificações normativas. Ademais, os critérios jurídicos utilizados na solução servem também de manifestação orientadora às autoridades fiscais, o que, em última instância, revela a transparência da ação fiscal.

Afinal, em se tratando de interpretação estatutária, a "questão central não é como, em princípio, determinado texto deve ser interpretado", mas "como determinadas instituições, com suas distintas habilidades e limitações, interpretam determinados textos" (SUNSTEIN, VERMEULE, 2010, p.2). A Administração Tributária "é livre para interpretar as disposições legais [, atendidos os critérios técnicos de interpretação] e, por conseguinte, para responder a consultas segundo seu entendimento, nos casos em que a lei lhe concede essa faculdade. Não pode o Poder Judiciário substituí-la nesse mister, ingerindo-se indevidamente nas atribuições do outro Poder, de modo a fazê-lo aceitar, acima de seu próprio entendimento, o da autoridade judicial. Somente é dado ao Poder Judiciário manifestar-se, nos casos concretos, quando tenha havido lesão a direito individual[13]". De fato, a hermenêutica estatutária é um esforço holístico. Por isso, a dogmática hermenêutica criou métodos interpretativos (gramatical, lógico, sistemático, histórico, sociológico, evolutivo, teleológico, axiológico)[14] para

---

13   TJ/RJ, Apelação Cível nº 60.107/RJ, rel. Min. Pedro Rocha Acioli, DJU 1º de julho de 1982.

14   Esses métodos interpretativos correspondem à doutrina hermenêutica clássica. A existência de métodos distintos estritamente intensifica desacordos interpretativos. Nesse contexto, "os textos jurídico-normativos [...] estão espalhados no sistema jurídico, que recebe da dogmática jurídica uma espécie de costura ideológica. Esse produto – uma espécie de "pacote significante" (E. Veron) -, colocado à disposição dos atores jurídicos através de uma cultura manualesca, contém em seu bojo um discurso-tipo, cuja condição de verdade-validade pode ser dividida em dois polos: de um lado, cria-se a aparência de que os sentidos estão contidos nas palavras e que estas são constituídas de "essências significativas", como se fosse possível alcançar um significante primordial/fundante, e o direito permitisse verdades apofânticas, e que a tarefa (fundamental-fundante) dos intérpretes fosse apenas a de "trazer" esse "sentido-essencial" a lume. Esse é o imaginário que se sustenta no positivismo exegético. De outro, tem-se uma nova "ideologia" teorética, formada por aqueles que "conseguiram" superar esse exetismo, colocando no lugar do juiz "boca da lei" um "juiz que julga conforme sua consciência" ou "conforme os valores" que "descobre" por trás dos textos jurídicos" (STRECK, 2013, p. 933).

determinar "o correto entendimento do significado dos textos e intenções" das normas[15]. A multiplicidade de métodos é, certamente, a *creatio ex nihilo* dos desacordos interpretativos, judicial e administrativamente. A propósito,

> a precária regulação dada pelo Código Tributário Nacional à matéria em estudo é a demonstração mais inequívoca de que o direito tributário não possuiu uma técnica específica de interpretação, ao contrário do que parece ditar o art. 107 desse diploma (AMARO, 2012, p. 236)[16].

A consulta fiscal é instrumento jurídico por meio do qual incentiva-se o consulente a adotar postura ativa no esclarecimento de dúvidas sobre a legislação tributária perante o órgão responsável pela emissão, em regra, da primeira palavra oficial. Na esfera federal, a consulta fiscal é gratuita, isto é, desprovida de ônus financeiro para aquele que a formula. Significa dizer, em suma, que a resposta oficial é prestada independentemente do pagamento de taxas[17]. Por meio desse mecanismo institucional, os sujeitos passivos têm a possibilidade de obter, prontamente, e mediante custos mínimos, orientações oficiais do primeiro intérprete do trabalho legislativo.

A consulta fiscal é meio formal de acesso à informação de natureza fiscal. As orientações fiscais são prestadas por auditores fiscais tec-

---

15 "ao disciplinar a conduta humana, as normas jurídicas usam palavras, signos linguísticos que devem expressar o sentido daquilo que deve ser. Esse uso oscila entre o aspecto onomasiológico da palavra, isto é, o uso corrente para a designação de um fato, e o aspecto semasiológico, isto é, sua significação normativa. Os dois aspectos podem coincidir, mas nem sempre isto ocorre... A determinação do sentido das normas, o correto entendimento do significado dos seus textos e intenções, tendo em vista a decidibilidade de conflitos constitui a tarefa da dogmática hermenêutica" (FERRAZ JÚNIOR., 2011, pp. 220-221).

16 A Lei nº 5.172, de 25 de outubro de 1966 (Código Tributário Nacional), em seu Capítulo IV, procura, a *manu militari*, impor a forma de interpretação e integração da legislação tributária por meio do artigo 107, dispondo que a "legislação tributária será interpretada conforme o disposto neste Capítulo".

17 Confira inciso XI artigo 2º da Lei nº. 9.784, de 29 de janeiro de 1999: [...] Art. 2º A Administração Pública obedecerá, dentre outros, aos princípios da legalidade, finalidade, motivação, razoabilidade, proporcionalidade, moralidade, ampla defesa, contraditório, segurança jurídica, interesse público e eficiência [...] XI – **proibição de cobrança de despesas processuais, ressalvadas as previstas em lei** [...] (grifos nossos).

nicamente qualificados e com a *expertise* necessária para responder às questões que lhes são submetidas. A solução de consulta[18] vincula o Fisco Federal[19], na medida em que os sujeitos passivos da obrigação tributária se conduzam em conformidade com a situação fática e a moldura jurídica delineada nos termos da petição inicial da consulta fiscal. Por vincular a Administração Tributária, a resposta oficial confere maior brilho à segurança jurídica, uma vez que o esclarecimento de questão tormentosa estabiliza não só a situação do consulente como também de todos aqueles que se encontrem em situação similar. A decisão tomada em processo de consulta objetiva "absorver a insegurança"[20]. Em função da predeterminação dos conteúdos normativos, torna-se calculável a atuação administrativa a partir da decisão adotada.

Se comparado com a regulamentação anterior, é visível como o redesenho imprimido pela IN RFB nº 1.396, de 16 de setembro de 2013[21], reduz sensivelmente a possibilidade de decisões administrativas con-

---

18 Nos termos da Portaria RFB nº 2.218, de 19 de dezembro de 2014, a consulta relativa à interpretação da legislação tributária e aduaneira e à classificação de mercadorias e de serviços, intangíveis e outras operações que produzam variações no patrimônio será decidida por meio de Solução de Consulta e, quando ineficaz a consulta, por meio de Despacho Decisório.

19 Em relação ao consulente, a Solução de Consulta é espécie de ato administrativo, por meio do qual a Administração Pública profere decisão meritória a respeito do objeto da consulta, integral ou parcialmente. É espécie de ato administrativo assim como o despacho decisório que, ao não conhecer a consulta, declara a sua ineficácia. Tanto a solução de consulta como o despacho decisório são espécies de ato administrativo. Segundo o saudoso professor Hely Lopes Meyrelles, ato administrativo é "toda manifestação unilateral de vontade da Administração Pública que, agindo nessa qualidade, tenha por fim imediato adquirir, resguardar, transferir, modificar, extinguir e declarar direitos, ou impor obrigações aos administrados ou a si própria (MEIRELLES, 2005, p. 145). Confira a Portaria RFB nº 1.098, de 8 de agosto de 2013, que regulamenta a edição dos atos administrativos da Secretaria da Receita Federal do Brasil.

20 "Absorção de insegurança significa, pois, que o ato de decidir transforma incompatibilidades indecidíveis em alternativas decidíveis, ainda que, num momento subseqüente, venha a gerar novas situações de incompatibilidade eventualmente até mais complexas que as anteriores. Absorção de insegurança, portanto, nada tem a ver com a idéia mais tradicional de obtenção de harmonia e consenso, como se em toda decisão estivesse em jogo a possibilidade de eliminar-se o *conflito*" (FERRAZ JÚNIOR, 2001, p. 308).

21 Alterada pelas seguintes Instruções Normativas: IN RFB nº 1.434, de 30 de dezembro de 2013, IN RFB nº 1.567, de 5 de junho de 2015, e IN RFB nº 1.689, de 20 de fevereiro de 2017.

traditórias em processos[22] de consulta fiscal, uma vez que os pronunciamentos oficiais passam a se concentrar no órgão central da Secretaria da Receita Federal do Brasil com efeito *erga omnes*. Por intermédio do processo de consulta, concretiza-se o direito de petição, entendido como o direito de obter da Administração Tributária pronunciamento oficial a respeito de determinada questão relacionada à legislação tributária federal.

Por não praticar atos formalmente jurisdicionais, a decisão proferida pela Administração Tributária[23] não faz coisa julgada material, ou seja, a decisão administrativa não é dotada da nota da imutabilidade. Por isso, o teor da consulta fiscal, apesar de gozar de autoexecutoriedade e imperatividade comum a todo ato administrativo[24], é passível de impugnação na esfera judicial.

Como a incerteza exegética da ordem jurídica pode conduzir à inobservância da mesma, "o restabelecimento da certeza do Direito é em si uma garantia para sua observância" (NOGUEIRA, 1994, p. 254). Daí por

---

22 O processo de consulta é espécie do gênero processo administrativo, que encontra fundamento constitucional tanto no direito de petição quanto no direito à informação. Na consulta fiscal, postula-se informação sobre o sentido e o alcance de um enunciado normativo que se revela problemático. O fim e o objeto da consulta fiscal é a informação. Todavia, o direito à informação sobre a interpretação oficial acerca de determinado enunciado normativo não é ilimitado. O direito à informação, instrumentalizado por meio da consulta fiscal, sofre limitações, é condicionado normativamente. A fim de que a consulta fiscal seja conhecida e receba resposta meritória – vale frisar, a informação pretendida -, deve o consulente cumprir determinados requisitos normativos, sob pena de declaração de ineficácia. Se, por um lado, a consulta eficaz implica a transmissão da informação visada pelo consulente; por outro, a declaração de ineficácia, ao evidenciar a inutilidade ou desnecessidade da consulta, apenas noticia a carência do direito à informação pelo postulante. Nessa última hipótese, o direito de petição entra necessariamente em cena, em ordem a fundamentar a solicitação. Sobressai o direito de petição como fundamento e não o direito à informação.

23 Parece que Valdir de Oliveira Rocha se oporia à expressão Administração Tributária Ativa para designar os centros decisórios incumbidos pela elaboração de respostas dirigidas aos consulentes, tendo em vista que: "[q]uando no exercício da função de orientação, como resposta que é a decisão a consulta fiscal formulada pelo interessado, os agentes do Fisco estarão exercendo atividade judicante, podendo-se referir, assim, a aquela outra, consistente em arrecadar, como ativa" (ROCHA, 1996, p.70).

24 De acordo com DI PIETRO, ato administrativo é "a declaração do Estado ou de quem o represente, que produz efeitos jurídicos imediatos, com observância da lei, sob regime jurídico de direito público e sujeita a controle do Poder Judiciário (DI PIETRO, 2003, p.189).

que o direito à informação e o direito de petição correspondem ao dever estatal de decidir, de prestar orientação ao consulente. O direito à consulta fiscal, portanto, corresponde ao dever de resposta da Administração Tributária. Essa instância deve impulsionar diligentemente o processo a partir da provocação do autor da consulta, no intuito de respondê-lo em prazo razoável.

O processo de consulta fiscal, como modalidade de processo administrativo, não viola o princípio do contraditório, pois enseja a manifestação do ponto de vista do consulente acerca dos fatos, dos argumentos e da sua própria interpretação[25]. Como manifestação de defesa de direito, a solução oficial pode ainda ser objeto de recurso por parte do consulente, caso caracterizada eventual divergência de entendimentos oficiais. Embora a consulta fiscal esteja regulada primordialmente pelo Decreto nº 70.235, de 6 de março de 1972[26], a competência para decidir sobre a

---

25 Para CARVALHO FILHO, o mandamento constitucional do contraditório, referido no art. 5º, LV, pressupõe "que haja litígio, ou seja, interesses conflituosos suscetíveis de apreciação e decisão" (CARVALHO FILHO, 2014, p. 990).

26 O Decreto nº 70.235, de 1972, foi recepcionado formalmente pela atual Constituição Republicana com *status* de lei ordinária federal. As Constituições Republicanas posteriores não aduziram nenhum dispositivo normativo que revogasse expressamente o Decreto nº 70.235, de 6 de março de 1972. Significa dizer que o Decreto nº 70.235, de 1972, é ato normativo material anterior e compatível com a Constituição vigente. Tal entendimento foi, inclusive, chancelado tanto pelo extinto Tribunal Federal de Recursos (Confira MAS nº 106.747-DF) quanto pelo Superior Tribunal de Justiça. O seguinte julgado exarado pelo Tribunal da Cidadania é esclarecedor: Resp nº 877.352, rel. Min. Luiz Fux, 1ª Turma, Dje 15/09/2008 – PROCESSUAL CIVIL. ADMINISTRATIVO. RECURSO ADMINISTRATIVO. PEDIDO DE RECONSIDERAÇÃO COM BASE NO ART. 37, § 3º DO DECRETO 70.235/72. HIPÓTESE DE SUSPENSÃO DA EXIGIBILIDADE DO CRÉDITO TRIBUTÁRIO. ART. 151 DO CTN. REVOGAÇÃO PELO DECRETO 75.445/75. IMPOSSIBILIDADE. PRINCÍPIO DA ESTRITA LEGALIDADE TRIBUTÁRIA. 1. A delegação legislativa constante do DL 822/69, art. 2º, exauriu-se com a edição do Decreto 70.235/72, que regula o Processo Administrativo Fiscal, razão pela qual eivada de ilegalidade a supressão do "pedido de reconsideração", previsto no art. 37, § 3º do mencionado diploma legal, pelo Decreto 75.445/75. (Precedentes: REsp 219.651/SP, DJ 06.11.2000; REsp 73.245/PR, DJ 01.07.1996; REsp 395/DF, DJ 13.08.1990; REsp .957/DF, DJ 06.11.1989) [...] 3. O Código Tributário Nacional prevê, em seu art. 97, VI, a imprescindibilidade de lei formal para versar sobre a exclusão, suspensão e extinção de créditos tributários, encerrando o princípio da estrita legalidade tributária, razão pela qual encontra-se eivada de ilegalidade a supressão, pelo Decreto 75.445/75, do "pedido de reconsideração", previsto no suso mencionado dispositivo legal. 4. Impende salientar que o Decreto 70.235/72, por ser fruto de delegação legislativa, ostenta natureza de **lei ordinária,** o que

consulta é da Administração Tributária – responsável diretamente pela arrecadação e fiscalização tributária – e não da Administração Tributária Judicante[27]. A interpretação firmada pela Administração Tributária alcança, **a partir de 17 de setembro de 2013**, genericamente todos os sujeitos passivos da obrigação tributária que se enquadrem na mesma moldura jurídica e situação fática.

Se, por um lado, o pronunciamento oficial orienta a ação do consulente no cumprimento de sua obrigação tributária; por outro, oferece interpretação jurídica a ser observada pelos servidores públicos do próprio órgão encarregado da gestão administrativa da arrecadação, da fiscalização e, inclusive, da tributação.

Sob o pálio da consulta eficaz[28], em regra, são os seguintes efeitos protetores que emergem em favor do consulente, e somente em relação a ele:

(i) a partir da protocolização da consulta fiscal até o trigésimo dia seguinte à ciência da solução da consulta, nenhum procedimento fiscal poderá ser instaurado contra o sujeito passivo da obri-

---

implica que o pedido de reconsideração nele previsto tem origem e caráter legal, traduzindo manifestação de índole legislativa, razão pela qual não poderia ser suprimido por legislação de hierarquia inferior, que ostenta natureza meramente regulamentar. 5. A título de argumento *obiter dictum*, verifica-se que o pedido de reconsideração só passou a ser vedado quando da edição da Lei 8.541/92, sem efeitos retroativos para atingir ato praticado na vigência de contexto normativo próprio e diverso, *in verbis*: "Art. 50. Não será admitido pedido de reconsideração de julgamento dos Conselhos de Contribuintes". 6. Recurso especial desprovido. À época de sua edição, o Decreto-lei nº 822, de 5 de setembro de 1969, autorizou o Poder Executivo, dentre outras matérias, a regular o processo de consulta. E, assim, foi feito por meio do artigo 46 do Decreto nº 70.235, de 1972: [...] Art. 46. O sujeito passivo poderá formular consulta sobre dispositivos da legislação tributária aplicáveis a fato determinado. Parágrafo único. Os órgãos da administração pública e as entidades representativas de categorias econômicas ou profissionais também poderão formular consulta [...].

---

27 Induvidoso que as Delegacias de Julgamento da Secretaria da Receita Federal do Brasil (DRJ) e o Conselho Administrativo de Recursos Fiscais (CARF) integram a estrutura da Administração Tributária Judicante.

28 No caso extremo em que inexistir dúvida ou quando a mesma não estiver bem caracterizada, a Administração Tributária poderá declarar a ineficácia do consulta, sob a alegação de inobservância de requisitos relevantes para o seu conhecimento. Segundo o professor Rocha, a "[...] dúvida é [...] circunstância fundamental para a utilização do instituto da consulta. Se não há dúvida, não há interesse jurídico para o exercício da consulta fiscal." (ROCHA, 1996, p.33).

gação tributária[29] concernente à matéria consultada, salvo se comprovada manifesta má-fé[30];

(ii) relativamente aos fatos geradores da obrigação tributária ocorrido após a protocolização da consulta até o trigésimo dia à ciência da solução de consulta, suspensão do prazo previsto para pagamento do tributo;

(iii) inaplicabilidade de penalidade[31] relacionada com a matéria consultada durante o período compreendido entre a data de protocolização da consulta até o trigésimo dia seguinte à ciência da solução, desde que, quando for o caso, a extinção do crédito tributário se realize ao longo do mencionado interregno[32].

Por outro lado, vale evidenciar que a consulta fiscal não tem o condão de suspender a exigibilidade de crédito tributário, nos termos do artigo 151 da Lei nº 5.172, de 25 de outubro de 1966[33], pois, se somente

---

29 Acertadamente, parte da doutrina têm afirmado que a referência à expressão sujeito passivo, a rigor, é uma imprecisão terminológica. Nesse sentido, Machado Segundo afirma que: "[...] a consulta não é facultada apenas a sujeitos passivos de obrigação tributária. Aliás, o consulente pode indagar precisamente a respeito dessa sujeição passiva, por entender não ser o contribuinte nem responsável em relação ao tributo consultado [...]". E ainda sobre o assunto arremata suas considerações a respeito do artigo 46 do Decreto nº 70.235, de 1972, asseverando que: "[...] o parágrafo segundo do mesmo artigo assegura o direito à consulta, também, aos órgãos da administração pública e às entidades representativas de categorias econômicas ou profissionais" (MACHADO SEGUNDO, 2010, p. 210).

30 Cassone (2007, p. 55) adverte em mesmo sentido: "A legislação tributária prevê o instituto da consulta, pela qual o contribuinte, por meio de petição, procura dirimir dúvidas de natureza interpretativa junto ao órgão administrativo fiscal competente, não podendo, de regra (salvo manifesta má-fé), sobre matéria pendente de resposta, ser autuado".

31 "A consulta fiscal não é modalidade de denúncia espontânea, em primeiro lugar porque não há infração, e em segundo lugar porque requer que o consulente esteja em condição de demonstrar a dúvida" (ROCHA, 1996, p.87).

32 Confira artigo 48 do Decreto nº 70.235, de 1972.

33 STF, RE nº 100.378, rel. Min. Aldir Passarinho. PRESCRIÇÃO TRIBUTARIA. ISS. ENTRE O FATO GERADOR E O LANCAMENTO FISCAL CORRE O PRAZO DE DECADENCIA. FICA EM SUSPENSO A EXIGIBILIDADE DO CRÉDITO TRIBUTÁRIO SE HÁ RECURSO DO CONTRIBUINTE E ATÉ QUE SEJA ELE JULGADO, MAS, APENAS HAVENDO FORMULAÇÃO DE CONSULTA E FORA DO PRAZO RECURSAL, INEXISTE SUSPENSÃO. EM TAL CASO, O INICIO DO PRAZO PRESCRICIONAL SE INICIA APÓS O TERMINO DO PRAZO DO RECURSO CONTADO DA NOTIFICAÇÃO DO LANCAMENTO OU DA CIENCIA DO AUTO DE INFRAÇÃO, E SE O AJUIZAMENTO

fatos geradores da obrigação tributária ocorridos após a protocolização da consulta até o trigésimo dia à ciência da solução é que se submetem à dilação do prazo de vencimento do tributo, tais créditos tributários somente se tornam exigíveis após o decurso do mencionado trintídio. Antes de expirado o citado interregno, se não há que se falar em crédito tributário exigível, com maior razão, não há que se ventilar em suspensão da exigibilidade do crédito[34] porquanto essa ainda não se afigurou.

DA EXECUÇÃO FISCAL OCORREU AINDA DENTRO DE CINCO ANOS, ASSIM CONTADOS, NÃO INCIDIU A PRESCRIÇÃO A FULMINAR O DIREITO A COBRANÇA DO CRÉDITO. Segundo o Superior Tribunal de Justiça, a consulta fiscal não interrompe a prescrição: TRIBUTARIO. REPETIÇÃO DO INDEBITO. CONSULTA. A CONSULTA NÃO E MODO DE INTERRUPÇÃO DA PRESCRIÇÃO (CC, ART. 172). EMBARGOS DE DECLARAÇÃO REJEITADOS. EDcl no REsp nº 87.840 / BA, Rel. Min. Ari Pargendler, 2ª Turma, julgamento em 19/05/98, DJ 08/06/98, p. 70. Parte da doutrina entende que a exigibilidade do crédito tributário fica suspensa, pois o processo de consulta é espécie enquadrável dentre "as reclamações e os recursos, nos termos das leis reguladoras do processo tributário administrativo", de acordo com o inciso III do artigo 151 do Código Tributário Nacional. Por todos, Valdir de Oliveira Rocha que defende que "com a consulta fiscal, o interessado reclama decisão da Administração. Suspensa a exigibilidade do crédito tributário não há que se falar em decadência" (ROCHA, 1996, p.101).

34 STJ, Resp nº 1.120.295/SP, rel. Min. Luiz Fux, Primeira Seção, julgamento em 12/05/2010, Dje 21/05/2010. PROCESSUAL CIVIL. RECURSO ESPECIAL REPRESENTATIVO DE CONTROVÉRSIA. ARTIGO 543-C, DO CPC. TRIBUTÁRIO. EXECUÇÃO FISCAL. PRESCRIÇÃO DA PRETENSÃO DE O FISCO COBRAR JUDICIALMENTE O CRÉDITO TRIBUTÁRIO. TRIBUTO SUJEITO A LANÇAMENTO POR HOMOLOGAÇÃO. CRÉDITO TRIBUTÁRIO CONSTITUÍDO POR ATO DE FORMALIZAÇÃO PRATICADO PELO CONTRIBUINTE (IN CASU, DECLARAÇÃO DE RENDIMENTOS). PAGAMENTO DO TRIBUTO DECLARADO. INOCORRÊNCIA. TERMO INICIAL. VENCIMENTO DA OBRIGAÇÃO TRIBUTÁRIA DECLARADA. PECULIARIDADE: DECLARAÇÃO DE RENDIMENTOS QUE NÃO PREVÊ DATA POSTERIOR DE VENCIMENTO DA OBRIGAÇÃO PRINCIPAL, UMA VEZ JÁ DECORRIDO O PRAZO PARA PAGAMENTO. CONTAGEM DO PRAZO PRESCRICIONAL A PARTIR DA DATA DA ENTREGA DA DECLARAÇÃO. 1. O prazo prescricional quinquenal para o Fisco exercer a pretensão de cobrança judicial do crédito tributário conta-se da data estipulada como vencimento para o pagamento da obrigação tributária declarada (mediante DCTF, GIA, entre outros), nos casos de tributos sujeitos a lançamento por homologação, em que, não obstante cumprido o dever instrumental de declaração da exação devida, não restou adimplida a obrigação principal (pagamento antecipado), nem sobreveio quaisquer das causas suspensivas da exigibilidade do crédito ou interruptivas do prazo prescricional [...] 2. A prescrição, causa extintiva do crédito tributário, resta assim regulada pelo artigo 174, do Código Tributário Nacional, verbis: "Art. 174. A ação para a cobrança do crédito tributário prescreve em cinco anos, contados da data

No intuito de aprimorar o desenho institucional da consulta fiscal federal, com vistas a incrementar a eficiência da atividade tributária, preservar a segurança jurídica e melhorar o relacionamento entre o consulente e a Fazenda Nacional, o instituto da consulta tributária foi sensivelmente modificado pela IN RFB nº 1.396, de 16 de setembro de 2013, e alterações posteriores.

COMENTÁRIOS À IN RFB N° 1.396, DE 2013

INSTRUÇÃO NORMATIVA RBF nº 1.396, de 16 de setembro de 2013 O SECRETÁRIO DA RECEITA FEDERAL DO BRASIL, no uso das atribuições que lhe conferem os incisos III e XXVI do art. 280 do Regimento Interno da Secretaria da Receita Federal do Brasil, aprovado pela Portaria MF nº 203, de 14 de maio de 2012, e tendo em vista o disposto no § 2º do art. 161 da Lei nº 5.172, de 25 de outubro de 1966 (Código Tributário Nacional), nos arts. 48 e 49 da Lei nº 9.430, de 27 de dezembro de 1996, no inciso II do caput e no § 3º do art. 25 da Lei nº 11.457, de 16 de março de 2007, no parágrafo único do art. 46 da Lei nº 12.350, de 20 de dezembro de 2010, no art. 10 da Lei nº 12.788, de 14 de janeiro de 2013, nos arts. 46 a 53 do Decreto nº 70.235, de 6 de março de 1972, nos arts. 88 a 102

---

da sua constituição definitiva. Parágrafo único. A prescrição se interrompe: I – pela citação pessoal feita ao devedor; I – pelo despacho do juiz que ordenar a citação em execução fiscal; (Redação dada pela Lcp nº 118, de 9 de fevereiro de 2005) II – pelo protesto judicial; III – por qualquer ato judicial que constitua em mora o devedor; IV – por qualquer ato inequívoco ainda que extrajudicial, que importe em reconhecimento do débito pelo devedor.» 3. A constituição definitiva do crédito tributário, sujeita à decadência, inaugura o decurso do prazo prescricional qüinqüenal para o Fisco exercer a pretensão de cobrança judicial do crédito tributário. 4. A entrega de Declaração de Débitos e Créditos Tributários Federais – DCTF, de Guia de Informação e Apuração do ICMS – GIA, ou de outra declaração dessa natureza prevista em lei (dever instrumental adstrito aos tributos sujeitos a lançamento por homologação), é modo de constituição do crédito tributário, dispensando a Fazenda Pública de qualquer outra providência conducente à formalização do valor declarado [...] 5. O aludido entendimento jurisprudencial culminou na edição da Súmula 436/STJ, verbis: "A entrega de declaração pelo contribuinte, reconhecendo o débito fiscal, constitui o crédito tributário, dispensada qualquer outra providência por parte do Fisco." 6. Consequentemente, o dies a quo do prazo prescricional para o Fisco exercer a pretensão de cobrança judicial do crédito tributário declarado, mas não pago, é a data do vencimento da obrigação tributária expressamente reconhecida [...]

do Decreto nº 7.574, de 29 de setembro de 2011, e no art. 4º do Decreto nº 7.708, de 2 de abril de 2012, resolve:

Constituição Republicana, de 1988	Art. 5º Todos são iguais perante a lei, sem distinção de qualquer natureza, garantindo-se aos brasileiros e aos estrangeiros residentes no País a inviolabilidade do direito à vida, à liberdade, à igualdade, à segurança e à propriedade, nos termos seguintes: [...] XXXIII - todos têm direito a receber dos órgãos públicos informações de seu interesse particular, ou de interesse coletivo ou geral, que serão prestadas no prazo da lei, sob pena de responsabilidade, ressalvadas aquelas cujo sigilo seja imprescindível à segurança da sociedade e do Estado; (Regulamento) (Vide Lei nº 12.527, de 2011)[1] [...] XXXIV - são a todos assegurados, independentemente do pagamento de taxas: a) o direito de petição aos Poderes Públicos em defesa de direitos ou contra ilegalidade ou abuso de poder [...]
	Art. 84. Compete privativamente ao Presidente da República: [...] IV - sancionar, promulgar e fazer publicar as leis, bem como expedir decretos e regulamentos para sua fiel execução [...]

COMENTÁRIO DO AUTOR

Visando a fiel execução da lei, a IN RFN nº 1.396, de 2013, é, dentre tantas outras, formal manifestação do poder regulamentar atribuído constitucionalmente ao Poder Executivo. Trata-se de função atípica da Administração Pública, a partir da qual há expedição de normas complementares à lei no intuito de garantir sua fiel aplicação. As disposições regulamentares servem para: (i) dispor sobre o *modus operandi* da Administração Pública, (ii) especificar os requisitos e as exigências legais; (iii) estabelecer critérios uniformes de aplicação da lei regulamentanda, (iv) aclarar cláusulas gerais e conceitos vagos ou imprecisos, dentre outros. Como norma complementar, a Instrução Normativa não pode exorbitar dos limites estabelecidos pelo legislador. Portanto, o ato regulamentador deve se circunscrever à explicitação do conteúdo legal, sem inovar no ordenamento jurídico, sem criar direito novo.

---

35 Dentre outras matérias, a Lei nº 12.527, de 18 de novembro de 2011, regula o acesso a informações previsto no inciso XXXIII do art. 5º, no inciso II do § 3º do art. 37 e no § 2º do art. 216 da Constituição Republicana.

FUNDAMENTO NORMATIVO

A fundamentação da IN RFB nº 1.396, de 2013, peca ao não fazer alusão a qualquer dispositivo constitucional. Peca igualmente por não apontar outros atos legais como fundamento normativo do ato regulamentar. Quanto ao ponto, a Lei nº 9.784, de 1999, é exemplar. Por força de seu caráter principiológico – dentre outros, segurança jurídica, legalidade, contraditório, moralidade, eficiência, motivação, publicidade, finalidade, interesse público, proporcionalidade – não há como se afastar a incidência da lei reguladora do processo administrativo, no âmbito da Administração Pública Federal. Certo que a Lei nº 9.784, de 1999, deve incidir de forma subsidiária aos processos administrativos específicos regrados por lei própria, tanto o é, que ela própria menciona expressamente por meio de seu artigo 69.

Art. 1º Esta Instrução Normativa trata dos processos administrativos de consulta sobre interpretação da legislação tributária e aduaneira relativa aos tributos administrados pela Secretaria da Receita Federal do Brasil (RFB) e sobre classificação de serviços, intangíveis e outras operações que produzam variações no patrimônio[36].

Lei nº 5.172, de 25 de outubro de 1966 (Código Tributário Nacional)	Art. 107. A legislação tributária será interpretada conforme o disposto neste Capítulo

---

36 Com base no artigo 24 da Lei nº 12.546, de 14 de dezembro de 2011, foi publicado o Decreto nº 7.708, de 2 de abril de 2012, que instituiu a Nomenclatura Brasileira de Serviços, Intangíveis e outras Operações que Produzam Variações no Patrimônio (NBS). Ao criar a NBS como instrumento classificador, o Poder Executivo passou a utilizá-la no Sistema Integrado de Comércio Exterior de Serviços, Intangíveis e Outras Operações que Produzam Variações no Patrimônio (Siscoserv), desenvolvido pela Secretaria de Comércio e Serviços do Ministério do Desenvolvimento, Indústria e Comércio Exterior e pela Secretaria da Receita Federal do Brasil. Igualmente, lançou mão da NBS para definir os serviços elegíveis ao financiamento no âmbito do Programa de Financiamento às Exportações (PROEX) e para ampliar os serviços elegíveis aos Adiantamentos de Contrato de Câmbio (ACC) e Adiantamento de Cambiais Entregues (ACE).

Lei nº 9.784, de 29 de janeiro de 1999.	Art. 1º Esta Lei estabelece normas básicas sobre o processo administrativo no âmbito da Administração Federal direta e indireta, visando, em especial, à proteção dos direitos dos administrados e ao melhor cumprimento dos fins da Administração Art. 69. Os processos administrativos específicos continuarão a reger-se por lei própria, aplicando-se-lhes apenas subsidiariamente os preceitos desta Lei
Lei nº 11.457, de 16 de março de 2007	Art. 2º Além das competências atribuídas pela legislação vigente à Secretaria da Receita Federal, cabe à Secretaria da Receita Federal do Brasil planejar, executar, acompanhar e avaliar as atividades relativas a tributação, fiscalização, arrecadação, cobrança e recolhimento das contribuições sociais previstas nas alíneas a, b e c do parágrafo único do art. 11 da Lei no 8.212, de 24 de julho de 1991, e das contribuições instituídas a título de substituição. (Vide Decreto nº 6.103, de 2007). Art. 25. Passam a ser regidos pelo Decreto no 70.235, de 6 de março de 1972: II – a partir da data fixada no caput do art. 16 desta Lei, os processos administrativos de consulta relativos às contribuições sociais mencionadas no art. 2º desta Lei § 3º Aplicam-se, ainda, aos processos a que se refere o inciso II do **caput** deste artigo os arts. 48 e 49 da Lei no 9.430, de 27 de dezembro de 1996 [...]
Lei nº 12.546, de 14 de dezembro de 2011	Art. 24. Sem prejuízo do disposto na Lei Complementar nº 116, de 31 de julho de 2003, é o Poder Executivo autorizado a instituir a Nomenclatura Brasileira de Serviços, Intangíveis e outras Operações que Produzam Variações no Patrimônio (NBS) e as Notas Explicativas da Nomenclatura Brasileira de Serviços, Intangíveis e Outras Operações que Produzam Variações no Patrimônio (Nebs).
Decreto nº 7.708, de 2 de abril de 2012	Art. 4º Os processos administrativos de consulta sobre a classificação dos serviços, intangíveis e outras operações que produzam variações no patrimônio com base na NBS observarão o disposto nos arts. 46 a 53 do Decreto nº 70.235, de 6 de março de 1972, e nos arts. 48 a 50 da Lei nº 9.430, de 27 de dezembro de 1996

CONSULTA FISCAL

A consulta fiscal não é mero procedimento fiscal, pois não se resume a simples sequência de atos unilaterais e inquisitoriais[37]. É modalidade de processo administrativo, porquanto está garantida a participação ativa do consulente[38]. Afinal, define-se processo como "a relação jurídica integrada por algumas pessoas, que nela exercem várias atividades direcionadas para determinado fim" (CARVALHO FILHO, 2014, p.982). O autor da consulta não apenas provoca a Administração Tributária a pronunciar a sua interpretação a respeito da dúvida fundada apresentada, mas também influencia a formação da solução no momento em que a apresenta, influi na formação da "vontade" da Administração. Por meio da petição inicial do processo de consulta fiscal, a compreensão do consulente acerca da matéria é submetida à apreciação do órgão fazendário. A dúvida deve circunscrever-se a temas relacionados com a legislação tributária federal. Ficam assim excluídos do âmbito da consulta fiscal federal assuntos de natureza diversa – tais como, esclarecimentos sobre a forma de contabilização de determinada operação mercantil, instruções sobre o preenchimento de declarações ou procedimentos de instalação de aplicativos fornecidos pela RFB. Se acaso for apresentada consulta fiscal sobre tema de natureza diversa, a declaração de ineficácia é inexorável, uma vez que somente se admite dúvidas fundadas sobre a

---

37 "*Procedimento administrativo* ou *processo administrativo* é uma sucessão itinerária e encadeada de atos administrativos que tendem, todos, a um resultado final e conclusivo. Isto significa que para existir o procedimento ou processo cumpre que haja uma seqüência de atos conectados entre si, isto é, armados em uma ordenada sucessão visando a um ato derradeiro, em vista do qual se compôs esta cadeia, sem prejuízo, entretanto, de que cada um dos atos integrados neste todo conserve sua identidade funcional própria, que autoriza a neles reconhecer o que os autores qualificam como "autonomia relativa". Por conseguinte, cada ato cumpre uma função especificamente sua, em despeito de que todos co-participam do rumo tendencial que os encadeia: destinarem-se a compor o desenlace, em um ato final, pois estão ordenados a propiciar uma expressão decisiva a respeito do assunto, em torno do qual todos se polarizam (MELLO, 2009, p. 480).

38 "Ora, somente se pode pensar em efetiva realização do princípio democrático quando e onde possa o administrado participar da feitura do querer administrativo, ou da sua concretização efetiva. Para tanto, imprescindível é que se assegure ao cidadão postular junto à Administração, com a mesma coorte de garantias que lhe são deferidas no processo jurisdicional [...] a participação democrática no processo administrativo representa verdadeira contraface ao autoritarismo (FERRAZ; DALLARI, 2002, pp. 21/22).

legislação tributária federal. Em caso de divergência de soluções de consulta, há possibilidade de o consulente apresentar recurso e questionar a resposta dada. De acordo com o professor Cândido Rangel Dinamarco (CINTRA; GRINOVER; DINAMARCO, 1993, pp. 277-278), processo é o "instrumento através do qual a jurisdição se opera (instrumento para a positivação do poder) [...] Esclarecem os mestres ser o conceito de processo transcendente ao direito processual, pois, sendo instrumento para o legítimo exercício de poder, está presente em todas as atividades estatais (processo administrativo, legislativo) e não estatais (processos disciplinares dos partidos políticos ou associações, processos das sociedades mercantis para o aumento de capital etc.). Por sua vez, **procedimento** é a manifestação extrínseca do processo; é o meio pelo qual o processo se instaura, desenvolve e termina, é a coordenação de atos que se sucedem, o meio pelo qual a lei estampa os atos e fórmulas da ordem legal do processo"[39].

---

39 Em razão de a consulta fiscal não apresentar litigiosidade, nota distintiva do conceito de processo, transcreve-se o seguinte excerto que aclara o ponto de vista de Faleiro no sentido de que a consulta fiscal é simples procedimento: "[...] A litigiosidade é, assim, nota distintiva entre os conceitos de processo e procedimento. Existindo litígio, independentemente da esfera de poder estatal em que se esteja atuando, haverá processo, como todas as garantias a ele inerentes. Na ausência desse elemento, haverá sempre procedimento, que é a forma genérica de desenvolver toda e qualquer atividade estatal [...] Ainda que a lei estabeleça a possibilidade de o consulente, diante de uma resposta à consulta desfavorável aos seus interesses, apresentar recurso, não há a descaracterização dessa finalidade, que continua sendo a de dissipar uma dúvida, obtendo da Administração um sentido para o texto legal tributário. Não é outra a razão pela qual entendemos inaplicáveis ao procedimento de consulta fiscal os princípios do contraditório, da ampla defesa e do "duplo grau", que são princípios que homenageiam a igualdade de tratamento entre as partes, por pressuporem a existência de um conflito entre elas, de contraposição de interesses. No procedimento de consulta não há parte ou interesses antagônicos. A Administração, no procedimento de consulta fiscal, é apenas julgadora, diferente do que ocorre em um processo administrativo, em que antes de ser julgadora ela é parte [...] No processo de consulta fiscal a relação é linear, o consulente se dirige à Administração expondo-lhe uma dúvida e pedindo-lhe que a esclareça. Ao esclarecê-la, a Administração atende o interesse do consulente, exercendo a função para a qual foi instada. Evidenciam-se, assim, apenas dois pólos: consulente e Administração (órgão julgador), determinando a formação de uma relação linear (FALEIRO, 2005, p. 9/11).

INTERPRETAÇÃO

Interpretar é "uma atividade de mediação, pela qual o intérprete traz à compreensão o sentido de um texto que se lhe torna problemático" (LARENZ, 2005, p.437). O escopo da interpretação só pode ser o alcance e o sentido normativo da lei. A atividade interpretativa deve comandar a solução da consulta, pois, de modo geral, à Administração não é dado desenvolver o Direito, por meio de instrumentos criativos ou superadores dos ditames legais. Isso porque, pela visão clássica do princípio da separação dos poderes, a criação de leis incumbe ao Poder Legislativo. Assim, cumpre aos órgãos do Executivo a observância, a interpretação e a aplicação das leis ditadas pelo Parlamento.

Em perspectiva institucional, Adrian Vermeule assevera que "julgar [e, também, interpretar] é uma "atividade sistemicamente interdependente" (VERMEULE, 2011, p. 7). Para o teórico norte-americano, além dos critérios clássicos de hermenêutica, o intérprete deve considerar, além da capacidade institucional, os efeitos sistêmicos. Nesse sentido discorre dizendo que "[a]tores que não consideram os efeitos sistêmicos podem falhar em antecipar involuntárias consequências perversas, e, assim, tomar medidas contraproducentes"[40].

Na perspectiva vermeuliana, o intérprete, ao decidir, deve estar ciente de que sua decisão provocará efeitos sobre o sistema, sobre a ordem global[41].

---

[40] A "capacidade institucional" a que se faz alusão encerra a determinação de qual Poder possui maior aptidão para proferir a melhor decisão sobre temas específicos, os quais envolvem aspectos técnicos, a exemplo da fixação da taxa referencial do Sistema Especial de Liquidação e Custódia (Selic), ou científicos de extrema complexidade, como é o caso da avaliação da eficácia e segurança de determinados medicamentos. Afastando-se de uma exegese de alto grau de abstração, Sunstein e Vermeule (2002, p. 1) afirmam que não há como proceder a uma interpretação jurídica sem que sejam levadas em conta as considerações institucionais, isto é, as capacidades institucionais (*institutional capacities*) e os efeitos dinâmicos (*dynamic effects*) que possam decorrer da decisão. Segundo os autores, os efeitos sistêmicos ou dinâmicos traduzem as conseqüências passíveis de afetar, para além do caso concreto, tanto atores privados como públicos, sejam de que sorte forem (VERMEULE, SUNSTEIN 2002, p. 46).

[41] Vermeule argumenta que a ordem constitucional complexa é melhor entendida como um "sistema de sistemas". Para ele, o sistema é constituído por dois níveis de agregação. Em um primeiro nível, os indivíduos se agregariam para formar as instituições (arranjos equilibrados resultantes da interação de seus membros individuais). E, em um segundo nível, a ordem constitucional global teria as instituições como componentes (VERMEULE, Adrian. The System of the Constitutional. Oxford University Press: New York, 2011, p. 27/29).

TRIBUTO

Na definição do artigo 3º do Código Tributário Nacional (Lei nº 5.172, de 1966) é "toda (1) prestação pecuniária (2) compulsória, (3) em moeda ou cujo valor nela possa exprimir, (4) que não constitua sanção de ato ilícito, (5) instituída em lei e (6) cobrada mediante atividade administrativa plenamente vinculada". Quanto à insuficiência da definição legal de tributo, Ribeiro observa que:

> "nenhum conceito legal é suficiente para reunir todos os elementos de realidade, existem situações excepcionais onde a presença de todos os elementos não garante a natureza tributária da exigência, como é o caso do FGTS que, embora reunindo todos os seis elementos do art. 3º do CTN, carece de um elemento anterior à definição. Trata-se da não inserção do instituto no conceito de receita pública, assim entendido o ingresso de recursos no Erário como elemento novo e positivo sem qualquer contraprestação no passivo. Sendo o FGTS pertencente ao patrimônio de cada trabalhador, titular de uma conta individualizada, não é receita pública, sendo o Estado mero gestor desses recursos privados. Logo, não é tributo". (RIBEIRO, 2013, pp. 7-8).

Nos termos de Luciano Amaro, "a prestação pecuniária não sancionatória de ato ilícito, instituída em lei e devida ao Estado ou a entidades não estatais de fins de interesse público" (AMARO, 2012, p. 47)[42]. O conceito "quis explicitar: a) o caráter pecuniário da prestação tributária (como prestação em moeda); b) a compulsoriedade dessa prestação, ideia com a qual o Código Tributário Nacional buscou evidenciar que o dever jurídico de prestar o tributo é imposto pela lei, abstraída a vontade das partes que vão ocupar os polos ativo e passivo da obrigação tributária, opondo-se, dessa forma, a compulsoriedade do tributo à voluntariedade de outras prestações precuniárias; c) a natureza não sancionatória de ilicitude, o que afasta da noção de tributo certas prestações também criadas por lei, como as multas por infração de disposições legais, que

---

42 Historicamente e em diferente contexto, já se afirmou que "taxes are the enforced proportional contributions from persons and property, levied by the state by virtue of its sovereignty for the support of government and for all public need" (COOLEY, 1924, p. 61).

têm a natureza de sanções de ilícitos, e não de tributos; d) a origem legal do tributo (como prestação "instituída em lei"), repetindo o Código a ideia de que o tributo é determinado pela lei e não pela vontade das partes que irão figurar como credor e devedor da obrigação tributária; e) a natureza vinculada (ou não discricionária) da atividade administrativa a qual se cobra o tributo" (AMARO, 2012, pp. 40-41).

Entendida a definição, a relação de tributos administrados pela Secretaria da Receita Federal do Brasil é a seguinte:

1. IRPF (Imposto sobre a renda das pessoas físicas)
2. IRPJ (Imposto sobre a renda das pessoas jurídicas)
3. IRRF (Imposto sobre a renda retido na fonte)
4. CSLL (Contribuição social sobre o lucro líquido)
5. IOF (Imposto sobre operações de crédito, câmbio e seguro, ou relativas a títulos ou valores mobiliários)
6. ITR (Imposto territorial rural)
7. IPI (Imposto sobre produtos industrializados)
8. II (Imposto de importação)
9. IE (Imposto de exportação)
10. Contribuições previdenciárias das pessoas físicas
11. Contribuições previdenciárias das pessoas jurídicas
12. Contribuição para o PIS/Pasep e Cofins
13. Cide-combustíveis (Contribuição de intervenção no domínio econômico incidente sobre as operações realizadas com combustíveis)
14. Cide-remessas (Contribuição de intervenção no domínio econômico incidente sobre as as remessas ao exterior)
15. AFRMM (Adicional ao frete para renovação da marinha mercante)

CLASSIFICAÇÃO DE SERVIÇOS, INTANGÍVEIS E OUTRAS OPERAÇÕES

A classificação referida baseia-se na Nomenclatura Brasileira de Serviços, Intangíveis e outras Operações que Produzam Variações no Patrimônio – NBS. Exemplos de intangíveis são, *inter alia*, o licenciamento, os contratos de transferência de tecnologia envolvendo a prestação de serviços de assistência técnica e científica, combinadamente ou não, e o fornecimento da tecnologia – know how e os contratos de franquia. Por outro lado, "outras operações que produzem alteração no patrimônio das empresas" são operações que não podem ser reputadas serviços nem mesmo intangíveis, mas integram a NBS. Exemplos destas operações são operações que envolvem simultaneamente a prestação de serviço e o fornecimento de mercadoria (*e.g.* fornecimento de alimentados), operações de arrendamento mercantil e fomento comercial.[43]

JURISPRUDÊNCIA

> STF, ADI Nº 447, REL. MIN. OCTÁVIO GALLOTTI, VOTO DO MIN. CARLOS VELLOSO, JULGAMENTO EM 5/6/1999, PLENÁRIO, DJ DE 5/3/1993. "Os tributos, nas suas diversas espécies, compõem o Sistema Constitucional Tributário brasileiro, que a Constituição inscreve nos seus artigos 145 a 162. Tributo, sabemos todos, encontra definição no art. 3º do CTN (CTN), de-

---

43 Confira a Lei nº 12.546, de 14 de dezembro de 2011: Art. 24. Sem prejuízo do disposto na Lei Complementar nº 116, de 31 de julho de 2003, é o Poder Executivo autorizado a instituir a Nomenclatura Brasileira de Serviços, Intangíveis e outras Operações que Produzam Variações no Patrimônio (NBS) e as Notas Explicativas da Nomenclatura Brasileira de Serviços, Intangíveis e Outras Operações que Produzam Variações no Patrimônio (Nebs). Art.25. É instituída a obrigação de prestar informações para fins econômico-comerciais ao Ministério do Desenvolvimento, Indústria e Comércio Exterior relativas às transações entre residentes ou domiciliados no País e residentes ou domiciliados no exterior que compreendam serviços, intangíveis e outras operações que produzam variações no patrimônio das pessoas físicas, das pessoas jurídicas ou dos entes despersonalizados. [...] § 2º Os serviços, os intangíveis e as outras operações de que trata o caput deste artigo serão definidos na Nomenclatura de que trata o art. 24. § 3º São obrigados a prestar as informações de que trata o caput deste artigo: I – o prestador ou tomador do serviço residente ou domiciliado no Brasil; II – a pessoa física ou jurídica, residente ou domiciliada no Brasil, que transfere ou adquire o intangível, inclusive os direitos de propriedade intelectual, por meio de cessão, concessão, licenciamento ou por quaisquer outros meios admitidos em direito; e III – a pessoa física ou jurídica ou o responsável legal do ente despersonalizado, residente ou domiciliado no Brasil, que realize outras operações que produzam variações no patrimônio[...] § 6º As informações de que trata o caput deste artigo poderão subsidiar outros sistemas eletrônicos da administração pública. Art. 26. As informações de que trata o art. 25 serão utilizadas pelo Ministério do Desenvolvimento, Indústria e Comércio Exterior na sistemática de coleta, tratamento e divulgação de estatísticas, no auxílio à gestão e ao acompanhamento dos mecanismos de apoio ao comércio exterior de serviços, intangíveis e às demais operações, instituídos no âmbito da administração pública, bem como no exercício das demais atribuições legais de sua competência. [...] Art. 27. O Ministério da Fazenda e o Ministério do Desenvolvimento, Indústria e Comércio Exterior emitirão as normas complementares para o cumprimento do disposto nos arts. 24 a 26 desta Lei.

finição que se resume, em termos jurídicos, no constituir ele uma obrigação que a lei impõe às pessoas, de entrega de uma certa importância em dinheiro ao Estado. As obrigações são voluntárias ou legais. As primeiras decorrem da vontade das partes, assim, do contrato; as legais resultam da lei, por isso, são denominadas ex lege e podem ser encontradas tanto no direito público quanto no direito privado. A obrigação tributária, obrigação ex lege, a mais importante do direito público, 'nasce de um fato qualquer da vida concreta, que antes havia sido qualificado pela lei como apto a determinar o seu nascimento' (Geraldo Ataliba, Hermenêutica e Sistema Constitucional Tributário, in Direito e pratica tributaria, volume L, Padova, Cedam, 1979). As diversas espécies tributárias, determinadas pela hipótese de incidência ou pelo fato gerador da respectiva obrigação (CTN, art. 4º), são a) os impostos (CF, art. 145, I, arts. 153, 154, 155 e 156), b) as taxas (CF, art. 145, II), c) as contribuições, que são c.1) de melhoria (CF, art. 145, III), c.2) sociais (CF, art. 149), que, por sua vez, podem ser c.2.1) de seguridade social (CF, art. 195, CF, art. 195, §4º) e c.2.2) salário educação (CF, art. 212, §5º) e c.3) especiais: c.3.1) de intervenção no domínio econômico (CF, art. 149) e c.3.2) de interesse de categorias profissionais ou econômicas (CF, art. 149). Constituem, ainda, espécie tributária, d) os empréstimos compulsórios (CF, art. 148)".

STJ, RESP 1248719/PR, REL. MIN. HERMAN BENJAMIN, T2 - SEGUNDA TURMA, DJE 30/05/2011. "1. O art. 39, § 2º, da Lei 4.320/1964 dispõe que a multa devida à Fazenda Pública poderá enquadrar-se no conceito de dívida ativa tributária ou não tributária, conforme a sua origem. 2. In casu, o Tribunal a quo, embora tenha constatado tratar-se de multa imposta pela Receita Federal por força de importação irregular de cigarro (visando ao não recolhimento do Imposto de Importação), concluiu que as multas não são tributo, razão pela qual se enquadram no conceito de dívida ativa não tributária. 3. Verifica-se que o equívoco no acórdão hostilizado consistiu na confusão dos conceitos de "tributo" e de "dívida ativa tributária". 4. A penalidade, por pressuposto lógico, não pode ser incluída no conceito de tributo (art. 3º do CTN), mas, conforme mencionado, será abrangida na definição de dívida ativa tributária ou não tributária, conforme sua procedência. 5. Tendo-se observado que, na espécie, a multa é de origem tributária, merece reforma o decisum que indeferiu o pedido de bloqueio universal dos bens (art. 185-A do CTN), sob a premissa de que este é inaplicável à dívida ativa não tributária. 6. Recurso Especial provido".

Capítulo I
DA LEGITIMIDADE

LEGITIMIDADE

Em princípio qualquer pessoa, física ou jurídica, ou mesmo, entes despersonalizados (v.g., condomínios; clubes e fundos de investimentos, dentre outros), devidamente representados, podem formular consulta fiscal perante a Secretaria da Receita Federal do Brasil. Todavia, a resposta meritória oficial somente será dada se a consulta for realizada pelo consulente que demonstre legítimo interesse e, desde que, observe os ditames normativos que regem a matéria. Dentre os legitimados ativos para formular consulta fiscal, a legislação tributária elenca taxativamente os seguintes sujeitos ativos da relação processual, quais sejam: sujeito passivo da obrigação tributária, órgão da administração pública e entidade representativa de categoria econômica ou profissional. Notável que não basta qualificar-se como sujeito passivo da obrigação tributária para que a consulta seja admitida. A legislação exige mais: o consulente há que demonstrar legítimo interesse[1]. Desde já, cumpre observar que: (i) no caso de pessoa jurídica, a consulta será formulada pelo estabelecimento matriz; (ii) não será admitida a apresentação de consulta formulada por mais de um sujeito passivo em um único processo, ainda que sejam partes interessadas no mesmo fato, envolvendo a mesma matéria, fundada em idêntica norma jurídica e (iii) a entidade representativa de categoria econômica ou profissional que formular consulta em nome de seus associados ou filiados deverá apresentar autorização expressa destes para representá-los administrativamente.

---

1   Para os sujeitos passivos que não participaram da consulta fiscal, a resposta oficial se traduz também em típica externalidade, que pode-se revelar positiva ou negativa, tudo a depender se o resultado exegético implicar, respectivamente, benefícios ou custos.

Art. 2º A consulta poderá ser formulada por:

COMENTÁRIO DO AUTOR

O artigo 2º explicita o elemento subjetivo ativo da relação jurídico-processual. Fundamentado na lei, esse dispositivo indica quem se qualifica como sujeito ativo, quem detém legitimação ativa – *legitimatio ad causam* – para formulação de consulta fiscal perante a Administração Tributária, com vistas a obter a inteligência oficial a respeito da interpretação da legislação tributária. A natureza geral da palavra oficial torna indispensável que os administrados, direta ou indiretamente, efetiva ou potencialmente, se submetam ao comando da norma (aplicável, doravante, a quantidade indeterminada de pessoas que se encontram na mesma situação jurídica) prestada como contrapartida à consulta fiscal formulada. Aquele que formula consulta fiscal, em nome próprio, sobre relação jurídica alheia carece de legitimidade. Exemplares são os casos em que contabilistas e advogados formulam, desprovidos de poderes de representação, consultas fiscais sobre questões atinentes a interesses de sua clientela.

Solução de Consulta nº 10021, Disit/SRRF10, de 19 de maio de 2016	EMENTA: PROCESSO DE CONSULTA. INEFICÁCIA PARCIAL. É ineficaz a consulta formulada por quem não reveste a condição de sujeito passivo da obrigação tributária de que ela trata
Solução de Consulta nº 225, Cosit, de 20 de agosto de 2014	EMENTA: CONSULTA. REQUISITOS. LEGITIMIDADE. FALTA DE PREENCHIMENTO. EFEITOS. Não produz efeitos a consulta que não preenche os requisitos previstos na legislação, incluindo a legitimidade, assim como aquela que tem por objetivo a simples prestação de assessoria tributária pela RFB.

I – sujeito passivo de obrigação tributária principal ou acessória;

Lei nº 5.172, de 25 de outubro de 1966 (Código Tributário Nacional)	Art. 121. Sujeito passivo da obrigação principal é a pessoa obrigada ao pagamento de tributo ou penalidade pecuniária. Art. 122. Sujeito passivo da obrigação acessória é a pessoa obrigada às prestações que constituam o seu objeto.
Lei nº 9.784, de 29 de janeiro de 1999.	Art. 9º São legitimados como interessados no processo administrativo: I – pessoas físicas ou jurídicas que o iniciem como titulares de direitos ou interesses individuais ou no exercício do direito de representação;
Decreto nº 70.235, de 6 de março de 1972	Art. 46. O sujeito passivo poderá formular consulta sobre dispositivos da legislação tributária aplicáveis a fato determinado. Parágrafo único. Os órgãos da administração pública e as entidades representativas de categorias econômicas ou profissionais também poderão formular consulta.

SUJEITO PASSIVO DA OBRIGAÇÃO TRIBUTÁRIA

Sujeito passivo da obrigação tributária, na definição do artigo 121 do Código Tributário Nacional (Lei nº 5.172, de 1966) é "a pessoa obrigada ao pagamento de tributo ou penalidade pecuniária". Diz-se contribuinte, quando tenha relação pessoal e direta com a situação que constitua o respectivo fato gerador; e, responsável, quando, sem revestir a condição de contribuinte, sua obrigação decorra de disposição expressa de lei. Ambos

> são devedores de quantia em dinheiro, já que se trata da obrigação principal e esta tem sempre por conteúdo uma prestação pecuniária [...] A identificação do sujeito passivo da obrigação principal [...] depende apenas de verificar quem é a pessoa que, à vista da lei, tem o dever legal de efetuar o pagamento da obrigação, não importando indagar qual o tipo de relação que ela possui com o fato gerador (AMARO, 2012, p. 324).

Sujeito passivo da obrigação acessória "é a pessoa obrigada às prestações que constituam o seu objeto" (art. 122 do CTN), isto é, "se o objeto da obrigação acessória é uma prestação positiva ou negativa não pecuniária (fazer ou não fazer alguma coisa, que não seja dar dinheiro, nos termos do art. 133, §2º), o devedor dessa obrigação é a pessoa que estiver obrigada a efetuar a respectiva prestação" (AMARO, 2012, p. 324). Acresça-se que "o sujeito passivo da obrigação de pagar o tributo diz-se contribuinte ou responsável" (TORRES, 2011, p. 258). Ambos, contribuinte e responsável, possuem legitimidade para formular consulta.

O sujeito ativo da relação jurídico-processual, a que a regra jurídica, em comento, faz referência, tanto pode ser o efetivo sujeito passivo da obrigação tributária, quanto o potencial sujeito passivo. A *quaestio iuris* submetida ao exame do órgão fazendário pode-se relacionar a caso ocorrido no mundo fenomênico (caso concreto) ou a fato gerador futuro, como também, relacionar-se diretamente ao esclarecimento, se o consulente qualifica-se como sujeito passivo de determinada obrigação tributária. Em suma, o consulente pode ser (efetivo), ou vir a ser (potencial) ou ainda não ser sujeito passivo de obrigação tributária. Decisivo, nesse aspecto, será a caracterização da *legitimatio ad causam*.

Vale ressaltar que a personalidade jurídica não é requisito indispensável para determinação da admissibilidade da consulta fiscal. Assim, entes despersonalizados – tais como, condomínios[2], espólios[3] e

---

2   O §1º estipula a aplicação do artigo 30 da Lei nº 10.833, de 29 de dezembro de 2003, aos condomínios edilícios: "[...] Art. 30. **Os pagamentos efetuados pelas pessoas jurídicas a outras pessoas jurídicas de direito privado, pela prestação de serviços de limpeza, conservação, manutenção, segurança, vigilância, transporte de valores e locação de mão-de-obra, pela prestação de serviços de assessoria creditícia, mercadológica, gestão de crédito, seleção e riscos, administração de contas a pagar e a receber, bem como pela remuneração de serviços profissionais, estão sujeitos a retenção na fonte da Contribuição Social sobre o Lucro Líquido – CSLL, da COFINS e da contribuição para o PIS/PASEP.** § 1º O disposto neste artigo aplica-se inclusive aos pagamentos efetuados por: [...] IV – **condomínios edilícios** [...]" (grifos nossos).

3   Confira o inciso IV do artigo 134 da Lei nº 5.172, de 1966 (Código Tributário Nacional) combinado com o artigo 23 da Lei nº 9.532, de 10 de dezembro de 1997: **Art. 134.** Nos casos de impossibilidade de exigência do cumprimento da obrigação principal pelo contribuinte, **respondem solidariamente** com este nos atos em que interviem ou pelas omissões de que forem responsáveis: [...] IV – **o inventariante, pelos tributos devidos pelo espólio** [...]" e o "[...] **Art. 23. Na transferência de direito de propriedade por sucessão, nos casos de herança**, legado ou por doação em adiantamento da legítima, **os bens e direitos poderão ser avaliados a valor de mercado ou pelo valor constante da declaração de bens do de cujus ou do doador.** § 1º Se a transferência for efetuada a valor de mercado, a diferença a maior entre esse e o valor pelo qual constavam da declaração de bens do *de cujus* ou do doador sujeitar-se-á à incidência de imposto de renda

fundos de investimentos, na qualidade de sujeitos passivos da obrigação tributária, podem formular consulta fiscal, desde que devidamente representados.

Solução de Consulta nº 181, Cosit, de 25 de junho de 2014.	EMENTA: FUNDOS DE INVESTIMENTO IMOBILIÁRIO. ALIENAÇÃO DE QUOTAS DE OUTROS FUNDOS DE INVESTIMENTO IMOBILIÁRIO. INCIDÊNCIA NA FORMA DAS OPERAÇÕES DE RENDA VARIÁVEL. Os ganhos de capital e rendimentos auferidos na alienação, por fundos de investimento imobiliário, sujeitam-se à incidência do imposto de renda à alíquota de vinte por cento de acordo com as mesmas normas aplicáveis aos ganhos de capital ou ganhos líquidos auferidos em operações de renda variável.[4]

II – órgão da administração pública; ou Órgão Público

"[É] o compartimento na estrutura estatal a que são cometidas funções determinadas, sendo integrado por agentes que, quando as executam, manifestam a própria vontade do Estado. Como círculo interno de poder, o órgão em si é despersonalizado; apenas integra a pessoa jurídica. A capacidade processual é atribuída à pessoa física ou jurídica [...] Sendo assim, o órgão não pode, como regra geral, ter capacidade processual" (CARVALHO FILHO, 2013, pp. 15-16).

à alíquota de quinze por cento. § 2º O imposto a que se referem os §§ 1º e 5º deverá ser pago: I – pelo inventariante, até a data prevista para entrega da declaração final de espólio, nas transmissões *mortis causa*, observado o disposto no art. 7º, § 4º da Lei nº 9.250, de 26 de dezembro de 1995[...]" (grifos nossos).

4   Para melhor compreensão da decisão administrativa, confira artigo 18 da Lei nº 8.668, de 25 de junho de 1993: [...] Art. 18. Os ganhos de capital e rendimentos auferidos na alienação ou no resgate de quotas dos fundos de investimento imobiliário, por qualquer beneficiário, inclusive por pessoa jurídica isenta, sujeitam-se à incidência do imposto de renda à alíquota de vinte por cento: (Redação dada pela Lei nº 9.779, de 19.1.1999) I - na fonte, no caso de resgate; II - às mesmas normas aplicáveis aos ganhos de capital ou ganhos líquidos auferidos em operações de renda variável, nos demais casos. (Incisos incluídos pela Lei nº 9.779, de 19.1.1999).

Órgãos públicos são unidades de atuação que encerram um plexo de agentes e meios materiais ordenados para a realização de determinadas funções. A despeito da carência de legitimidade processual em sede judicial, órgãos públicos podem formular consultas fiscais, no âmbito administrativo. Isso porque a lei tributária estabelece obrigações tributárias – v.g., obrigação de realizar a retenção na fonte sobre pagamentos[5]- à Administração Pública dos três níveis de governo. Por vezes, a fiel execução da lei por parte de servidores federais, estaduais e municipais fica na dependência de esclarecimentos interpretativos da Administração Tributária. Apesar de não possuírem personalidade jurídica, aos órgãos da Administração Pública é conferida a sujeição ativa para a formulação de consulta fiscal.

Interessante é o entendimento de Valdir de Oliveira Rocha, quanto à carência de interesse, por parte de órgão público federal, quando formula consulta fiscal à Administração Tributária. Quanto a isso, menciona o citado autor que:

> "[...] a Administração Pública nunca será parte diante da própria Administração. Se o funcionário indaga nunca o faz como interessado jurídico, "em defesa de direitos". Portanto, a "consulta" feita por órgãos da própria Administração Pública nunca será consulta fiscal em seu sentido próprio com que a venho tratando neste estudo. [...] Observo, no entanto, que é admissível consulta fiscal de município dirigida à Administração estadual ou federal, por exemplo, pois aí já não se estará diante da *própria* Administração" (ROCHA, 1996, p.47).

---

5   Lei nº 9.430, de 27 de dezembro de 1996: [...] Art. 64. Os pagamentos efetuados por órgãos, autarquias e fundações da administração pública federal a pessoas jurídicas, pelo fornecimento de bens ou prestação de serviços, estão sujeitos à incidência, na fonte, do imposto sobre a renda, da contribuição social sobre o lucro líquido, da contribuição para seguridade social – COFINS e da contribuição para o PIS/PASEP. § 1º A obrigação pela retenção é do órgão ou entidade que efetuar o pagamento [...].

III – entidade representativa de categoria econômica ou profissional

Constituição Republicana, de 1988, art. 5º, XVII, XVIII, XIX, XX, XXI e art. 8º, I, II, III, V e §único	Art. 5º Todos são iguais perante a lei, sem distinção de qualquer natureza, garantindo-se aos brasileiros e aos estrangeiros residentes no País a inviolabilidade do direito à vida, à liberdade, à igualdade, à segurança e à propriedade, nos termos seguintes: [...] XVII - é plena a liberdade de associação para fins lícitos, vedada a de caráter paramilitar; XVIII - a criação de associações e, na forma da lei, a de cooperativas independem de autorização, sendo vedada a interferência estatal em seu funcionamento; XIX - as associações só poderão ser compulsoriamente dissolvidas ou ter suas atividades suspensas por decisão judicial, exigindo-se, no primeiro caso, o trânsito em julgado; XX - ninguém poderá ser compelido a associar-se ou a permanecer associado; XXI - as entidades associativas, quando expressamente autorizadas, têm legitimidade para representar seus filiados judicial ou extrajudicialmente [...] Art. 8º É livre a associação profissional ou sindical, observado o seguinte: I - a lei não poderá exigir autorização do Estado para a fundação de sindicato, ressalvado o registro no órgão competente, vedadas ao Poder Público a interferência e a intervenção na organização sindical; II - é vedada a criação de mais de uma organização sindical, em qualquer grau, representativa de categoria profissional ou econômica, na mesma base territorial, que será definida pelos trabalhadores ou empregadores interessados, não podendo ser inferior à área de um Município; III - ao sindicato cabe a defesa dos direitos e interesses coletivos ou individuais da categoria, inclusive em questões judiciais ou administrativas; V - ninguém será obrigado a filiar-se ou a manter-se filiado a sindicato; Parágrafo único. As disposições deste artigo aplicam-se à organização de sindicatos rurais e de colônias de pescadores, atendidas as condições que a lei estabelecer.
Lei nº 10.406/02 (Código Civil), art. 53	Constituem-se as associações pela união de pessoas que se organizem para fins não econômicos.

Lei nº 9.784, de 29 de janeiro de 1999.	Art. 9º São legitimados como interessados no processo administrativo: III – as organizações e associações representativas, no tocante a direitos e interesses coletivos;
Decreto-lei nº 5.452/43 (CLT), art. 511	Art. 511. É lícita a associação para fins de estudo, defesa e coordenação dos seus interesses econômicos ou profissionais de todos os que, como empregadores, empregados, agentes ou trabalhadores autônomos ou profissionais liberais exerçam, respectivamente, a mesma atividade ou profissão ou atividades ou profissões similares ou conexas. § 1º A solidariedade de interesses econômicos dos que empreendem atividades idênticas, similares ou conexas, constitui o vínculo social básico que se denomina categoria econômica. § 2º A similitude de condições de vida oriunda da profissão ou trabalho em comum, em situação de emprego na mesma atividade econômica ou em atividades econômicas similares ou conexas, compõe a expressão social elementar compreendida como categoria profissional. § 3º Categoria profissional diferenciada é a que se forma dos empregados que exerçam profissões ou funções diferenciadas por força de estatuto profissional especial ou em consequência de condições de vida singulares. (Vide Lei nº 12.998, de 2014) § 4º Os limites de identidade, similaridade ou conexidade fixam as dimensões dentro das quais a categoria econômica ou profissional é homogênea e a associação é natural .
Solução de Consulta nº 335, de 25 de Junho de 2012	**EMENTA**: CONSULTA -ENTIDADE REPRESENTATIVA – EFEITOS Os efeitos protetivos da consulta eficaz formulada por entidade representativa de categoria econômica ou profissional, em nome de seus associados, alcançam apenas aos contribuintes que sejam por ela representados, nos termos de seu estatuto. Assim, não produz a presente consulta qualquer efeito para contribuintes que, não se revestindo dessa condição, hajam contratado a prestação de serviços de assessoramento contábil/fiscal aos filiados do consulente.

ENTIDADE REPRESENTATIVA DE CATEGORIA ECONÔMICA OU PROFISSIONAL

A entidade representativa de categoria detém legitimidade para formulação de consulta fiscal, em nome de seus associados ou filiados, desde que o fato determinado e o dispositivo da legislação tributária e aduaneira sobre o qual paire a dúvida guardem relação com seus representados. A fim de que a consulta fiscal alcance seu desiderato, a palavra oficial deve, efetiva ou potencialmente, sujeitar os representados da entidade ao comando contido no ato administrativo de resposta. É dizer, em suma, que a resposta oficial deve aproveitar aos integrantes da entidade representativa da categoria. Em razão disso, consulta fiscal realizada por entidade representativa de categoria econômica ou profissional que não se refira a interesse da classe representa desvirtuamento da legitimação extraordinária.

A resposta à consulta fiscal formulada por entidade representativa de categoria, em regra, deve alcançar a todos filiados. Se porventura algum filiado possuir resposta individual, específica, esta prevalecerá, no âmbito administrativo, até que seja revista por ato posterior – v.g., Solução de Divergência, Parecer Normativo. Nesse caso, a resposta específica prevalece administrativamente sobre a resposta obtida pela entidade representativa da categoria.

As entidades representativas de categorias econômicas e profissionais – tais como, entidades de classe, sindicatos, federações, dentre outras – podem formular, portanto, consulta fiscal tanto na qualidade de sujeito passivo da obrigação tributária como na condição de entidade representativa de determinada coletividade. Nesse particular, é elucidativo o Parecer Normativo CST nº 78, de 30 de outubro de 1986[6].

---

6   A transcrição de excerto do mencionado Parecer é grande valia para a distinção de posições jurídicas passíveis de serem ocupadas pelos entes que atuam tanto em nome próprio quanto em nome da coletividade: "[...] o ente integrante da administração pública o faz no tocante a situações decorrentes do exercício da atividade geradora de obrigação tributária, ou a outras em que é de seu interesse obter esclarecimentos relativos a aspectos e implicações tributárias de atos por ele celebrados, ou por celebrar, com outras pessoas, físicas ou jurídicas, estas sim, sujeitas àquela espécie de obrigação, sendo evidente que, na primeira hipótese, assume, ele, o papel de sujeito passivo, tal não se verificando, entretanto, na segunda [...]". Cumpre lembrar que parecer é ato administrativo por intermédio do qual os órgãos consultivos emitem opinião acerca de matérias jurídicas ou técnicas de sua incumbência. Vale mencionar que, segundo Hely Lopes Meirelles, parecer normativo é "aquele que, ao ser aprovado pela autoridade competente, é convertido e norma de procedimento interno, tornando-se impositivo e vinculante para todos

JURISPRUDÊNCIA ADMINISTRATIVA

CARF, Acórdão nº 3803-004.436, data da publicação: 24/09/2013.	EMENTA: SOLUÇÕES DE CONSULTA FORMULADAS POR SINDICATO QUE A RECORRENTE NÃO FAZ PARTE NÃO VINCULAM A ADMINISTRAÇÃO TRIBUTÁRIA. Uma vez que a recorrente não comprovou fazer parte do sindicato consulente à época da lavratura do auto de infração, de nada valem para a recorrente as soluções de consulta formuladas pelo sindicato

§ 1º No caso de pessoa jurídica, a consulta será formulada pelo estabelecimento matriz.

PESSOA JURÍDICA

A pessoa jurídica é a unidade de pessoas naturais ou de patrimônios que visa à obtenção de certas finalidades, reconhecida pela ordem jurídica como sujeito de direitos e obrigações (DINIZ, 2010, p. 82).

ESTABELECIMENTO MATRIZ

A consulta formulada pelo estabelecimento matriz alcança todos os estabelecimentos da empresa, todas as filiais, caso o órgão fazendário pronuncie resposta meritória, isto é, solução de consulta. Logicamente, o estabelecimento matriz deverá transmitir internamente o resultado da consulta formulada a todos estabelecimentos filiaisafetados pela solução de consulta proferida à matriz, a fim de que o teor do ato administrativo seja observado a tempo e a modo. A Instrução Normativa RFB nº 1.470, de 30 de maio de 2014, que dispõe sobre o Cadastro Nacional da Pessoa Jurídica (CNPJ), regulamenta, dentre outros, os seguintes aspectos relacionados com o estabelecimento matriz: requisitos, impedimentos, forma de solicitação e baixa de inscrição; atos privativos da matriz e alteração do estabelecimento matriz.

---

os órgãos hierarquizados à autoridade que o aprovou. Tal parecer, para o caso que o propiciou, é ato individual e concreto; para os casos futuros, é ato geral e normativo" (MEIRELLES, 2005, p. 194).

Solução de Consulta 27 – COSIT, de 27 de novembro de 2013	ASSUNTO: NORMAS DE ADMINISTRAÇÃO TRIBUTÁRIA. EMENTA: SEDE. MATRIZ. DOMICÍLIO. DISTINÇÃO. INEXISTÊNCIA DE IDENTIDADE. CADASTRO NACIONAL DE PESSOA JURÍDICA – CNPJ.
	A sede da pessoa jurídica é o lugar escolhido pelos seus controladores no qual pode ser demandada para o cumprimento de suas obrigações. Domicílio da pessoa jurídica de direito privado é o lugar onde funcionarem as respectivas diretorias e administrações, ou onde elegerem domicílio especial no seu estatuto ou atos constitutivos. Tendo a pessoa jurídica diversos estabelecimentos em lugares diferentes, cada um deles será considerado domicílio para os atos nele praticados. A pessoa jurídica de direito privado pode ter vários domicílios, mas uma só sede. Estabelecimento matriz é aquele no qual se exercem a direção e a administração da pessoa jurídica. Ainda que, em regra, um único estabelecimento sirva como lugar para a sede social, para matriz e para domicílio tributário, inexiste identidade legal plena entre eles, de tal sorte que é possível que a sede social seja lugar distinto da matriz. O domicílio tributário é de eleição do contribuinte dentre os possíveis domicílios definidos pela legislação civil, ressalvada a recusa fiscal quando a escolha impossibilite ou dificulte a arrecadação ou a fiscalização do tributo, bem como o princípio da autonomia do estabelecimento que faz de cada filial uma unidade independente, quando se trata de fatos geradores individualizados. Optar por estabelecer a matriz (centro de direção e administração) em determinado lugar implica eleger ali, em princípio, seu domicílio tributário.

§ 2º Não será admitida a apresentação de consulta formulada por mais de um sujeito passivo em um único processo, ainda que sejam partes interessadas no mesmo fato, envolvendo a mesma matéria, fundada em idêntica norma jurídica.

CONSULTA INDIVIDUAL

Em razão de a consulta fiscal pressupor em sua formulação a descrição pormenorizada de fato determinado, admite-se, como regra, a consulta fiscal individual, uma vez que a solução oficial poderá abordar segredos e particularidades empresariais de determinado consulente, os quais não deverão ser informados a qualquer outro interessado. Imperioso que se evidencie, neste ponto, que o sentido do termo 'partes' empregado na Instrução Normativa não corresponde àquele utilizado no direito processual. Notável que, no processo de consulta fiscal, não há que se cogitar nem do conceito de lide, nem de partes processuais, uma vez que o interesse em jogo diz respeito exclusivamente em conhecer o sentido e o alcance conferido pela Administração Tributária a um dispositivo normativo, ou a um plexo de dispositivos, da legislação tributária em contraste a fato determinado.

§ 3º Considera-se representante do órgão da administração pública a pessoa física responsável pelo ente perante o Cadastro Nacional da Pessoa Jurídica (CNPJ) e a investida de poderes de representação do respectivo órgão.

Instrução Normativa RFB nº 1.470, de 30 de maio de 2014, dispõe sobre o CNPJ	Art. 7º O representante da entidade no CNPJ deve ser a pessoa física que tenha legitimidade para representá-la, conforme qualificações previstas no Anexo V desta Instrução Normativa. § 1º No caso de entidade domiciliada no exterior, o representante no CNPJ deve ser seu procurador, domiciliado no Brasil, com poderes para administrar os bens e direitos da entidade no País e representá-la perante a RFB. § 2º No caso de entidade domiciliada no exterior inscrita na forma prevista no art. 17, o representante no CNPJ é atribuído automaticamente na inscrição, coincidindo com aquele constante do CNPJ para a respectiva instituição financeira representante. § 3º O representante da entidade no CNPJ pode indicar um preposto para a prática de atos cadastrais no CNPJ, exceto para os atos de inscrição de estabelecimento matriz e de indicação, substituição ou exclusão de preposto. § 4º A indicação de que trata o § 3º não elide a competência originária do representante da entidade no CNPJ.

REGULARIDADE DE REPRESENTAÇÃO

A regra jurídica aponta dois meios de comprovação da regularidade de representação. Pelo primeiro meio e estando as informações cadastrais devidamente atualizadas perante o CNPJ, verifica-se a regularidade de representação por intermédio de simples consulta cadastral. Já pelo segundo meio, a prova se dá por meio de instrumento de mandato.

Lei nº 10.406, de 10 de janeiro de 2002 (Código Civil)	Art. 653. Opera-se o mandato quando alguém recebe de outrem poderes para, em seu nome, praticar atos ou administrar interesses. A procuração é o instrumento do mandato.

Por não ter vontade própria e não poder agir pessoalmente, a pessoa jurídica é representada por pessoa física ou natural, a qual atua em nome e em interesse da instituição. Assim, representante da pessoa jurídica é quem tem poderes para representá-la, ou melhor, para presentá-la, como diria Pontes de Miranda.

Podem representar a pessoa jurídica: acionista, sócio, diretor ou instituidor, ao qual tenha o ato constitutivo conferido poderes de administração e, também, administradores contratados e procuradores que possuam poderes para realizar determinados atos, especificados em contrato ou instrumento de mandato, que outorgue poderes específicos perante à Secretaria da Receita Federal do Brasil.

Lei nº 10.406, de 10 de janeiro de 2002 (Código Civil)	[...] Art. 661. O mandato em termos gerais só confere poderes de administração. § 1º Para alienar, hipotecar, transigir, **ou praticar outros quaisquer atos que exorbitem da administração ordinária**, depende a procuração de **poderes especiais e expressos** [...]

JURISPRUDÊNCIA

| Solução de Consulta Interna nº 8 – Cosit, de 3 de abril de 2014 | ASSUNTO: NORMAS DE ADMINISTRAÇÃO TRIBUTÁRIA PESSOA JURÍDICA. REPRESENTANTE PERANTE A SECRETARIA DA RECEITA FEDERAL DO BRASIL (RFB). Representante da pessoa jurídica perante a Secretaria da Receita Federal do Brasil é o sócio, acionista, diretor, presidente ou instituidor a quem tenham sido outorgados poderes de administração na forma do instrumento constitutivo, ou o administrador não sócio. O representante pode fazer-se representar por procurador, outorgando-lhe poderes específicos para a realização de certos e determinados atos. (grifos nossos) |

Capítulo II
DOS REQUISITOS

Art. 3º A consulta deverá ser formulada por escrito, conforme os modelos constantes nos Anexos I a III a esta Instrução Normativa, dirigida à autoridade competente da Coordenação mencionada no caput do art. 7º e apresentada na unidade da RFB do domicílio tributário do consulente.

Lei nº 5.172, de 25 de outubro de 1966 – Código Tributário Nacional (CTN)	Art. 127. Na falta de eleição, pelo contribuinte ou responsável, de domicílio tributário, na forma da legislação aplicável, considera-se como tal: I – quanto às pessoas naturais, a sua residência habitual, ou, sendo esta incerta ou desconhecida, o centro habitual de sua atividade; II – quanto às pessoas jurídicas de direito privado ou às firmas individuais, o lugar da sua sede, ou, em relação aos atos ou fatos que derem origem à obrigação, o de cada estabelecimento; III – quanto às pessoas jurídicas de direito público, qualquer de suas repartições no território da entidade tributante. § 1º Quando não couber a aplicação das regras fixadas em qualquer dos incisos deste artigo, considerar-se-á como domicílio tributário do contribuinte ou responsável o lugar da situação dos bens ou da ocorrência dos atos ou fatos que deram origem à obrigação. § 2º A autoridade administrativa pode recusar o domicílio eleito, quando impossibilite ou dificulte a arrecadação ou a fiscalização do tributo, aplicando-se então a regra do parágrafo anterior.

Lei nº 9.784, de 29 de janeiro de 1999	Art. 3º O administrado tem os seguintes direitos perante a Administração, sem prejuízo de outros que lhe sejam assegurados: I – ser tratado com respeito pelas autoridades e servidores, que deverão facilitar o exercício de seus direitos e o cumprimento de suas obrigações; II – ter ciência da tramitação dos processos administrativos em que tenha a condição de interessado, ter vista dos autos, obter **cópias de documentos** neles contidos e conhecer as decisões proferidas; III – **formular alegações e apresentar documentos antes da decisão, os quais serão objeto de consideração pelo órgão competente**
Decreto 70.235, de 6 de março de 1972	Art. 47. A consulta deverá ser apresentada por escrito, no domicílio tributário do consulente, ao órgão local da entidade incumbida de administrar o tributo sobre que versa.
Decreto nº 9.094, de 17 de julho de 2017	Art. 1º Os órgãos e as entidades do Poder Executivo federal observarão as seguintes diretrizes nas relações entre si e com os usuários dos serviços públicos: [...] II – compartilhamento de informações, nos termos da lei; [...] Art. 5º No atendimento aos usuários dos serviços públicos, os órgãos e as entidades do Poder Executivo federal observarão as seguintes práticas: I – gratuidade dos atos necessários ao exercício da cidadania, nos termos da Lei nº 9.265, de 12 de fevereiro de 1996; II – padronização de procedimentos referentes à utilização de formulários, guias e outros documentos congêneres; e III – vedação de recusa de recebimento de requerimentos pelos serviços de protocolo, exceto quando o órgão ou a entidade for manifestamente incompetente. §1º Na hipótese referida no inciso III do **caput**, os serviços de protocolo deverão prover as informações e as orientações necessárias para que o interessado possa dar andamento ao requerimento. §2º Após a protocolização de requerimento, caso o agente público verifique que o órgão ou a entidade do Poder Executivo federal é incompetente para o exame ou a decisão da matéria, deverá providenciar a remessa imediata do requerimento ao órgão ou à entidade do Poder Executivo federal competente. §3º Quando a remessa referida no §2º não for possível, o interessado deverá ser comunicado imediatamente do fato para adoção das providências necessárias.

Solução de Consulta 27 – COSIT, de 25 de novembro de 2013	ASSUNTO: NORMAS DE ADMINISTRAÇÃO TRIBUTÁRIA. EMENTA: SEDE. MATRIZ. DOMICÍLIO. DISTINÇÃO. INEXISTÊNCIA DE IDENTIDADE. CADASTRO NACIONAL DE PESSOA JURÍDICA – CNPJ. A sede da pessoa jurídica é o lugar escolhido pelos seus controladores no qual pode ser demandada para o cumprimento de suas obrigações. Domicílio da pessoa jurídica de direito privado é o lugar onde funcionarem as respectivas diretorias e administrações, ou onde elegerem domicílio especial no seu estatuto ou atos constitutivos. Tendo a pessoa jurídica diversos estabelecimentos em lugares diferentes, cada um deles será considerado domicílio para os atos nele praticados. A pessoa jurídica de direito privado pode ter vários domicílios, mas uma só sede. Estabelecimento matriz é aquele no qual se exercem a direção e a administração da pessoa jurídica. Ainda que, em regra, um único estabelecimento sirva como lugar para a sede social, para matriz e para domicílio tributário, inexiste identidade legal plena entre eles, de tal sorte que é possível que a sede social seja lugar distinto da matriz. O domicílio tributário é de eleição do contribuinte dentre os possíveis domicílios definidos pela legislação civil, ressalvada a recusa fiscal quando a escolha impossibilite ou dificulte a arrecadação ou a fiscalização do tributo, bem como o princípio da autonomia do estabelecimento que faz de cada filial uma unidade independente, quando se trata de fatos geradores individualizados. Optar por estabelecer a matriz (centro de direção e administração) em determinado lugar implica eleger ali, em princípio, seu domicílio tributário.

FORMULAÇÃO DA CONSULTA

O processo administrativo de consulta principia quando o consulente protocoliza a petição inicial da consulta fiscal. O consulente deve elaborar solicitação escrita dirigida à Administração Tributária de forma cuidadosa, uma vez que os efeitos protetivos desse instrumento institucional somente emergirão se porventura a mesma for declarada eficaz[1]. É

---

1   A emergência dos efeitos protetivos previstos no artigo 48 do Decreto nº 70.235, de 1972, e no §2º do artigo 161 da Lei nº 5.172, de 25 de outubro de 1966 – Códi-

na petição autoral que o consulente tem a oportunidade de apresentar a dúvida e de esclarecer o seu ponto de vista em relação às questões suscitadas. Na petição inicial da consulta, o sujeito passivo faz necessariamente referência a fato determinado, descreve o objeto da dúvida, indica o dispositivo da legislação a ser interpretado e aponta, no mínimo, as informações necessárias à elucidação do assunto questionado. Por intermédio desse instrumento processual, deve o próprio consulente expor seu ponto de vista a respeito da incerteza exegética que põe em xeque a forma de como proceder. Para tanto, a legislação tributária não impõe a necessidade de constituição de advogado[2]. Mesmo que carente de maiores conhecimentos técnicos, deve o consulente apresentar a interpretação que julga ser a mais acertada. O consulente deve expor os fatos, realizar o confronto do dispositivo normativo indicado com o quadro fático delineado e, na medida do possível, apresentar os argumentos jurídicos que julgue decisivos para o deslinde da questão posta. A apresentação dos argumentos e a manifestação de seu ponto de vista é que confere significação à participação do consulente no processo de consulta fiscal. Ressalvada a hipótese de matérias conexas, a consulta deverá referir-se somente a um tributo administrado pela Secretaria da Receita Federal do Brasil. Por sua vez, a consulta sobre classificação de serviços, intangíveis e outras operações que produzam variações no patrimônio poderá referir-se a mais de um serviço, intangível ou operação, desde que conexos.

A exigência de petição escrita é justificável, pois gera certeza e segurança tanto para o consulente quanto para a Administração Tributária.

---

go Tributário Nacional, surge a partir da apresentação da consulta fiscal e implica obrigação de não fazer por parte das autoridades fiscais. Confira Decreto nº 70.235, de 1972: Art. 48. Salvo o disposto no artigo seguinte, nenhum procedimento fiscal será instaurado contra o sujeito passivo relativamente à espécie consultada, a partir da apresentação da consulta até o trigésimo dia subseqüente à data da ciência. Vide artigo 161 da Lei nº 5.172, de 1966: Art. 161. O crédito não integralmente pago no vencimento é acrescido de juros de mora, seja qual for o motivo determinante da falta, sem prejuízo da imposição das penalidades cabíveis e da aplicação de quaisquer medidas de garantia previstas nesta Lei ou em lei tributária [...] § 2º O disposto neste artigo não se aplica na pendência de consulta formulada pelo devedor dentro do prazo legal para pagamento do crédito.

2   Lei nº 9.784, de 29 de janeiro de 1999: Art. 3º O administrado tem os seguintes direitos perante a Administração, sem prejuízo de outros que lhe sejam assegurados: [...] IV – fazer-se assistir, facultativamente, por advogado, salvo quando obrigatória a representação, por força de lei [...]

Por meio da petição inicial de consulta, podem-se comprovar seguramente os limites do objeto da consulta. Na petição de consulta, o consulente deve indicar detalhadamente sua dúvida, descrever o fato determinado com clareza e precisão e apresentar a solução que entende ser adequada ao caso. É preciso que a consulta contenha todos os elementos necessários à sua solução, salvo se a inexatidão ou omissão for escusável, a critério da autoridade julgadora. A entrega da petição pode ser feita por meio digital ou formulário em papel, o qual deverá ser digitalizado passando a compor processo eletrônico. Assim, deve-se verificar o rigoroso cumprimento das formalidades e requisitos, inclusive e principalmente, quanto à exposição dos fatos objeto da dúvida, pois são esses fatos – e exclusivamente eles – que se acham sob a proteção dos referidos efeitos protetivos (Parecer Normativo do Coordenador do Sistema de Tributação – PN CST nº 342, de 1970). Em razão da possibilidade de produção dos efeitos protetores é que a Administração Tributária verifica o cumprimento dos requisitos de forma rigorosa. A exigência de formulação de petição de consulta por escrito prestigia os princípios da igualdade tributária e da segurança jurídica, porque o fato determinado e o dispositivo normativo indicado na petição autoral definem a moldura fático-jurídica utilizada no processo interpretativo oficial, ensejando que todos sujeitos passivos da obrigação tributária que se enquadrem na mesma situação possam protestar pelo mesmo tratamento tributário.

Na esfera federal, tanto a consulta quanto a resposta oficial devem atender à forma escrita. Apenas a consulta fiscal reduzida a termo é apta a produzir os efeitos jurídicos projetados pela legislação tributária. Orientações fiscais verbais – de caráter genérico ou procedimental – devem ser formuladas em plantões fiscais ou centros de atendimento ao contribuinte (CAC), nunca por meio de consultas tributárias. Ao contrário das consultas tributárias, que possuem rito próprio previsto em lei, as solicitações de orientações fiscais verbais não exigem o atendimento a qualquer formalidade e não se submetem ao rigor de um rito predeterminado. Em regra, qualquer interessado pode solicitar esse tipo de orientação. O solicitante não necessariamente deve estar relacionado com o fato descrito no momento de sua formulação oral. O pedido de orientação fiscal verbal tem alcance maior do que a consulta fiscal, pois podem se referir tanto a dúvidas relativas à interpretação de dispositivo da legislação tributária federal quanto a temas atinentes a outras matérias, tais como esclarecimentos sobre dúvidas procedimentais, o modo correto de preenchimento de declarações, orientações sobre a forma de obtenção de cópias de documentos constantes em processos administrativos, dentre outros. Todavia, as orientações fiscais verbais jamais geram os efeitos jurídicos de uma típica consulta fiscal, em razão da dificuldade de comprovação *a posteriori* dos lindes fáticos e jurídicos.

NEDER e LÓPEZ (NEDER, LÓPEZ, 2010, p.516) fazem importante distinção entre a resposta à consulta fiscal e a simples prestação de informação. Nesse sentido, estabelecem as seguintes distinções:

- "as informações são solicitadas pelos administrados em geral; já a consulta fiscal é requerida por quem a lei preveja (sujeito passivo de obrigação tributária, entidades de classe e órgãos centrais da Administração);
- a autoridade administrativa competente para solucionar consultas sobre a aplicação da legislação tributária é apenas aquela definida em lei, enquanto que órgão encarregado de responder os pedidos de informação em geral é definido por critérios da Administração; e
- as informações destinam-se a orientar os administrados que exerceram seu direito de petição, mas não têm o poder de vincular o órgão a aplicar os critérios refletidos na resposta, enquanto, na consulta corretamente formulada, deve respeitar a orientação dada ao contribuinte, só havendo possibilidade de alteração para o futuro. A nova orientação atinge, apenas, os fatos que ocorrerem após a sua divulgação, mesmo que a resposta inicial tenha dispensado, equivocadamente, o pagamento de tributos".

DOMICÍLIO TRIBUTÁRIO

O art. 70 do Código Civil estabelece que "domicílio da pessoa natural é o lugar onde ela estabelece a sua residência com ânimo definitivo". Para efeitos tributários, o artigo 127 do Código Tributário Nacional define domicílio [tributário] aquele eleito pelo contribuinte ou responsável tributário. Na falta dele, define como tal: quanto às pessoas naturais, a sua residência habitual, ou, sendo esta incerta ou desconhecida, o centro habitual de sua atividade; quanto às pessoas jurídicas de direito privado ou às firmas individuais, o lugar da sua sede, ou, em relação aos atos ou fatos que derem origem à obrigação, o de cada estabelecimento; quanto às pessoas jurídicas de direito público, qualquer de suas repartições no território da entidade tributante. Estabelece, nos parágrafos, que "quando não couber a aplicação das regras fixadas em qualquer dos incisos deste artigo, considerar-se-á como domicílio tributário do contribuinte ou responsável o lugar da situação dos bens ou da ocorrência dos atos ou fatos que deram origem à obrigação" e "a autoridade administrativa pode recusar o domicílio eleito, quando impossibilite ou dificulte a arrecadação ou a fiscalização do tributo, aplicando-se então a regra do parágrafo anterior". Portanto, "as regras sobre o domicílio tributário estabelecidas no CTN coincidem, em larga escala, com as do Código Civil, cujos dispositivos consideram-se complementares aos da legislação fiscal" (TORRES, 2011, p. 261).

MODELOS

Os modelos constantes dos Anexos I e II desta Instrução não devem ser tomados por obrigatórios. São modelos que visam a facilitar a formulação da consulta por aqueles consulentes que não possuem profundos conhecimentos técnicos, nem vivência na área tributária federal. Os modelos não se traduzem em formalidade essencial à validade do ato. Pode o consulente formular consulta fiscal valendo-se de outra forma, desde que observe os requisitos estabelecidos pela legislação.

JURISPRUDÊNCIA

> **STJ, REsp 302330/MG. Rel. Min. Milton Luiz Pereira. T1 – Primeira Turma, DJ de 22/10/01.** "I. É juridicamente possível as pessoas jurídicas ou firmas individuais possuírem mais de um domicílio tributário. II. Para o ISS, quanto ao fato gerador, considera-se o local onde se efetivar a prestação do serviço. O estabelecimento prestador pode ser a matriz, como a filial, para os efeitos tributários, competindo o do local da atividade constitutiva do fato gerador. ...."

Ressalte-se que a consulta deve ser apresentada na Unidade da RFB do domicílio da matriz.

> **§ 1º A consulta poderá ser formulada:**
> **I – por meio eletrônico (Portal e-CAC), mediante uso de certificado digital; ou**

Medida Provisória nº 2.200-2, de 24 de agosto de 2001, Institui a Infra-Estrutura de Chaves Públicas Brasileira – ICP-Brasil, transforma o Instituto Nacional de Tecnologia da Informação em autarquia, e dá outras providências.	Art. 10. Consideram-se documentos públicos ou particulares, para todos os fins legais, os documentos eletrônicos de que trata esta Medida Provisória. § 1º As declarações constantes dos documentos em forma eletrônica produzidos com a utilização de processo de certificação disponibilizado pela ICP-Brasil presumem-se verdadeiros em relação aos signatários, na forma do art. 131 da Lei no 3.071, de 1o de janeiro de 1916 – Código Civil. § 2º O disposto nesta Medida Provisória não obsta a utilização de outro meio de comprovação da autoria e integridade de documentos em forma eletrônica, inclusive os que utilizem certificados não emitidos pela ICP-Brasil, desde que admitido pelas partes como válido ou aceito pela pessoa a quem for oposto o documento. Art. 11. A utilização de documento eletrônico para fins tributários atenderá, ainda, ao disposto no art. 100 da Lei no 5.172, de 25 de outubro de 1966 – Código Tributário Nacional.
Portaria MF nº 527, de 9 de novembro de 2010, dispõe sobre a prática de atos e termos processuais em forma eletrônica, bem como a digitalização e armazenamento de documentos digitais no âmbito do Ministério da Fazenda.	Art. 1º A elaboração e o encaminhamento de atos e termos processuais em forma eletrônica serão realizados, no âmbito do Ministério da Fazenda (MF), conforme o disposto nesta Portaria. § 1º A elaboração de documento digital, o processo de digitalização de documentos originais constantes de suporte analógico e o processo de armazenamento dos documentos digitalizados correspondentes deverão ser realizados de forma a manter a integridade, a autenticidade, a interoperabilidade e, quando necessário, a confidencialidade do documento digitalizado, com o emprego de certificado digital emitido no âmbito da Infra-Estrutura de Chaves Públicas Brasileira (ICP-Brasil), nos termos da Medida Provisória Nº 2.200-2, de 2001. § 2º Os atos e termos processuais praticados em forma eletrônica, bem como os documentos apresentados em papel, digitalizados pelo MF, desde que devidamente observado o parágrafo anterior, comporão processo eletrônico, doravante denominado de e-processo.

	§ 3º Os documentos originais serão conservados pelo seu detentor até que ocorra a prescrição da pretensão de discutir a validade do documento em juízo. § 4º Os documentos produzidos eletronicamente desde seu nascedouro e juntados aos processos digitais com garantia da origem e de seu signatário, observados os termos desta Portaria, serão considerados originais para todos os efeitos legais. § 5º O documento digitalizado, objeto de conversão, será considerado cópia autenticada para todos os efeitos legais. § 6º Impugnada a validade da cópia mencionada no parágrafo anterior, mediante alegação motivada, fundamentada e comprovada de adulteração antes ou durante o processo de digitalização, deverá ser instaurado incidente, preferencialmente em meio eletrônico, para a verificação da autenticidade do documento objeto de controvérsia.
Instrução Normativa RFB 1.077, de 2010, dispõe sobre o Centro Virtual de Atendimento da Secretaria da Receita Federal do Brasil (e-CAC).	Art. 1º O Centro Virtual de Atendimento (e-CAC) tem como objetivo propiciar o atendimento de forma interativa, por intermédio da Internet, no sítio da Secretaria da Receita Federal do Brasil (RFB), no endereço <http://www.receita.fazenda.gov.br>. § 1º O acesso ao e-CAC será efetivado pelo próprio contribuinte, mediante a utilização de: I – certificados digitais válidos emitidos por Autoridades Certificadoras integrantes da Infraestrutura de Chaves Públicas Brasileira (ICP-Brasil): e-CPF, e-PF, e-CNPJ ou e-PJ, observado o disposto no art. 1º do Decreto nº 4.414, de 7 de outubro de 2002; e II – código de acesso gerado na página da RFB, na Internet, no endereço constante do caput deste artigo

Decreto nº 9.094, de 17 de julho de 2017	Art. 1º Os órgãos e as entidades do Poder Executivo federal observarão as seguintes diretrizes nas relações entre si e com os usuários dos serviços públicos: I – presunção de boa-fé; [...] IV – racionalização de métodos e procedimentos de controle; V – eliminação de formalidades e exigências cujo custo econômico ou social seja superior ao risco envolvido; VI – aplicação de soluções tecnológicas que visem a simplificar processos e procedimentos de atendimento aos usuários dos serviços públicos e a propiciar melhores condições para o compartilhamento das informações;

E-CAC

O Portal e-CAC (Centro Virtual de Atendimento ao Contribuinte) é um portal eletrônico onde diversos serviços protegidos por sigilo fiscal podem ser realizados via *internet* pelo próprio contribuinte, tais como: verificar eventuais pendências fiscais, obter cópia de declarações, retificar pagamentos, parcelar débitos tributários, pesquisar a situação fiscal e imprimir comprovante de inscrição. Sua utilização requer Código de Acesso ou Certificado Digital, porém, alguns serviços estão disponíveis apenas para usuários que estiverem fazendo uso de Certificado Digital.

Por meio do Portal e-CAC, o contribuinte também tem acesso a sua caixa postal eletrônica, onde pode acessar avisos enviados pela Secretaria da Receita Federal do Brasil, ou mesmo receber intimações de forma eletrônica, desde que, nesse caso, faça a opção pelo domicílio tributário eletrônico.

II – em formulário impresso, caso em que será digitalizada, passando a compor o processo eletrônico (e-processo), obedecidas as normas específicas a este relativas.

Decreto nº 9.094, de 17 de julho de 2017	Art. 1º Os órgãos e as entidades do Poder Executivo federal observarão as seguintes diretrizes nas relações entre si e com os usuários dos serviços públicos: [...] IV – racionalização de métodos e procedimentos de controle; [...] VI – aplicação de soluções tecnológicas que visem a simplificar processos e procedimentos de atendimento aos usuários dos serviços públicos e a propiciar melhores condições para o compartilhamento das informações;

FORMULAÇÃO DA CONSULTA

A formulação de consulta fiscal deve sempre se dar por meio escrito. As orientações fiscais orais podem ser obtidas perante os serviços de orientação denominados por "plantões fiscais". No entanto, as respostas dadas por esses serviços não geram os efeitos protetivos advindos de típica consulta fiscal.

Solução de Consulta 226, de 29 de Agosto de 2012	É ineficaz a consulta, não produzindo efeitos, quando não versar sobre a interpretação de dispositivos da legislação tributária. O processo de consulta de que tratam os arts. 48 a 50 da Lei nº 9.430, de 1996, e arts. 43 a 56 do Decreto nº 70.235, de 1972, presta-se unicamente a fornecer ao sujeito passivo a interpretação adotada pela RFB para determinada norma tributária, a qual discipline situações por ele enfrentadas e cujo sentido não lhe seja claro. Dada a finalidade para a qual está voltado, o processo de consulta não é o meio adequado para esclarecer dúvidas relativas a questões práticas e operacionais sobre procedimentos a serem seguidos para o correto preenchimento de declarações. Para tal fim, a RFB mantém em suas unidades os serviços de orientação denominados "Plantão Fiscal".

§ 2º A consulta deverá atender aos seguintes requisitos:

COMENTÁRIO DO AUTOR

Para que possa gerar os efeitos protetores e seja respondida meritoriamente, a consulta fiscal deve atender aos requisitos impostos pela legislação tributária. A inobservância de tais requisitos pode acarretar a inadmissibilidade da consulta, se porventura as irregularidades sanáveis não sejam, adequada e tempestivamente, corrigidas. Na hipótese de ineficácia da consulta fiscal, a Administração Tributária não aprecia mérito das questões formuladas. Por outro lado, a declaração de ineficácia não impede a reapresentação da mesma consulta, embora a apreciação de seu objeto esteja sempre condicionada ao atendimento dos requisitos normativamente estabelecidos. Assim, uma vez declarada a ineficácia da consulta, cumpre ao consulente corrigir, sanar as irregularidades detectadas, a fim de que, em outra oportunidade, possa obter resposta meritória oficial a respeito de suas indagações.

I – identificação do consulente:

COMENTÁRIO DO AUTOR

Os dados relativos à qualificação do consulente são necessários para a perfeita individualização e identificação do sujeito passivo, para prática de atos processuais supervenientes (*v.g.*, intimações) e, eventualmente, para examinar as condições de exercício do direito de consulta (*v.g.*, representação, legitimidade). A identificação do consulente permite ainda que a Administração Tributária possa realizar, por meio de seus bancos de dados e de sistemas informacionais, verificações e levantamentos, indispensáveis à verificação da admissibilidade e solução da consulta fiscal – v.g., averiguação do regime de apuração do tributo objeto da consulta, caso tal informação não tenha sido devidamente prestada na petição inicial da consulta; ratificação de inexistência de procedimento fiscal em curso diretamente relacionado com o objeto da consulta e certificação da consulta ser inovadora em relação ao consulente, isto é, se o fato relatado na consulta foi objeto de solução anterior proferida em consulta ou litígio em que foi parte o consulente, e cujo entendimento por parte da Administração não foi alterado por ato superveniente.

> a) no caso de pessoa jurídica ou equiparada: nome, endereço, telefone, endereço eletrônico (e-mail ou Caixa Postal Eletrônica), cópia do ato constitutivo e sua última alteração, autenticada ou acompanhada do original, número de inscrição no CNPJ[3] ou no Cadastro Específico do INSS (CEI) e ramo de atividade;
> b) no caso de pessoa física: nome, endereço, telefone, endereço eletrônico (e-mail ou Caixa Postal Eletrônica), atividade profissional e número de inscrição no Cadastro de Pessoas Físicas (CPF);
> c) identificação do representante legal ou procurador, mediante cópia de documento que contenha foto e assinatura, autenticada em cartório ou por servidor da RFB à vista da via original, acompanhada da respectiva procuração; e

---

[3] A inscrição no CNPJ não guarda correspondência com o nascimento, ou melhor, criação de pessoa jurídica. É incorreto afirmar que, se inscrita no CNPJ, trata-se necessariamente de uma pessoa jurídica. De se evidenciar que nem todos entes inscritos no CNPJ são pessoas jurídicas, a exemplo dos condomínios, órgãos públicos, clubes e fundos de investimentos, dentre outros.

d) no caso de órgão da administração pública, além da documentação de identificação do representante legal, cópia do ato de sua nomeação ou de delegação de competência, quando não conste como responsável pelo órgão público perante o CNPJ;

Lei nº 5.172 de 25 de outubro de 1966 (Código Tributário Nacional)	Art. 198. Sem prejuízo do disposto na legislação criminal, é vedada a divulgação, por parte da Fazenda Pública ou de seus servidores, de informação obtida em razão do ofício sobre a situação econômica ou financeira do sujeito passivo ou de terceiros e sobre a natureza e o estado de seus negócios ou atividades.
Lei nº 10.406, de 10 de janeiro de 2002(Código Civil)	Art. 661. O mandato em termos gerais só confere poderes de administração.
	Art. 662. Os atos praticados por quem não tenha mandato, ou o tenha sem poderes suficientes, são ineficazes em relação àquele em cujo nome foram praticados, salvo se este os ratificar.
Lei nº 8.906, de 4 de julho de 1994 (EOAB)	Art. 5º. O advogado postula, em juízo ou fora dele, fazendo prova do mandato. §1º O advogado, afirmando urgência, pode atuar sem procuração, obrigando-se a apresentá-la no prazo de quinze dias, prorrogável por igual período. §2º A procuração para o foro em geral habilita o advogado a praticar todos os atos judiciais, em qualquer juízo ou instância, salvo os que exijam poderes especiais. § 3º O advogado que renunciar ao mandato continuará, durante os dez dias seguintes à notificação da renúncia, a representar o mandante, salvo se for substituído antes do término desse prazo.
Decreto nº 9.094, de 17 de julho de 2017	Art.2º Salvo disposição legal em contrário, os órgãos e as entidades do Poder Executivo federal que necessitarem de documentos comprobatórios da regularidade da situação de usuários dos serviços públicos, de atestados, de certidões ou de outros documentos comprobatórios que constem em base de dados oficial da administração pública federal deverão obtê-los diretamente do órgão ou da entidade responsável pela base de dados, nos termos do Decreto nº 8.789, de 29 de junho de 2016, e não poderão exigi-los dos usuários dos serviços públicos.

> Art. 9º Exceto se existir dúvida fundada quanto à autenticidade ou previsão legal, fica dispensado o reconhecimento de firma e a autenticação de cópia dos documentos expedidos no País e destinados a fazer prova junto a órgãos e entidades do Poder Executivo federal.
>
> Art. 10. A apresentação de documentos por usuários dos serviços públicos poderá ser feita por meio de cópia autenticada, dispensada nova conferência com o documento original. §1º A autenticação de cópia de documentos poderá ser feita, por meio de cotejo da cópia com o documento original, pelo servidor público a quem o documento deva ser apresentado. § 2º Constatada, a qualquer tempo, a falsificação de firma ou de cópia de documento público ou particular, o órgão ou a entidade do Poder Executivo federal considerará não satisfeita a exigência documental respectiva e, no prazo de até cinco dias, dará conhecimento do fato à autoridade competente para adoção das providências administrativas, civis e penais cabíveis.

COMENTÁRIO DO AUTOR

A perfeita identificação do consulente se relaciona, em grande medida, com o sigilo fiscal. O sigilo fiscal é entendido como um segredo que a Administração Tributária detém sobre as valiosas informações dos sujeitos passivos, obtidas em razão do ofício, isto é, pelo exercício de atividades de administração e de fiscalização tributária, sobre a situação econômica ou financeira dos contribuintes, ou de terceiros, e sobre a natureza e o estado de seus negócios ou atividades. No ordenamento jurídico brasileiro, o sigilo corresponde a uma garantia constitucional, decorrente da proteção à intimidade e à vida privada (incisos X e XII do art. 5º da Constituição Republicana). Um dos sentidos do sigilo fiscal consiste em resguardar, no seio da Administração Pública, com vistas a prestigiar direito fundamental inscrito na Constituição, os elementos de intimidade e de vida privada de terceiros. A noção de "intimidade", ou pelo menos de "vida privada", abrange, também, as empresas (ou pessoas jurídicas), e devem ser compreendidos como medida de segurança, para resguardar o sigilo das informações das pessoas.

A formulação de consulta autoriza à autoridade competente para apreciar o pedido, ainda, o acesso às informações fiscais necessárias para resolução do pedido. Isto porque, segundo o disposto no art. 4º da

Portaria RFB nº 2.344, de 24 de março de 2011, "as informações protegidas por sigilo fiscal, contidas em sistemas informatizados, somente poderão ser acessadas no interesse da realização do serviço". Não há, na regulamentação da consulta fiscal, codificação específica pertinente a acesso de dados, de modo que deverá ser aplicado à consulta o disposto na Portaria RFB nº 2.344, de 2011, que regulamenta o artigo 198 do Código Tributário Nacional.

PROCURAÇÃO

O mandato, outorgado em termos gerais, só confere poderes de administração. Para alienar, hipotecar, transigir, ou praticar outros quaisquer atos que exorbitem da administração ordinária, depende a procuração de poderes especiais e expressos: "configurar-se-á mandato com poderes especiais e expressos se envolver atos de alienação ou disposição, exorbitando dos poderes de administração ordinária" (DINIZ, 2010, p. 491). Portanto, "para os casos em que o parágrafo primeiro do art. 661 exige poderes especiais, a procuração deve conter a identificação do objeto" (Enunciado n. 183 do Conselho da Justiça Federal, aprovado na III Jornada de Direito Civil). Os atos praticados por quem não tenha mandato, ou o tenha sem poderes suficientes, são ineficazes em relação àquele em cujo nome foram praticados, salvo se este os ratificar.

Com o objetivo de simplificar o atendimento ao público e reduzir a burocracia administrativa, a Secretaria da Receita Federal do Brasil editou a Portaria RFB nº 2.860, de 25 de outubro de 2017, que desobriga o reconhecimento de firma para apresentação de documentos ao órgão. Tal pronunciamento fiscal se ampara no Decreto nº 9.094, de 17 de julho de 2017, na medida em que privilegia o princípio da boa-fé, que deve reger as relações entre a Fazenda Nacional e o cidadão. Tem em mira a eliminação de exigência que se revela custosa sob o ponto de vista econômico-social. Todavia, continuará a se exigir firma reconhecida quando a lei assim determinar, nos casos em que houver fundada dúvida quanto à autenticidade da assinatura ou quando da apresentação de procuração para acessar dados do contribuinte na internet. Neste último caso, não se exigirá o reconhecimento de firma se o procurador assinar diante do servidor da Receita Federal, no momento do atendimento.

Por fim, deve-se observar que o inciso IV do artigo 425 da Lei nº 13.105, de 16 de março de 2015 – Código de Processo Civil -, estabelece que "as cópias reprográficas de peças do próprio processo judicial declaradas autênticas pelo próprio advogado sob sua responsabilidade pessoal" fazem a mesma prova que os originais. Do mesmo modo, o artigo 9º do Decreto 9.094, de 17 de julho de 2017, dispõe que "exceto se existir dúvida fundada quanto à autenticidade ou previsão legal, fica dispensado o reconhecimento de firma e a autenticação de cópia dos documentos expedidos no País e destinados a fazer prova junto a órgãos e entidades do Poder Executivo federal". A autenticação de cópia corresponde à declaração de fidelidade/originalidade da cópia, que goza da mesma força probante. No ínterim do processo civil, basta a declaração de autenticidade emitida pelo próprio advogado da parte que está juntando a cópia. Parece-nos que a sistemática da processualística civil é extensível a processos administrativos.

PROCURAÇÃO RFB

A Procuração RFB possibilita às pessoas jurídicas ou físicas que não possuem certificados digitais, outorgarem poderes a outra pessoa física ou jurídica que possua certificado digital, por intermédio de procuração, para utilização, em nome do outorgante dos serviços disponíveis no Centro Virtual de Atendimento ao Contribuinte (cognominado de 'e-CAC'). O prazo de validade da procuração será no máximo de cinco anos. No ato do preenchimento da procuração, no sítio eletrônico da Secretaria da Receita Federal do Brasil, o outorgante deve procurar especificar os poderes que serão outorgados. A procuração RFB não habilita o procurador a representar o seu outorgante em qualquer atendimento presencial na Secretaria da Receita Federal do Brasil.

PROCURAÇÃO PARA O PORTAL E-CAC: PRESENCIAL E ELETRÔNICA

Confira a Instrução Normativa RFB nº 1.751, de 16 de outubro de 2017, que dispõe sobre outorga de poderes para fins de utilização, mediante certificado digital, dos serviços disponíveis no Centro Virtual de Atendimento ao Contribuinte (e-CAC) da Secretaria da Receita Federal do Brasil (RFB).

II – na consulta apresentada pelo sujeito passivo, declaração de que:
a) não se encontra sob procedimento fiscal iniciado ou já instau-

rado para apurar fatos que se relacionem com a matéria objeto da consulta;

| Decreto nº 70.235, de 6 de março de 1972. | Art. 7º O procedimento fiscal tem início com: (Vide Decreto nº 3.724, de 2001) I – o primeiro ato de ofício, escrito, praticado por servidor competente, cientificado o sujeito passivo da obrigação tributária ou seu preposto; II – a apreensão de mercadorias, documentos ou livros; III – o começo de despacho aduaneiro de mercadoria importada. § 1º O início do procedimento exclui a espontaneidade do sujeito passivo em relação aos atos anteriores e, independentemente de intimação a dos demais envolvidos nas infrações verificadas. § 2° Para os efeitos do disposto no § 1º, os atos referidos nos incisos I e II valerão pelo prazo de sessenta dias, prorrogável, sucessivamente, por igual período, com qualquer outro ato escrito que indique o prosseguimento dos trabalhos. |

b) não está intimado a cumprir obrigação relativa ao fato objeto da consulta; e
c) o fato nela exposto não foi objeto de decisão anterior, ainda não modificada, proferida em consulta ou litígio em que foi parte o consulente;

DECLARAÇÕES OBRIGATÓRIAS

A presunção de boa-fé milita em favor do consulente, se porventura a consulta fiscal for protocolizada voluntária e anteriormente à ação fiscal. Se o consulente, previamente à instauração de procedimento fiscal ou ao recebimento de intimação que o obrigue a cumprir obrigação relativa a fato objeto da consulta, apresentar espontaneamente consulta fiscal, restará caracterizada a presunção de boa-fé de sua conduta. Caso contrário, isto é, se o consulente se encontrar sob procedimento fiscal ou estiver submetido à cobrança administrativa de crédito tributário exigível, a presunção não concorrerá favoravelmente ao consulente. Isso porque a consulta fiscal não pode ser utilizada como instrumento de burla à ação fiscal ou como meio protelatório de extinção do crédito tributário em cobrança. As declarações obrigatórias servem de alerta ao consulente, pois a ocorrência de qualquer daquelas hipóteses no mundo fenomênico é motivo suficiente para a declaração da ineficácia da consulta formulada. A falta de prestação de qualquer uma das declarações obrigatórias pode ensejar igualmente a declaração de ineficácia da consulta. Tais declarações devem ser prestadas pelo estabelecimento matriz e abrange todos os demais.

De acordo com o §2º do artigo 7º do Decreto nº 70.235, de 1972, decorrido o prazo de sessenta dias, sem que a autoridade fiscal manifeste formalmente o prosseguimento do procedimento fiscal instaurado para verificação e apuração de eventual crédito tributário, a espontaneidade é restituída ao sujeito passivo da obrigação tributária. A partir do restabelecimento da espontaneidade, é admissível a formulação de consulta fiscal sobre a mesma matéria objeto do procedimento fiscal que não fora oportunamente prorrogado.

Ressalte-se que a declaração falsa de quaisquer das informações referidas acima, apesar de poder resultar na ineficácia da medida, não possui repercussões penais, já que a necessidade de averiguação das informações do interessado atrai a atipicidade na conduta (Confira STJ, HC 411.648/SP, Rel. Ministra MARIA THEREZA DE ASSIS MOURA, SEXTA TURMA, julgado em 14/11/2017, DJe 21/11/2017).

III – circunscrever-se a fato determinado, conter descrição detalhada de seu objeto e indicação das informações necessárias à elucidação da matéria; e

FATO DETERMINADO

A consulta fiscal deve se ater à interpretação da legislação tributária aplicável a fato determinado, não podendo versar sobre situações hipotéticas, casos genéricos ou elucubrações acadêmicas. Há de haver efetiva ou potencial conexão entre o fato determinado, o enunciado normativo e a questão apresentada, isto é, a dúvida fundada. A expressão 'fato determinado' possui acepção mais ampla que 'fato concreto', pois o que se exige normativamente é que o consulente apresente efetiva ou potencial, presente ou futura, vinculação a um fato por ele delineado, ou seja, o fato determinado (vide comentários ao §8º do artigo 3º). O 'fato concreto' pode se tornar determinado para fins de consulta, todavia nem todo 'fato determinado' pode se concretizar no mundo fenomênico. A demonstração de interesse legítimo – presente ou futuro – no deslinde da dúvida apresentada é questão chave para a admissibilidade da questão suscitada. Acertadamente, o dispositivo normativo comentado não faz alusão à expressão 'fato concreto'. Como a situação fática delineada pelo consulente circunscreve o conteúdo da resposta e determina os efeitos da consulta fiscal, a descrição do fato deve ser efetuada de forma clara, objetiva e precisa, tanto em termos materiais quanto temporais. Fato determinado é o fato descrito suficientemente de modo a permitir a sua compreensão e identifcação por parte da autoridade fiscal. Embora o consulente possa juntar documentos a sua petição inicial de consulta para o fim de melhor caracterizar a situação fática, a legislação tributária não exige, em regra, a anexação de nenhum material probante.

IV – indicação dos dispositivos da legislação tributária e aduaneira que ensejaram a apresentação da consulta, bem como dos fatos a que será aplicada a interpretação solicitada.

COMENTÁRIO DO AUTOR

A incerteza quanto ao sentido e alcance de determinado(s) enunciado(s) em contraste a determinada situação fática é que motiva a protocolização de consulta fiscal. Por isso, a legislação tributária impõe a descrição da situação fática bem como a indicação dos dispositivos da legislação tributária e aduaneira relativa aos tributos administrados pela Secretaria da Receita Federal do Brasil (RFB) e sobre classificação de serviços, intangíveis e outras operações que produzam variações no patrimônio, como por exemplo, cessão de direitos de propriedade industrial. Na carência de qualquer desses pressupostos, desautorizada está a apresentação da consulta fiscal.

Teóricos contemporâneos têm defendido que a interpretação jurídica desafia problemas de índole normativa e não questionamentos de ordem puramente hermenêutica. Nos últimos tempos, tem-se entendido que o problema da interpretação jurídica não se resume em saber o que é textualmente significativo ou o que o texto comunica em termos exclusivamente exegéticos ou especificamente hermenêuticos. Atualmente, alguns teóricos comungam a noção de que a interpretação jurídica não deve tratar os textos legais como se fossem textos linguísticos, literários ou culturais.

Diversamente, a interpretação jurídica toma em linha de consideração outras dimensões que as adota como relevantes e procura, tendo em conta essas outras variáveis, descortinar o sentido normativo-jurídico. A busca pelo sentido da normatividade, intencionada pelos textos legais, enquanto expressões de critérios e fundamentos jurídicos vigentes, é que permite, diante dos problemas jurídicos concretos, revelar os vetores adequados para tomada de decisão.

Os enunciados normativos oferecem valiosos subsídios à elaboração da norma jurídica aplicável ao fato determinado. São os pontos de partida do processo hermenêutico. A norma jurídica construída a partir do processo interpretativo deve ser entendida como produto da articulação de conteúdos semânticos de um ou mais enunciados.

O problema da interpretação jurídica não é um problema de simples explicitação e compreensão de sentidos e significados expressivos que se transmitem a partir de um texto, mas sim de determinação de uma normatividade, enquanto fundamento ou critério para adoção de uma concreta decisão. Significa dizer que o problema da interpretação jurídica não se reduz a uma pura compreensão textual, mas a um verdadeiro juízo.

Decorre daí a importância da precisa indicação do dispositivo da legislação tributária sobre o qual paira a dúvida e a circunscrição e detalhamento do fato determinado (situação fática de interesse e vinculada ao consulente), pois, do contrário, não haveria como o órgão fazendário, consubstanciado por uma sustentável fundamentação problemático-concreta, se manifestar de forma concludente, relativamente ao caso decidendo. A indeterminação do elemento fático – como variável integrante da função interpretativa, ao lado de outras variáveis, tais como, norma e valor – implica também o impedimento de qualquer pronunciamento oficial, posto que caracteriza, na espécie, a intitulada 'consulta em tese'.

A legislação não exige que o fato determinado seja comprovado. Na protocolização da petição de consulta, desnecessária é a juntada de documentos comprobatórios da concretização no mundo fenomênico do fato delineado. Ao consulente não se impõe a prova do fato descrito na petição de consulta, de modo a comprovar a fidelidade da descrição à realidade. A situação fática não precisa ser comprovada, embora deva ser descrita objetiva e minuciosamente, de molde a permitir a sua exata e precisa identificação.

§ 3º No caso de consulta formulada por pessoa jurídica, a declaração a que se refere o inciso II do § 2º deverá ser prestada pela

matriz e abrange todos os estabelecimentos. (Redação dada pela Instrução Normativa RFB nº 1.434, de 30 de dezembro de 2013)

§ 4º A declaração prevista no inciso II do § 2º aplica-se à consulta apresentada por entidade representativa de categoria econômica ou profissional, salvo se formulada em nome dos associados ou filiados.

Lei nº 13.105, de 16 de março de 2015 (Código de Processo Civil	Art. 18º Ninguém poderá pleitear, em nome próprio direito alheio, salvo quando autorizado por lei.
Lei nº 9.784, de 29 de janeiro de 1999	[...] Art. 9º São legitimados como interessados no processo administrativo: I – pessoas físicas ou jurídicas que o iniciem como titulares de direitos ou interesses individuais ou no exercício do direito de representação; [...] III – as organizações e associações representativas, no tocante a direitos e interesses coletivos;

REPRESENTAÇÃO PROCESSUAL

Este dispositivo refere-se às hipóteses em que entidade representativa formula consulta em nome próprio – afinal, no seu mister, submetem-se a inúmeras obrigações tributárias – e em nome de representados. No primeiro caso, fica obrigada a entidade representativa à apresentação da declaração referida no inciso II do §2º. Por outro lado, fica eximida desta declaração nas hipóteses de representação. [4]

§ 5º A entidade representativa de categoria econômica ou profissional que formular consulta em nome de seus associados ou filiados deverá apresentar autorização expressa destes para representá-los administrativamente, em estatuto ou documento individual ou coletivo.

---

4 Em mesmo sentido, considerando como hipótese de representação e não substituição a consulta formulada por sindicatos, é o entendimento de Valdir de Oliveira Rocha (2005, p. 129)0. Em sentido contrário, no caso de entidade representativa atuar como substituto processual de seus representados, pleiteando em nome próprio a pretensão alheia à segurança jurídica, é a compreensão de Faleiro (2005, p. 67).

Lei nº 10.406, de 10 de janeiro de 2002 (Código Civil)	Art. 220. A anuência ou a autorização de outrem, necessária à validade de um ato, provar-se-á do mesmo modo que este, e constará, sempre que se possa, do próprio instrumento.

AUTORIZAÇÃO

Autorizar implica conceder algum poder para que alguém faça algo ou pratique determinado ato jurídico[5]. A anuência dos filiados ou associados deve ser feita de modo expresso e provada por meio de ato estatutário ou documento individual ou coletivo, como indica a IN RFB nº 1.396, de 2013. A associação que formular consulta em nome de seus filiados deverá estar expressamente autorizada para representá-los administrativamente. Prova-se a transmissão de poderes de representação por meio de estatuto ou outro documento, individual ou coletivo.

JURISPRUDÊNCIA

> **STJ, RESP 555.608/MG, REL. MIN. JOÃO OTÁVIO DE NORONHA, T2 – SEGUNDA TURMA, DJ 16/11/2004.** TRIBUTÁRIO. PROCESSUAL CIVIL. CONSULTA ADMINISTRATIVA. ICMS. SINDICATO. ÓRGÃO DE REPRESENTAÇÃO DE CLASSE. LEGITIMIDADE. MULTA. HONORÁRIOS ADVOCATÍCIOS. SÚMULA N. 7/STJ.
> 1. O disposto nos arts. 48 e seguintes da Lei nº 9.430/96 tem seu campo de incidência limitado ao âmbito da Secretaria da Receita Federal, conforme expressamente estabelece o caput do citado dispositivo, não sendo, portanto, aplicável aos procedimentos de consulta na esfera de atuação dos Fiscos estaduais.
> **2. O Sindicato ou entidade representativa de categoria econômica ou profissional, em razão do que dispõe o art. 8º, III, da Constituição Federal, tem legitimidade para for-**

---

5   Celso Antônio Bandeira de Mello nos ensina que "atos jurídicos são declarações, vale dizer, são enunciados; são "falas" prescritivas. O ato jurídico é uma pronúncia sobre certa coisa ou situação, dizendo como ele deverá ser [...] toda vez que se estiver perante uma dicção prescritiva de direito (seja ela oral, escrita, expressa por mímica ou sinais convencionais) estar-se-á perante um ato jurídico; ou seja, perante um comando jurídico [...]" (MELLO, 2009, p. 370).

mular consulta de interesse da classe a que representa ao Fisco, todavia consulta de natureza geral, que não diga respeito a interesse específico de um determinado contribuinte, não tem, "ex vi" do disposto no § 2º do art. 161 do CTN, o condão de suspender a exigibilidade do crédito tributário e conseqüentemente afastar os consectários da mora e muito menos impedir que a Administração Pública possa proceder à autuação do contribuinte em virtude da inobservância das normas tributárias.

3. A exclusão da multa e dos juros de mora, em razão do não--recolhimento tempestivo do tributo a que se refere o art. 161, § 2º do CTN, pressupõe consulta fiscal formulada pelo próprio devedor ou responsável antes de esgotado o prazo legal para pagamento do crédito.

4. Em sede de recurso especial, não se mostra viável a revisão do critério adotado pelo Tribunal de origem na fixação, por eqüidade, da verba honorária. Incidência da Sumula n. 7-STJ.

5. Recurso especial da Fazenda Estadual não conhecido e recurso interposto pela empresa contribuinte ao qual se nega provimento. (grifos nossos)

COMENTÁRIO DO AUTOR

Note-se que o Supremo Tribunal Federal assentou que "o disposto no artigo 5º, inciso XXI, da Carta da República encerra representação específica, não alcançando previsão genérica do estatuto da associação a revelar a defesa dos interesses dos associados" (STF. Plenário. RE nº 573.232/SC, rel. orig. Min. Ricardo Lewandowski, red. p/ o acórdão Min. Marco Aurélio, julgado em 14/5/2014). No mais, os sindicatos, diversamente das associações, atuam na qualidade de substitutos processuais, de modo que não precisam da autorização dos seus membros para propor a ação coletiva na defesa de seus interesses. Por razão disso, surgem dúvidas, para fins judiciais, acerca da juridicade da menção à necessidade de obtenção de autorização e da referência à autorização prevista no Estatuto.

§ 6º A declaração prevista no inciso II do § 2º aplica-se à consulta apresentada por órgão da administração pública, salvo se versar sobre situação em que este não figure como sujeito passivo.

DECLARAÇÕES OBRIGATÓRIAS

Órgão da administração pública está obrigado a prestar as declarações obrigatórias desde que formule consulta fiscal na qualidade de sujeito passivo. Caso contrário, a prestação de tais declarações fica afastada, tendo em vista que não emergirão, em hipótese alguma, os efeitos protetivos.

§ 7º Na hipótese prevista na alínea "d" do inciso I do § 2º, quando o órgão da administração pública não dispuser de procurador em seu quadro funcional, o profissional contratado poderá formular consulta quando investido de mandato de representação mediante procuração pública.

Lei nº 10.406, de 10 de janeiro de 2002 (Código Civil)	Art. 653. Opera-se o mandato quando alguém recebe de outrem poderes para, em seu nome, praticar atos ou administrar interesses. A procuração é o instrumento do mandato.
	Art. 655. Ainda quando se outorgue mandato por instrumento público, pode substabelecer-se mediante instrumento particular.
Enunciado CJF 182 (III Jornada de Direito Civil)	O mandato outorgado por instrumento público previsto no art. 655 do CC somente admite substabelecimento por instrumento particular quando a forma pública for facultativa e não integrar a substância do ato.

MANDATO DE REPRESENTAÇÃO MEDIANTE PROCURAÇÃO PÚBLICA

O Código Civil estabelece que a procuração é o instrumento do mandato. O mandato, define o artigo 653 do Código, "opera-se [...] quando alguém recebe de outrem poderes para, em seu nome, praticar atos ou administrar interesses". O mandato é, portanto, "o contrato pelo qual uma pessoa (mandatário) recebe poderes de outra (mandante) para, em seu nome, praticar atos jurídicos ou administrar interesses. O mandato, como representação convencional, permite que o mandatário emita a sua declaração de vontade, dele representante, adquirindo direito e assumindo obrigações que percutem na esfera jurídica do representado. Somente atos jurídicos (ou atos jurídicos stricto sensu), patrimoniais ou não, podem ser praticados" (PEREIRA, 2013, p. 365). A despeito da permissiva do artigo 655 do Código Civil ("ainda quando se outorgue mandato por instrumento público, pode substabelecer-se mediante instrumento particular"), o substabelecimento mediante instrumento particular é inadmissível no caso descrito, porque "o mandato outorgado por instrumento público previsto no art. 655 do Código Civil somente admite substabelecimento por instrumento particular quando a forma publica for facultativa e não integrar a substancia do ato" (Enunciado n. 182 do Conselho da Justiça Federal, aprovado na III Jornada de Direito Civil). Por ser pública, deve ser lavrada por tabelião público no livro de notas, por escritura pública.

> § 8º Na hipótese de consulta que verse sobre situação determinada ainda não ocorrida, o consulente deverá demonstrar a sua vinculação com o fato, bem como a efetiva possibilidade da sua ocorrência.

Solução de Consulta nº 354, Cosit, de 25 de julho de 2017	ASSUNTO: PROCESSO ADMINISTRATIVO FISCAL. EMENTA: CONSULTA. INEFICÁCIA PARCIAL. É INEFICAZ A CONSULTA QUANDO, NA HIPÓTESE DE VERSAR SOBRE SITUAÇÃO DETERMINADA AINDA NÃO OCORRIDA, NÃO FIQUE DEMONSTRADA A EFETIVA POSSIBILIDADE DE SUA OCORRÊNCIA E, QUANDO NÃO INDIQUE OS DISPOSITIVOS DA LEGISLAÇÃO TRIBUTÁRIA SOBRE CUJA APLICAÇÃO HAJA DÚVIDA.

SITUAÇÃO NÃO OCORRIDA

Por meio da regra jurídica inserta neste enunciado, é de se ver que a expressão "fato determinado" denota maior extensão conceitual do que a ideia de "fato concreto", haja vista que alcança situações ainda não ocorridas no mundo fenomênico. Na hipótese de a consulta versar sobre determinada situação ainda não ocorrida, os efeitos somente se aperfeiçoarão caso o fato da vida, o fato do mundo fenomênico, for aquele sobre o qual tratou a consulta previamente formulada.

> § 9º Ressalvada a hipótese de matérias conexas, a consulta deverá referir-se somente a um tributo administrado pela RFB.

UNICIDADE DO TRIBUTO

A consulta fiscal, em regra, deve se referir a apenas um tributo federal. Isso porque os questionamentos dirigidos ao órgão fazendário deverão ser respondidos por especialistas em determinadas matérias, salvo se houver a caracterização do instituto da conexão. Assim, cada consulta deverá se referir a apenas um tributo federal.

> Art. 3º-A Além dos requisitos previstos neste Capítulo, a consulta deverá conter as informações estabelecidas no § 1º deste artigo quando os dispositivos da legislação tributária e aduaneira ou os fatos a que será aplicada a interpretação solicitada, indicados conforme o inciso IV do § 2º do art. 3º, abrangerem uma das matérias a seguir: (Incluído(a) pelo(a) Instrução Normativa RFB nº 1689, de 20 de fevereiro de 2017)
> I – preços de transferência; (Incluído(a) pelo(a) Instrução Normativa RFB nº 1689, de 20 de fevereiro de 2017)
> II – o Programa de Apoio ao Desenvolvimento Tecnológico da Indústria de Semicondutores (Padis); ou (Incluído(a) pelo(a) Instrução Normativa RFB nº 1689, de 20 de fevereiro de 2017)
> III – estabelecimento permanente. (Incluído(a) pelo(a) Instrução Normativa RFB nº 1689, de 20 de fevereiro de 2017)
> § 1º Na hipótese prevista no caput, a consulta deverá conter as seguintes informações: (Incluído(a) pelo(a) Instrução Normativa RFB nº 1689, de 20 de fevereiro de 2017)
> I – identificação do controlador direto e do controlador final da pessoa jurídica que formulou a consulta, bem como seus países de domicílio, na hipótese de serem no exterior; (Incluído(a) pelo(a) Instrução Normativa RFB nº 1689, de 20 de fevereiro de 2017)
> II – identificação dos países de residência de todas as partes relacionadas com as quais o contribuinte efetua transações objeto da consulta; e (Incluído(a) pelo(a) Instrução Normativa RFB nº 1689, de 20 de fevereiro de 2017)
> III – identificação do país de residência da matriz e do estabelecimento permanente, na hipótese do inciso III do caput. (Incluído(a) pelo(a) Instrução Normativa RFB nº 1689, de 20 de fevereiro de 2017)
> § 2º Será encaminhado às administrações tributárias dos países de domicílio das pessoas referidas no § 1º, com os quais o Bra-

sil tenha acordo para troca de informações, sumário da resposta à consulta a que se refere o caput. (Incluído(a) pelo(a) Instrução Normativa RFB nº 1689, de 20 de fevereiro de 2017)

COMENTÁRIO DO AUTOR

Com a finalidade de munir a autoridade fiscal com relevantes e necessárias informações para a resolução de questões levantadas pelo consulente, o artigo 3º-A impõe a prestação de informações adicionais quando a consulta se relacionar com preços de transferência, Programa de Apoio ao Desenvolvimento Tecnológico da Indústria de Semicondutores (Padis) ou estabelecimento permanente.

Art. 4º Sem prejuízo do disposto no art. 3º, no caso de consulta sobre classificação de serviços, intangíveis e outras operações que produzam variações no patrimônio, deverá o consulente informar:
I – a classificação adotada e pretendida, com os correspondentes critérios utilizados;
II – o enquadramento do serviço, do intangível ou de outras operações na legislação do Imposto sobre Operações relativas à Circulação de Mercadorias e sobre Prestações de Serviços de Transporte Interestadual e Intermunicipal e de Comunicação (ICMS) ou do Imposto sobre Serviços de Qualquer Natureza (ISSQN), quando for o caso; e
III – descrição do serviço, do intangível ou da operação objeto da consulta.

Decreto nº 7.708, de 2 de abril de 2012	Art. 1º Fica instituída a Nomenclatura Brasileira de Serviços, Intangíveis e outras Operações que Produzam Variações no Patrimônio – NBS, na forma do Anexo I. Art. 2º A NBS será adotada como nomenclatura única na classificação das transações com serviços, intangíveis e outras operações que produzam variações no patrimônio das pessoas físicas, pessoas jurídicas e entes despersonalizados. Art. 3º Ficam instituídas as Notas Explicativas da Nomenclatura Brasileira de Serviços, Intangíveis e outras Operações que Produzam Variações no Patrimônio – NEBS, na forma do Anexo II. Parágrafo único. As NEBS constituem elemento subsidiário para interpretação do conteúdo.

	Art. 4º Os processos administrativos de consulta sobre a classificação dos serviços, intangíveis e outras operações que produzam variações no patrimônio com base na NBS observarão o disposto nos arts. 46 a 53 do Decreto no 70.235, de 6 de março de 1972, e nos arts. 48 a 50 da Lei no 9.430, de 27 de dezembro de 1996. Art. 5º As alterações que se fizerem necessárias na NBS e nas NEBS serão objeto de normas complementares editadas conjuntamente pelos Ministros de Estado da Fazenda e do Desenvolvimento, Indústria e Comércio Exterior

COMENTÁRIO DO AUTOR

No caso de consulta sobre classificação de serviços, intangíveis e outras operações que produzam variações no patrimônio, deverá a consulente indicar a classificação adotada e a pretendida com os correspondentes critérios utilizados, o enquadramento do serviço, do intangível ou de outras operações na legislação do ICMS ou do ISS e a descrição do serviço, do intangível ou da operação objeto da consulta. Essas informações deverão ser fornecidas de forma clara, precisa e objetiva, sob pena de declaração da ineficácia da consulta formulada, nos termos do inciso I do artigo 18 da Instrução Normativa sob análise.

Parágrafo único. Informações e documentos necessários para a correta caracterização técnica dos serviços, intangíveis e outras operações objeto da consulta, quando expressos em língua estrangeira, serão acompanhados de tradução para o idioma nacional.

Constituição Republicana, de 1988	Art. 13. A língua portuguesa é o idioma oficial da República Federativa do Brasil.
Lei nº 13.105, de 16 de março de 2015– Código de Processo Civil	Art. 192. Em todos os atos e termos do processo é obrigatório o uso da língua portuguesa. Parágrafo único. O documento redigido em língua estrangeira somente poderá ser juntado aos autos quando acompanhado de versão para a língua portuguesa tramitada por via diplomática ou pela autoridade central, ou firmada por tradutor juramentado.

Decreto nº 9.094, de 17 de julho de 2017	Art. 1º Os órgãos e entidades do Poder Executivo Federal observarão as seguintes diretrizes nas relações entre si e com os usuários dos serviços públicos: V – eliminação de formalidades e exigências cujo custo econômico ou social seja superior ao risco envolvido; [...] VII – utilização de linguagem clara, que evite o uso de siglas, jargões e estrangeirismos;

Art. 5º O consulente poderá ser intimado para apresentar outras informações ou elementos que se fizerem necessários à apreciação da consulta.

Lei nº 9.784, de 29 de janeiro de 1999	Art. 4º São deveres do administrado perante a Administração, sem prejuízo de outros previstos em ato normativo: I – expor os fatos conforme a verdade; II – proceder com lealdade, urbanidade e boa-fé; III – não agir de modo temerário; IV – prestar as informações que lhe forem solicitadas e colaborar para o esclarecimento dos fatos.
Decreto nº 9.094, de 17 de julho de 2017	Art. 6º As exigências necessárias para o requerimento serão feitas desde logo e de uma só vez ao interessado, justificando-se exigência posterior apenas em caso de dúvida superveniente.

INFORMAÇÕES COMPLEMENTARES

Sempre que se constatar alguma irregularidade na formulação do pedido, principalmente no que tange ao atendimento dos requisitos fixados pela legislação relativa à consulta fiscal, o consulente deverá ser intimado[6] para complementar a documentação ou prestar a informação faltante. Nessa hipótese, deve o consulente receber a devida orientação para cumprimento das exigências fixadas pela autoridade competente.

O servidor público em exercício na unidade preparadora expedirá o ato convocatório para que o consulente complemente a instrução processual. Nessa hipótese, por carecer de competência para se pronunciar acerca da admissibilidade da consulta, bem como sobre questões de fundo, o servidor público da unidade preparadora limitar-se-á a juntar ao processo administrativo os documentos, as informações e os elementos trazidos pelo intimado.

---

6   Confira as competências da autoridade preparadora por meio do artigo 23 da IN RFB nº 1.396, de 2013.

As exigências necessárias para o requerimento serão feitas desde logo e de uma só vez ao interessado, justificando-se exigência posterior apenas em caso de dúvida superveniente[7]. Não será exigida prova de fato já comprovado pela apresentação de outro documento válido.[8]

Salvo disposição legal em contrário, os documentos comprobatórios de regularidade da situação do consulente, de atestados, de certidões ou de outros documentos comprobatórios que constem da base de dados oficial da Administração Pública Federal não poderão ser solicitados do consulente, devendo ser obtidos diretamente do respectivo órgão ou entidade responsável pela base de dados, nos termos do Decreto nº 8.789, de 29 de junho de 2016.[9] Na hipótese dos atestados, das certidões ou de outros documentos conterem informações sigilosas relativas ao consulente, o fornecimento pelo órgão ou pela entidade responsável pela base de dados oficial fica condicionado à autorização expressa, exceto nas situações previstas em lei. Quando não for possível a obtenção de atestados, de certidões e de documentos comprobatórios de regularidade da situação do consulente diretamente do órgão ou da entidade responsável, a comprovação necessária poderá ser feita mediante declaração escrita e assinada pelo consulente, que, em caso de declaração falsa, ficará sujeito às sanções administrativas, civis e penais aplicáveis.[10]

> **Art. 6º** A consulta sobre classificação de serviços, intangíveis e outras operações que produzam variações no patrimônio deverá referir-se a mais de um serviço, intangível ou operação, desde que conexos. (Redação dada pela Instrução Normativa RFB nº 1.567, de 5 de junho de 2015)

PLURIDADE DE MATÉRIA

A consulta sobre classificação de serviços, intangíveis e outras operações, com a alteração imposta pela IN RFB nº 1.567, de 2015, abandona o critério da unicidade de matéria, podendo passar a se referir a mais de um serviço, intangível ou operação, desde que conexos.[11].

---

7   Confira artigo 6º do Decreto nº 9.094, de 17 de julho de 2017.
8   Confira artigo 7º do Decreto nº 9.094, de 17 de julho de 2017.
9   Confira artigo 2º do Decreto nº 9.094, de 17 de julho de 2017.
10 Confira artigo 3º do Decreto nº 9.094, de 17 de julho de 2017.
11 Atualmente, a classificação de serviços, intangíveis e outras operações, encontra-se regulada pelos seguintes atos normativos, a saber: Lei nº 12.546, de 14 de dezembro de 2011; Decreto nº 7.708, de 2 de abril de 2012; IN RFB nº 1.277, de 28 de julho de 2012 e Portaria Conjunta RFB/SCS nº 1.908, de 19 de julho de 2012.

Capítulo III
DA SOLUÇÃO

Art. 7º A solução da consulta compete à Coordenação-Geral de Tributação (Cosit).

Decreto-lei nº 200, de 25 de fevereiro de 1967 (Dispõe sobre a organização da Administração Federal, estabelece diretrizes para a Reforma Administrativa e dá outras providências)	Art. 1º O Poder Executivo é exercido pelo Presidente da República auxiliado pelos Ministros de Estado. Art. 2º O Presidente da República e os Ministros de Estado exercem as atribuições de sua competência constitucional, legal e regulamentar com o auxílio dos órgãos que compõem a Administração Federal. Art. 3º Respeitada a competência constitucional do Poder Legislativo estabelecida no artigo 46, inciso II e IV, da Constituição, o Poder Executivo regulará a estruturação, as atribuições e funcionamento dos órgãos da Administração Federal. (Redação dada pelo Decreto-Lei nº 900, de 1969) Art. 4° A Administração Federal compreende: I – A Administração Direta, que se constitui dos serviços integrados na estrutura administrativa da Presidência da República e dos Ministérios [...] Art. 6º As atividades da Administração Federal obedecerão aos seguintes princípios fundamentais: I – Planejamento. II – Coordenação. III – Descentralização. IV – Delegação de Competência. V – Contrôle. Art. 10. A execução das atividades da Administração Federal deverá ser amplamente descentralizada. § 1º A descentralização será posta em prática em três planos principais: a) dentro dos quadros da Administração Federal, distinguindo-se claramente o nível de direção do de execução; b) da Administração Federal para a das unidades federadas, quando estejam devidamente aparelhadas e mediante convênio; c) da Administração Federal

> para a órbita privada, mediante contratos ou concessões. § 2° Em cada órgão da Administração Federal, os serviços que compõem a estrutura central de direção devem permanecer liberados das rotinas de execução e das tarefas de mera formalização de atos administrativos, para que possam concentrar-se nas atividades de planejamento, supervisão, coordenação e contrôle. § 3º A Administração casuística, assim entendida a decisão de casos individuais, compete, em princípio, ao nível de execução, especialmente aos serviços de natureza local, que estão em contato com os fatos e com o público.

COMPETÊNCIA PARA SOLUÇÃO DA CONSULTA

A Secretaria da Receita Federal do Brasil – órgão específico singular, diretamente subordinado ao Ministro de Estado da Fazenda – tem, dentre outras relevantes funções específicas, a competência de interpretar e aplicar a legislação tributária, aduaneira, de custeio previdenciário e correlata, editando os atos normativos e as instruções necessárias à sua execução[1]. No escalonamento e divisão interna da Secretaria da Receita Federal do Brasil, atribui-se à Coordenação-Geral de Tributação (Cosit) – unidade central situada na capital federal – a função de manifestar a interpretação estatal, no intuito de prestar orientação aos consulentes de como proceder corretamente no cumprimento de suas obrigações fiscais. À Cosit foi atribuída a função específica de pronunciar a interpretação oficial e dar resposta às consultas formuladas em todas as dez regiões fiscais do País. A legitimidade passiva para solucionar consulta fiscal foi conferida não a quem necessariamente editou a norma geral e abstrata, mas sim à Instituição incumbida de aplicar primariamente a legislação tributária federal. A Solução de Consulta é ato administrativo que responde à consulta fiscal e elucida a dúvida apresentada. Enseja a compreensão do sentido do texto normativo interpretado.

O artigo 7º inova o desenho institucional da consulta fiscal. No regramento anterior, a consulta fiscal, se formulada pelo sujeito passivo

---

1 Confira inciso III do artigo 1º do Regimento Interno da Secretaria da Receita Federal do Brasil, aprovado pela Portaria MF nº 430, de 9 de outubro de 2017, e anexo a este normativo.

da obrigação tributária, por órgão regional ou local da administração pública federal ou por órgão representativo de categoria econômica ou profissional de âmbito regional ou local, era solucionada pelos Superintendentes Regionais da Secretaria da Receita Federal do Brasil. Segundo esse regramento, somente a consulta formulada por órgão central da Administração Pública Federal ou por órgão representativo de categoria econômica ou profissional de âmbito nacional era respondida pelo Coordenador-Geral de Tributação.

Como se vê, a nova regra concentra as Soluções de Consulta, sob a responsabilidade da Cosit, unidade central da Secretaria da Receita Federal do Brasil. Ressalve-se que a Solução de Consulta Vinculada, assim entendida como a que reproduz o entendimento constante de Solução de Consulta Cosit ou de Solução de Divergência, será proferida pelas Disit ou pelas Coordenações de área da Cosit (Confira art. 22, parágrafo único, desta Instrução).

No que tange à feitura das soluções de consulta, há estudiosos que entendem que o servidor público incumbido de solucionar consulta fiscal não deve se subordinar, nesse mister, aos seus superiores. Desconsiderando os incentivos e constrangimentos impostos ao intérprete[2], Hamilton Fernando Castardo (2011, p. 471), concordando com os escólios de Maria Sylvia Zanella Di Pietro, entende que o auditor fiscal possui liberdade de emitir seu pronunciamento acerca de determinada matéria. Nesse sentido, afirma que:

> ainda que possam estar hierarquicamente subordinados a órgãos superiores para determinados fins, por exemplo, para fins disciplinares, naquilo que diz respeito especificamente à sua atribuição, que é responder a consultas esses órgãos não têm qualquer subordinação aos seus superiores. Não recebem ordens, não recebem instruções; quem emite um parecer, emite com absoluta possibilidade de liberdade de apreciar a lei, de dar sua interpretação. Uma autoridade superior não pode obrigar um determinado funcionário encarregado de função consultiva a dar um parecer neste ou naquele sentido.

---

2 Confira o artigo *As Diferentes Estratégias Interpretativas e a Influência Institucional sobre o Intérprete* (SEPULVEDA, 2017, pp. 73/95).

Na elaboração da Solução de Consulta, a linguagem utilizada deve, na medida do possível, ser simples e compreensível, evitando-se, nesse mister, o uso de siglas, jargões e estrangeirismos[3].

§ 1º A ineficácia da consulta poderá ser declarada pela Divisão de Tributação das Superintendências Regionais da Receita Federal do Brasil (Disit) e pela Cosit.

Portaria MF nº 430, de 9 de outubro de 2017	Art. 94. À Coordenação-Geral de Tributação (Cosit) compete gerenciar as atividades relativas: I – à elaboração, ao aperfeiçoamento, à modificação, à regulamentação, à consolidação, à uniformização, à simplificação e à disseminação da legislação tributária, aduaneira e correlata; II – à análise e formulação de propostas de projetos de emenda à Constituição, de projetos de lei e de medidas provisórias, em todas as fases do processo legislativo, além das minutas de decretos e outros atos complementares de iniciativa de órgãos do Poder Executivo em matéria de interesse da RFB; III – à análise das proposições de estudos de natureza tributária, aduaneira e correlata apresentados por entidades governamentais, sociais e empresariais; IV – à manifestação sobre proposta de atribuição de efeito vinculante à súmula do Conselho Administrativo de Recursos Fiscais (Carf); V – à interpretação da legislação tributária, aduaneira e correlata, às propostas de acordos e convênios internacionais e às normas complementares necessárias à sua execução, inclusive relativamente às nomenclaturas que tenham por base o Sistema Harmonizado de Designação e de Codificação de Mercadorias, à classificação de mercadorias e à classificação de serviços; VI – à formulação de atos normativos de interpretação, uniformização e regulamentação da legislação tributária, aduaneira e correlata; VII – à análise de pedidos de procedimentos amigáveis no âmbito das convenções e dos acordos internacionais destinados a evitar a dupla tributação de que o Brasil seja signatário, em articulação com a Corin;

---

3   Confira inciso VII do artigo 1º do Decreto nº 9.094, de 17 de julho de 2017.

	VIII – à colaboração com a Procuradoria-Geral da Fazenda Nacional (PGFN) e a Advocacia-Geral da União (AGU) na defesa dos interesses da Fazenda Nacional, ressalvada a competência das demais unidades quanto ao caso concreto; IX – à informação em mandado de segurança impetrado contra o Secretário da Receita Federal do Brasil no que diz respeito às matérias de sua competência; X – à atuação e à manifestação como órgão consultivo nas demandas externas e internas nas diversas áreas de interesse da RFB; e XI – à revisão de normas elaboradas no âmbito da RFB.
Portaria MF nº 203, de 14 de maio de 2012	Art. 213. Às Divisões de Tributação – Disit compete: I orientar as unidades da região fiscal acerca da interpretação da legislação e sobre as decisões em matéria tributária, na esfera administrativa ou judicial; II – examinar e emitir parecer em recursos administrativos dirigidos ao Superintendente, no âmbito de sua competência; (Redação dada pela Portaria MF nº 512, de 2 de outubro de 2013) III – examinar e propor informação em mandado de segurança impetrado contra o Superintendente; (Redação dada pela Portaria MF nº 512, de 2 de outubro de 2013) IV – examinar e emitir parecer nos pedidos relativos a regimes fiscais especiais previstos na legislação tributária específica e de competência da Superintendência; e (Redação dada pela Portaria MF nº 512, de 2 de outubro de 2013) V – desenvolver estudos e pesquisas, com vistas a oferecer sugestões para o aperfeiçoamento da legislação tributária. (Redação dada pela Portaria MF nº 512, de 2 de outubro de 2013)

COMENTÁRIO DO AUTOR

Em termos sintéticos, a declaração de ineficácia significa uma decisão formal. Trata-se de decisão formal, pois a matéria consultada não é apreciada em profundidade, nem em extensão. As indagações feitas pelo consulente não são respondidas, uma vez que a fase da admissibilidade da consulta não é superada. Tanto a unidade central (Cosit) como as unidades regionais (Disit) da Secretaria da Receita Federal do Brasil detêm competência para declarar a ineficácia da consulta.

Segundo o regramento anterior, somente as Disit declaravam a ineficácia das consultas.[4]

§ 2º A consulta será solucionada em instância única, não cabendo recurso nem pedido de reconsideração da Solução de Consulta ou do Despacho Decisório que declarar sua ineficácia, ressalvado o disposto nos arts. 19 e 20.

Constituição Republicana, de 1988	Art. 5º [...] LV. Aos litigantes, em processo judicial ou administrativo, e aos acusados em geral são assegurados o contraditório e ampla defesa, com os meios e recursos a ela inerentes.
Lei nº 9.430, de 27 de dezembro de 1996	Art. 48. No âmbito da Secretaria da Receita Federal, os processos administrativos de consulta serão solucionados em instância única.[5] Art. 49. Não se aplicam aos processos de consulta no âmbito da Secretaria da Receita Federal as disposições dos arts. 54 a 58 do Decreto nº 70.235, de 6 de março de 1972. **§ 3º Não cabe recurso nem pedido de reconsideração da solução da consulta ou do despacho que declarar sua ineficácia**

---

[4] De acordo com o artigo 239 do Regimento da Secretaria da Receita Federal do Brasil (RFB), aprovado pela Portaria MF nº 430, de 9 de outubro de 2017, cumpre às Divisões de Tributação (Disit) das Superintendências Regionais da RFB (SRRF): I – orientar as unidades da respectiva região fiscal acerca da interpretação da legislação e sobre as decisões em matéria tributária, aduaneira e correlata, na esfera administrativa ou judicial; II – emitir parecer em recursos administrativos dirigidos ao Superintendente, no âmbito de sua competência; III – preparar informações a serem prestadas aos órgãos do Poder Judiciário em mandado de segurança, no âmbito da SRRF, sem prejuízo das informações das demais áreas no caso concreto; IV – emitir pareceres para dirimir conflitos de competências entre as unidades subordinadas, observadas as decisões da Sutri; e V – prestar assistência ao Superintendente e aos Adjuntos em questões que envolvam aspectos jurídicos e tributários e no exame de propostas de celebração de convênios, acordos, protocolos e outros instrumentos de competência da Superintendência.

[5] Os incisos I e II do artigo 48 do Decreto nº 70.235, de 1972, restaram prejudicados em razão da regulação trazida pelo artigo 48 da Lei nº 9.430, de 1996, dado que os processos administrativos de consulta passaram a ser solucionados em instância única. Nesse sentido vale transcrever o artigo 48 do aludido Decreto. In verbis: Art. 48. Salvo o disposto no artigo seguinte, nenhum procedimento fiscal será instaurado contra o sujeito passivo relativamente à espécie consultada, a partir da apresentação da consulta até o trigésimo dia subseqüente à data da ciência: I – de decisão de primeira instância da qual não haja sido interposto recurso; II – de decisão de segunda instância.

Lei nº 9.784, de 29 de janeiro de 1999.	Art. 2º. [...] Parágrafo único. Nos processos administrativos serão observados, entre outros, os critérios de: X – garantia dos direitos à comunicação, à apresentação de alegações finais, à produção de provas e à interposição de recursos, nos processos de que possam resultar sanções e nas situações de litígio;
Decreto nº 592, de 6 de julho de 1992 (Pacto Internacional sobre Direitos Civis e Políticos), art. 2.3	Os Estados Partes do presente pacto comprometem-se a: a) garantir que toda pessoa, cujos direitos e liberdades reconhecidos no presente pacto tenham sido violados, possa dispor de um recurso efetivo, mesmo que a violência tenha sido perpetrada por pessoa que agiam no exercício de funções oficiais; b) garantir que toda pessoa que interpuser tal recurso terá seu direito determinado pela competente autoridade judicial, administrativa ou legislativa ou por qualquer outra autoridade competente prevista no ordenamento jurídico do Estado em questão; e a desenvolver as possibilidades de recurso judicial; c) garantir o cumprimento, pelas autoridades competentes, de qualquer decisão que julgar procedente tal recurso.
Portaria RFB nº 1.098, de 8 de agosto de 2013	Art. 2º São atos administrativos editados no âmbito da RFB: [...] VI – Despacho Decisório (DD); [...] XIX – Solução de Consulta (SC); XXI – Solução de Divergência (SD). Parágrafo único. O disposto no caput não impede a edição de outros atos previstos em legislação específica.

INADMISSIBILIDADE DE RECURSOS. DUPLO GRAU DE JURISDIÇÃO

Salvo recurso especial de divergência, ao consulente não é dado oferecer recurso nem pedido de reconsideração da solução de consulta ou do despacho decisório que declara a ineficácia[6]. O recurso era admitido, originariamente, no Decreto nº 70.235, de 1972 (art. 56). Todavia,

---

6   Nos termos da Portaria RFB nº 2.218, de 19 de dezembro de 2014, a consulta relativa à interpretação da legislação tributária e aduaneira e à classificação de mercadorias e de serviços, intangíveis e outras operações que produzam variações no patrimônio será decidida por meio de Solução de Consulta e, quando ineficaz a consulta, por meio de Despacho Decisório.

o Decreto deixou de regular tal instituto no âmbito da Secretaria da Receita Federal do Brasil, *ex vi* previsão do artigo 49 da Lei nº 9.430, de 1996, permanecendo aplicáveis, subsidiariamente, os artigos 46 a 53. Decidida a consulta, configura-se, em regra, a definitividade na esfera administrativa. A interpretação ortodoxa de devido processo abrange, estritamente, a (i) legalidade (atuação conforme a lei e o Direito) e (ii) procedimento justo (processo ético, público, proporcional, motivado). Neste ponto, valiosos são os ensinamentos do professor Machado Segundo (2010, p. 214):

> "Vale registrar que esse julgamento em instância única não viola o direito do contribuinte ao devido processo legal administrativo, pois, caso ele venha a ser autuado por não seguir a orientação dada na resposta à consulta, assistir-lhe-á o uso do processo administrativo de impugnação do lançamento, com todas as oportunidades recursais a ele inerentes".

Ao abordar a temática de níveis adicionais de revisão de decisões, Adrian Vermeule esclarece que nem sempre uma segunda opinião será a melhor resposta para determinado contexto institucional. O mencionado teórico norte-americano, em tradução livre, assevera que:

> "Todavia níveis adicionais de deliberação e procedimento nunca são gratuitos ou livre de riscos, e segundas opiniões dificilmente são isentas de custos. Tais mecanismos aumentam os custos diretos e os custos de oportunidade do sistema legislativo e, sob certas circunstâncias, podem realmente gerar resultados perversos, encorajando ao invés de suprimir decisões mal consideradas[7].

Art. 8º Na solução da consulta serão observados os atos normativos, as Soluções de Consulta e de Divergência sobre a matéria consultada proferidas pela Cosit, bem como as Soluções de Consulta

---

[7] "Yet additional layers of deliberation and procedure are never costless or risk-free, and second opinions are hardly costless either. Such mechanisms increase the direct costs and opportunity costs of the lawmaking system and, under certain conditions, can actually have perverse results, encouraging rather than suppressing ill-considered decisions"(VERMEULE, Adrian. The Constitution of Risk. Harvard Law School: 2014, p. 141).

Interna da Cosit e os demais atos e decisões a que a legislação atribua efeito vinculante. (Redação dada pela Instrução Normativa RFB nº 1.434, de 30 de dezembro de 2013)

| Parecer CST/SIPR nº 1.519, de 28 de junho de 1983. | As orientações emanadas da Coordenação do Sistema de Tributação, órgão normativo da Secretaria da Receita Federal (Ministério da Fazenda), por meio de Parecer CST, refletem o entendimento sobre a matéria que prevalece nesta esfera administrativa e, sendo de caráter eminentemente interpretativo, têm efeito retroativo. |

DISCRICIONARIEDADE DAS SOLUÇÕES

O artigo 116 da Lei nº 8.112, de 1990, estabelece que são deveres do servidor público observar as normas legais e regulamentares; ser leal à Instituição e cumprir as ordens superiores, exceto se manifestamente ilegais. A Lei nº 9.430, de 27 de dezembro de 1996, por meio do §2º do artigo 48, estatui, em igual sentido, que os atos normativos expedidos pelas autoridades competentes serão observados quando da solução da consulta[8]. É de se perceber que a conduta do servidor público, no âmbito da Secretaria da Receita Federal do Brasil, fica condicionada – vale frisar, é condicionada por mecanismos institucionais – a várias espécies de atos normativos, dentre os quais merecem destaque: (i) decisões definitivas do Supremo Tribunal Federal em controle concentrado ou com base em lei cuja execução esteja suspensa[9]; (ii) súmulas vinculantes editadas pelo Supremo Tribunal Federal[10]; (iii) decisões que versem sobre matérias que, em virtude de jurisprudência pacífica do Supremo

---

8   Embora menos relevante para a seara tributária, as deliberações proferidas pelo Tribunal de Contas da União são também vinculam a Administração Pública em vista de ilegalidade de atos praticados. O caráter vinculatório foi reconhecido pelo Superior Tribunal de Justiça. Nesse pronunciamento – Recurso Especial nº 464.633 – o Ministro Félix Fischer asseverou enfaticamente que: "a decisão do Tribunal de Contas que, dentro de suas atribuições constitucionais (art. 71, III, da CF), julga ilegal a concessão de aposentadoria, negando-lhe o registro, possui caráter impositivo e vinculante para a Administração".

9   Confira art. 77 da Lei nº 9.430, de 27 de dezembro de 1996, e Decreto nº 2.346, de 10 de outubro de 1997.

10 Confira artigo 103-A da Constituição Republicana de 1988 e art. 64-B da Lei nº 9.784, de 1999.

Tribunal Federal, do Superior Tribunal de Justiça, do Tribunal Superior do Trabalho e do Tribunal Superior Eleitoral, sejam objeto de ato declaratório do Procurador-Geral da Fazenda Nacional, aprovado pelo Ministro de Estado da Fazenda[11]; (iv) às decisões judiciais desfavoráveis à Fazenda Nacional, após expressa manifestação da Procuradoria Geral da Fazenda Nacional (PGFN), proferidas em recursos extraordinários com repercussão geral (STF) ou em recursos especiais repetitivos (STJ)[12], nos casos em que os procuradores da PGFN estejam autorizados a não apresentar e nem interpor recursos; (v) os pareceres do Advogado-Geral da União aprovados pelo Presidente da República e as súmulas emitidas pela Advocacia-Geral da União[13]; (vi) aos demais atos emanados de órgãos da Advocacia-Geral da União, de que tratam os artigos 41 e 42 da Lei Complementar nº 73, de 10 de fevereiro de 1993; (vii) súmulas vinculantes editadas pelo Conselho Administrativo de Recursos Fiscais[14]; (viii) soluções de consulta e soluções de divergência[15]; (ix) soluções de consulta interna proferidas pela Coordenação-Geral de Tributação (Cosit); (x) pareceres normativos[16]; (xi) notas técnicas; (xii) portarias; (xiii) instruções normativas. Induvidoso que os atos normativos vinculantes reduzem de sobremaneira a esfera de liberdade interpretativa dos auditores fiscais incumbidos de responder às consultas formuladas pelos sujeitos passivos da obrigação tributária, visto que a interpretação institucional é um dos fatores que constrangem sobremaneira a liberdade do intérprete. Assim, existindo pronunciamento vinculante, o auditor fiscal incumbido da função de decidir sobre a consulta fiscal, em prol da uniformidade interpretativa, deverá observar o teor da orientação oficial predeterminada. Caso contrário, deverá solucionar a consulta com relativa liberdade interpretativa, pois submete-se rotineiramente a sensível influência institucional.

---

11 Confira inc. II e §4º do artigo 19 da Lei nº 10.522, de 19 de julho de 2002.

12 Confira incs. IV e V e §4º do artigo 19 da Lei nº 10.522, de 2002 c/c Portaria Conjunta PGFN/RFB nº 1, de 2014.

13 Confira artigos 39 e 43 da Lei Complementar nº 73, de 1993.

14 Confira artigo 75 da Portaria MF nº 343, de 9 de junho de 2015, e Portaria MF nº 383, de 12 de julho de 2010.

15 Confira o artigo 9º da Instrução Normativa sob análise.

16 Confira Portaria RFB nº 2.217, de 19 de dezembro de 2014.

§ 1º A Solução de Consulta deverá conter:

Portaria RFB nº 1.098, de 8 de agosto de 2013	[...] **Art. 2º** São atos administrativos editados no âmbito da RFB: [...] VI – Despacho Decisório (DD); [...] XIX – **Solução de Consulta** (SC); XXI – Solução de Divergência (SD). Parágrafo único. O disposto no caput não impede a edição de outros atos previstos em legislação específica.

COMENTÁRIO DO AUTOR

A Solução de Consulta é a forma utilizada pela Administração Tributária para materializar a interpretação oficial levada a efeito sobre determinado contexto fático-jurídico. Oferece, dentre outras possibilidades interpretativas, o resultado hermenêutico que a Administração julga ser o mais acertado. Tendo em mira conferir certeza e segurança jurídica, a Solução de Consulta transmite decisão meritória adotada pelo Estado-Administração e objetiva afastar a dúvida fundada. Por intermédio da Solução de Consulta, a dúvida posta pelo consulente cede lugar à certeza administrativa, assegurando-lhe que os atos perpetrados em consonância com o seu teor serão respeitados e que conduta diversa não lhe será imposta. A solução da consulta aproxima uma expressão de extrema abstração (enunciado normativo) em outra (norma individual, em relação ao consulente), um tanto quanto mais próxima do mundo da vida. A emissão da Solução de Consulta traduz, em verdade, a substituição da dúvida fundada pela certeza administrativa do direito objetivo aplicável a determinada situação fática. A resposta meritória oficial explica, explicita, revela e torna inteligível o enunciado normativo consultado. A resposta oficial ao manifestar o resultado interpretativo alcançado expressa um significado atribuído ao enunciado normativo interpretado. O objeto da consulta que antes parecia incerto, contraditório ou obscuro, a partir da emissão da Solução de Consulta, torna-se certo e claro, administrativamente. Diante do fato determinado e do enunciado normativo interpretando, a Administração Tributária, valendo-se da hermenêutica jurídica, compõe a norma jurídica tributária que julga ser a mais correta, embora não a aplique efetivamente. A efetiva aplicação da norma jurídica pela Administração não se caracteriza em sede de consulta fiscal, pois a resposta oficial tenciona apenas oferecer os esclarecimentos necessários à compreensão do texto normativo e aplicação da norma jurídica a ser feita por parte do consulente. No ato administrativo de resposta, não ocorre subsunção do fato concreto à norma jurídica, mas sim de fato determinado – pretérito ou futuro – delineado fundamentalmente pelo consulente. Nem, muito menos, há, na Solução de Consulta, a formalização de lançamento tributário, haja vista que, além de não se traduzir em instituto jurídico adequado para tal mister, os elementos necessários para a constituição do crédito tributário – tais como, verificação e comprovação da ocorrência do fato gerador, determinação da matéria tributável, cálculo do montante do tributo devido, aplicação de penalidade cabível, dentre outros – não são concretamente apurados pela Administração Tributária.

A validade da solução de consulta, como ato administrativo que é, dependente da convergência dos cinco elementos constitutivos, a saber: competência (o pronunciamento deve ser feito pela unidade administrativa incumbida pela solução da consulta, vale dizer, Cosit), forma (o ato deve ser escrito), objeto (dúvida fundada sobre a interpretação de dispositivo normativo da legislação tributária), motivo (existência de dúvida fundada) e finalidade (eliminar o estado de incerteza jurídica). Segundo, Hely Lopes Meirelles, tais elementos constituem a "infra-estrutura do ato administrativo". E arremata o autor: "[s]em a convergência desses elementos não se aperfeiçoa o ato e, conseqüentemente, não terá condições de eficácia para produzir efeitos válidos" (MEIRELLES, 2005, p.151).

I – identificação do órgão expedidor, número do processo, nome, CNPJ, CEI ou CPF, e domicílio tributário do consulente;
II – número, assunto, ementa e dispositivos legais;
III – relatório;
IV – fundamentos legais;
V – conclusão; e
VI – ordem de intimação.

Lei nº 9.784, de 29 de janeiro de 1999. , art. 2º.	Art. 2º A Administração Pública obedecerá, dentre outros, aos princípios da legalidade, finalidade, motivação, razoabilidade, proporcionalidade, moralidade, ampla defesa, contraditório, segurança jurídica, interesse público e eficiência. Parágrafo único. Nos processos administrativos serão observados, entre outros, os critérios de: VII – indicação dos pressupostos de fato e de direito que determinarem a decisão; XIII – interpretação da norma administrativa da forma que melhor garanta o atendimento do fim público a que se dirige, vedada aplicação retroativa de nova interpretação.

Decreto nº 9.094, de 17 de julho de 2017	Art. 1º Os órgãos e entidades do Poder Executivo Federal observarão as seguintes diretrizes nas relações entre si e com os usuários dos serviços públicos: [...] VII – utilização de linguagem clara, que evite o uso de siglas, jargões e estrangeirismos;
Portaria RFB nº 1.098, de 8 de agosto de 2013	Art. 7º As siglas das unidades da RFB, aprovadas em Portaria específica, serão usadas com a observância do princípio de que a primeira referência no texto do ato seja acompanhada de explicitação de seu significado. Art. 8º A numeração dos atos é expressa em algarismos arábicos, sem o numeral 0 (zero) à esquerda, observado o seguinte: I – os atos terão numeração sequencial específica em cada unidade, iniciando-se nova numeração a cada ano civil, à exceção das Instruções Normativas e dos acórdãos que serão numerados em ordem sequencial, sem interrupção a cada ano; e (Redação dada pela Portaria RFB nº 1.195, de 26 de agosto de 2013) II – em caso de ato conjunto, a numeração será efetuada pela unidade ou pelo órgão da 1ª (primeira) autoridade indicada na autoria. Parágrafo único. Os atos gerados por meio de sistema informatizado poderão ter numeração sequencial de acordo com o sistema emissor. Art. 9º O nome da autoridade que edita o ato, ou das autoridades no caso de ato conjunto, deve ser indicado após o encerramento da parte normativa, centralizado e grafado em letras maiúsculas, sem negrito, seguido da informação: "Assinado digitalmente". § 1º A denominação do cargo deverá ser indicada abaixo do nome da autoridade somente quando se tratar de ato conjunto ou quando for necessária para identificar as competências nos atos assinados por mais de uma autoridade da RFB.(Redação dada pela Portaria RFB nº 1.195, de 26 de agosto de 2013) § 2º Os atos elaborados e editados eletronicamente serão assinados digitalmente com emprego de certificado digital, emitido no âmbito da RFB por autoridade certificadora credenciada pela Infraestrutura de Chaves Públicas Brasileira – ICP-Brasil.

	§ 3º Na hipótese de ADE eletrônico gerado por sistema informatizado, a assinatura digital de que trata o § 2º poderá ser substituída pela chancela eletrônica, dispensadas as formalidades previstas no caput. (Incluído(a) pelo(a) Portaria RFB nº 500, de 01 de abril de 2016) Art. 10 Os atos da RFB deverão ser elaborados de acordo com o Manual de Redação e Elaboração de Atos Administrativos da Secretaria da Receita Federal do Brasil aprovado em Portaria específica.

§ 2º Aplica-se à Solução de Divergência, no que couber, o disposto no § 1º.

COMENTÁRIO DO AUTOR

Os parágrafos anteriores indicam as informações mínimas e a estrutura que deve ser adotada na elaboração de Soluções de Consulta e de Divergência. Além dos aspectos formais, é imperioso, neste dispositivo, trazer à lume o conceito de motivação do ato administrativo. Segundo Hely Lopes Meirelles, pela "motivação o administrador público justifica sua ação administrativa, indicando os fatos (pressupostos de fato) que ensejam o ato e os preceitos jurídicos (pressupostos de direito) que autorizam a sua prática. Claro está que em certos atos administrativos oriundos do poder discricionário a justificação será dispensável, bastando apenas evidenciar a competência para o exercício desse poder e a conformação do ato com o interesse público, que é pressuposto de toda atividade administrativa. Em outros atos administrativos, porém, que afetam o interesse individual do administrado, a motivação é obrigatória para o exame de sua legalidade, finalidade e moralidade administrativas. A motivação é ainda obrigatória para assegurar a garantia da ampla defesa e do contraditório prevista no art. 5º, LV, da CF de 1988. Por ser indispensável para o exercício da ampla defesa e do contraditório, a motivação é exigência constitucional inafastável. A motivação, portanto, deve apontar a causa e os elementos determinantes da prática do ato administrativo, bem como o dispositivo legal em que se funda [...]" (MEIRELLES, 2005, p. 101). O princípio da motivação implica para a Administração o dever de justificar os seus atos, apontando-lhes os fundamentos de direito e de fato, assim como a correlação lógica entre os eventos e situações que deu por existentes e a providência tomada, nos casos em que este último aclaramento seja necessário para aferir-se a consonância da conduta administrativa com a lei que serviu de arrimo (MELLO, 2009, p.112). Em outras palavras, é dizer que o dever de fundamentação, como princípio fundamental do Estado Democrático de Direito, tem o objetivo de prevenir a atuação totalitária e incontrolada do Estado, no exercício do poder. A motivação permite verificar a juridicidade do ato administrativo, uma vez que a Administração Pública deve observar criteriosamente a lei e o Direito[17], servindo, em última análise, de instrumento de controle da atuação estatal. A motivação decorre da garantia da ampla defesa e do contraditório, pois se traduz em mecanismo técnico de controle da legitimidade das decisões estatais. Só a partir da evidenciação das razões fáticas e jurídicas, que conduziram à adoção do ato, é que é possível se aferir a validade do ato enunciado, segundo os critérios de legalidade, legitimidade e isonomia. Parcela da doutrina administrativista defende que o dever de motivar é pressuposto inerente a todos os atos administrativos, inclusive no tocante aos atos discricionários. Para esses autores, a motivação é "pressuposto de validade de qualquer ato administrativo"[18] (SUNDFELD, 1985, p. 124) e mecanismo de controle da atividade interpretativa levada a efeito e materializada por meio da formal manifestação estatal[19]. Ciente de que o ato administrativo é passível de controle, o servidor público elaborará, com maior atenção e esmero os atos sob sua incumbência. Nesse sentido, a Lei nº 9.784, de 1999, por meio de seu artigo 50, estatui que a "motivação deve ser explícita, clara e congruente, podendo consistir em declaração de concordância com fundamentos de anteriores pareceres, informações, decisões ou propostas, que, neste caso, serão parte integrante do ato".

---

17 Confira artigo 2º da Lei nº 9.784, de 29 de janeiro de 1999.

18 "A fundamentação não é forma nem formalidade do ato administrativo porque não é a explicitação de seu conteúdo, e sim de seus pressupostos. Pois isso mesmo, tendo um conteúdo próprio, não é parte do ato administrativo, nem em seu aspecto substancial ou de fundo, mas um ato autônomo. Ressalte-se que se trata de um ato de Administração, não porém de um ato administrativo (que tem feição própria), o que exclui o perigo de alguém mais afoito exigir a motivação do ato de motivar, criando, aí sim, um verdadeiro jogo de caixas chinesas" (SUNDFELD, 1985, p. 124)

19 "A dispensa de motivação nos atos vinculados não deve ser cogitada, por duas razões principais: a necessidade de se conhecer a interpretação dada pelo administrador à lei, e a de tornar possível a verificação da correta incidência do ato na situação fática que o tenha motivado (ARAÚJO, 2005, p.112).

À vista da garantia do sigilo fiscal, importante frisar que a Solução de Consulta e a Solução de Divergência serão divulgadas na *internet*, com exceção do número do e-processo, dos dados cadastrais do consulente ou de qualquer outra informação que permita a identificação do consulente e de outros sujeitos passivos[20].

Em razão da regra de competência, incumbe ao Coordenador-Geral da Cosit subscrever Soluções de Consulta e de Divergência[21].

> **Art. 9º A Solução de Consulta Cosit e a Solução de Divergência, a partir da data de sua publicação, têm efeito vinculante no âmbito da RFB, respaldam o sujeito passivo que as aplicar, independentemente de ser o consulente, desde que se enquadre na hipótese por elas abrangida, sem prejuízo de que a autoridade fiscal, em procedimento de fiscalização, verifique seu efetivo enquadramento. (Redação dada pela Instrução Normativa RFB nº 1.434, de 30 de dezembro de 2013)**[22]

EFEITO VINCULANTE

Com a publicação da IN RFB nº 1.396 em 17 de setembro de 2013, as Soluções de Consulta e as Soluções de Divergência passaram, a partir dessa data, a conferirem efeito vinculante[23]. Por meio desses atos ad-

---

20   Confira §2º do artigo 13 da Portaria RFB nº 1.098, de 8 de agosto de 2013.

21   A título ilustrativo, confira Anexo I da Portaria RFB nº 1.098, de 8 de agosto de 2013, e alterações posteriores.

22   A legislação do IPI já estendera a terceiros os efeitos da resposta oficial prestada em processo administrativo fiscal. Nesse sentido, vale a transcrição do artigo 76 da Lei nº 4.502, de 30 de novembro de 1964: Art. 76. Não serão aplicadas penalidades: I – aos que, antes de qualquer procedimento fiscal, procurarem espontaneamente, a repartição fazendária competente, para denunciar a falta e sanar a irregularidade, ressalvados os casos previstos no art. 81, nos incisos I e II do art. 83 e nos incisos I, II e III do art. 87; II – enquanto prevalecer o entendimento – **aos que tiverem agido ou pago o impôsto: a) de acôrdo com interpretação fiscal constante de decisão irrecorrível de última instância administrativa, proferida em processo fiscal, inclusive de consulta, seja ou não parte o interessado [...]**" (grifos nossos).

23   IN RFB nº 1.396, de 2013: Art. 32. O disposto nos arts. 9º e 22 aplica-se somente às Soluções de Consulta Cosit e às Soluções de Divergência publicadas a partir da entrada em vigor desta Instrução Normativa [...] Art. 34. A partir da data de publicação desta Instrução Normativa, a Instrução Normativa RFB nº 740, de 2 de maio de 2007, não se aplica aos processos de consulta de que trata o art. 1º.Art. 35. Esta Instrução Normativa entra em vigor na data de sua publicação.

ministrativos, a Administração Tributária, em virtude de único pronunciamento, vincula-se ao entendimento manifestado, devendo observá-lo perante todos os sujeitos passivos da obrigação tributária que se enquadrarem na situação apreciada, independentemente de o aplicador ser o consulente. A partir da publicação do pronunciamento oficial, fica a Administração Tributária vinculada a sua interpretação e impedida de impor sanções aos sujeitos passivos da obrigação tributária que a observem e se conduzam em conformidade com a orientação fazendária. A decisão de consulta vincula a Administração não só perante o consulente, mas também frente a terceiros que se enquadrem em situação idêntica à questionada pelo consulente. A interpretação oficial veiculada na Solução de Consulta aproveita terceiros, quer dizer, beneficiam-se também aqueles interessados que não participaram do processo administrativo de consulta. Trata-se de alteração substancial em relação à regulamentação anterior veiculada pela IN RFB nº 740, de 2 de maio de 2007. Demonstra significativo avanço em direção aos fins públicos perseguidos pela atual Constituição Republicana. Essa inovação se concilia principalmente com o Princípio da Igualdade Tributária, pois o entendimento fazendário passa a ser aplicável a todos os sujeitos passivos (nota da generalidade) que se encontrem em idêntica situação fático-jurídica. O efeito vinculante emerge desde que os fatos ocorridos (fatos concretos) coincidam com o fato determinado descrito na consulta fiscal. Em razão disso, é que a situação fática deve ser detalhadamente delineada pelo consulente, pois só assim viabiliza-se o aproveitamento ou não do teor da resposta oficial por parte de terceiros. Logicamente, fatos diversos daquele descrito na consulta fiscal não têm o condão de vincular a Administração Tributária. Mediante ampla publicidade da consulta fiscal, procura-se realizar a igualdade tributária.

Apesar de a Administração Tributária vincular-se à interpretação adotada, os sujeitos passivos da obrigação tributária não ficam obrigados à observá-la, tendo em vista que não se pode excluir lesão ou ameaça de lesão à apreciação do Poder Judiciário (inc. XXXV do artigo 5º da Constituição Republicana). A resposta administrativa vincula a Administração, assegurando-se aos consulentes que os atos praticados em consonância com o teor da resposta, enquanto dotada de eficácia, serão respeitados. Por outro lado, a resposta oficial não vincula o consulente, que pode contestar judicialmente o mérito da solução de consulta ou, então, aguardar a autuação fiscal para somente depois impugná-la, seja administrativamente, seja na via judicial. Pela ampla publicidade, enseja-se igualmente o controle dos atos administrativos por parte da sociedade.

Com relação à extensão ao efeito vinculante, Brito Machado pontua que:

> "A resposta a uma consulta não é simples manifestação de um ponto de vista pela autoridade fiscal. Se contrária ao contribuinte, tem o efeito de obrigá-lo a assumir o entendimento nela contido, sob pena de sofrer a penalidade cabível, ensejando, por isto, a impetração de mandado de segurança contra a autoridade ou órgão por ela responsável. Se for favorável ao contribuinte, vincula a Administração Tributária" (MACHADO, 2002, pp. 397/398).

O Recurso Especial nº 37.551/PE é exemplo de impetração de mandado de segurança a que Brito Machado faz alusão, haja vista as cominações fiscais aplicáveis[24] aos sujeitos passivos que decidam por não observá-las.

> **STJ, Resp 37.551/PE, Rel. Min. MILTON LUIZ PEREIRA, T1 – Primeira Turma, DJ 10/04/1995.** MANDADO DE SEGURANÇA. TRIBUTARIO. RETENÇÃO DO IMPOSTO DE RENDA NA FONTE. CONSULTA COM RESPOSTA POSITIVA VINCULANDO O CONTRIBUINTE CONSULENTE. ADEQUAÇÃO DA VIA MANDAMENTAL. DECRETOS-LEIS 2.030/83 E 2.397/87. 1. A manifestação concreta da autoridade administrativa referente a pratica (ou omissão) do ato, diante de sintomática ilegalidade ou abuso de poder, gera o direito de ação. 2. A resposta positiva, quanto a retenção do imposto de renda na fonte, afetando o direito do contribuinte consulen-

---

24 Exemplificadamente, cite-se o inciso II do artigo 558 do Regulamento do Imposto sobre Produtos Industrializados (RIPI), aprovado pelo Decreto nº 7.212, de 15 de junho de 2010: "[...] Art. 558. São circunstâncias agravantes (Lei nº 4.502, de 1964, art. 68, § 1º, e Decreto-Lei nº 34, de 1966, art. 2º, alteração 18a): [...] II – **o fato de o imposto, não destacado, ou destacado em valor inferior ao devido, referir-se a produto cuja tributação e classificação fiscal já tenham sido objeto de solução em consulta formulada pelo infrator** (Lei nº 4.502, de 1964, art. 68, § 1º, inciso II, Decreto-Lei nº 34, de 1966, art. 2º, alteração 18a, e Lei no 9.430, de 1996, arts. 48 a 50) [...]" (grifos nossos)

te, enseja a impetração de segurança contra ato concreto da Administração Pública. 3. Recurso improvido.

Em igual sentido, colhe-se da jurisprudência do Tribunal da Cidadania, os seguintes acórdãos que bem ilustram o que se expõe:

STJ, REsp 670.601/PR, SEGUNDA TURMA, REL. MIN. CASTRO MEIRA, DJ 31/10/2006. TRIBUTÁRIO E PROCESSUAL CIVIL. RECURSO ESPECIAL. DEFICIÊNCIA NA FUNDAMENTAÇÃO. SÚMULA 284/STF. CONSULTA FISCAL. MANDADO DE SEGURANÇA. POSSIBILIDADE. LEGITIMIDADE PASSIVA. AUTORIDADE QUE ASSINA A RESPOSTA À CONSULTA. 1. Não pode ser conhecido o recurso especial pela alínea a se o dispositivo apontado como violado não contém comando capaz de infirmar o juízo formulado no acórdão recorrido. Incidência da orientação posta na Súmula 284/STF. 2. A consulta administrativa destina-se a propiciar ao contribuinte orientação segura a respeito da aplicação da legislação tributária a um caso concreto que envolva sua atividade, permitindo que ampare sua conduta em entendimento vinculante para os órgãos fazendários. 3. A resposta a uma consulta fiscal pode consubstanciar eventual lesão ao direito do contribuinte-consulente, razão pela qual é viável a impetração de mandado de segurança contra esse ato, em virtude de seu caráter vinculante e impositivo, justificador do receio de dano. Precedentes. 4. "Se é possível a impetração preventiva contra a resposta dada pela administração à consulta fiscal, e se o impetrante dirige seu inconformismo contra este ato, conclusão lógica, só poderá o mandado de segurança ser dirigido contra a autoridade que assina a resposta, sob pena de se admitir a impetração contra pessoa que não se vincula ao ato impugnado"

STJ, REsp 615.335/SP, REL. MIN. LUIZ FUX, PRIMEIRA TURMA, DJ 31/05/2004. PROCESSUAL CIVIL E TRIBUTÁRIO. MANDADO DE SEGURANÇA PREVENTIVO. RESPOSTA DESFAVORÁVEL À CONSULTA FISCAL. 1. É cabível o mandado de segurança preventivo em face de resposta desfavorável à consulta fiscal diante de situação concreta, exsurgindo justo o receio do contribuinte de que se efetive a cobrança do tributo. 2. "A resposta a consulta formulada em face de situação concreta, pode significar uma cobrança de tributo, feita administrativamente, inclusive sob a ameaça de sanções legalmente previstas para o inadimplente da obrigação tributária. E sendo assim, enseja, induvidosamente, a impetração de mandado de segurança. De todo modo, ainda que não significasse uma lesão ao direito do impetrante, de não ser molestado com cobranças indevidas, significaria uma ameaça concreta de agressão a seu patrimônio, a ser executada mediante a posterior cobrança judicial. Por isto o cabimento do mandado de segurança, em caráter preventivo, não admite, nesses casos, qualquer contestação razoável." (Hugo de Brito Machado. Mandado de Segurança em Matéria Tributária. São Paulo, RT, 1994, p. 284/285) 3. Deveras, encerrando o lançamento atividade vinculada (art. 142 do CTN) e a fortiori, obrigatória, revela-se a juridicidade da ação preventiva. É que para propor a ação é mister interesse de agir que surge não só diante da lesão, mas, também, ante a ameaça da mesma (Lei 1.533/51, art. 1º). 4. Recurso especial provido.

REsp 1.203.488 / MG, Rel. Min. Mauro Campbell Marques, 2ª Turma, DJE 08/10/2010
PROCESSUAL CIVIL. RECURSO ESPECIAL. MANDADO DE SEGURANÇA PREVENTIVO. DESNECESSIDADE DE DILAÇÃO PROBATÓRIA. JUSTO RECEIO CARACTERIZADO. VIABILIDADE. 1. Depreende-se dos autos que o *mandamus* que originou o presente recurso especial objetiva impedir a atuação da Fisco Estadual (fiscalização e cobrança do imposto devido), em virtude do contribuinte ter recolhido o ICMS valendo-se de redução da base de cálculo do imposto prevista na legislação estadual, em relação a operações de importação de turbinas, não incluindo, no entanto, o ICMS na respectiva base de cálculo. Considerando que, em resposta à consulta formulada pelo contribuinte, o Fisco Estadual entendeu que o cálculo foi efetuado de modo incorreto, não há óbice para que adote providências para cobrar eventuais

diferenças. Por outro lado, não obstante a questão demonstre certa complexidade, é manifesto que sua solução prescinde de dilação probatória, razão pela qual essa circunstância, por si só, não obsta a utilização do mandado de segurança. Nesse contexto, tratando-se de questão eminentemente de direito, que dispensa dilação probatória, e caracterizado o justo receio, revela-se viável a presente impetração na forma preventiva. 2. Recurso especial provido.

REsp Nº 761.376/PR, Rel. Min. Castro Meira, 2ª Turma, DJ 25/08/ 2006
PROCESSUAL CIVIL. ISS. CONSULTA. LOCAÇÃO DE BENS MÓVEIS. MANDADO DE SEGURANÇA PREVENTIVO. 1. Inexistência de debate acerca da natureza da empresa. O Tribunal analisou o feito firmando a premissa de que se trataria de empresa locadora de bens móveis. Ausência de prequestionamento. Incidência das Súmulas 282 e 356/STF. 2. A revisão de tal premissa importa no reexame de matéria fática . Incidência da Súmula 07/STJ. 3. Consulta formulada perante a Prefeitura de Curitiba visando esclarecimento acerca da incidência do ISS sobre locação de bens móveis, atividade desenvolvida pela empresa. Resposta afirmativa. A pretensão de ver afastada a ameaça de vir a ser exigido da empresa o pagamento do tributo, caso transfira sua sede para aquela localidade, dá ao mandado de segurança nítido caráter preventivo. 4. Não se tratando de lei em tese, mas de real ameaça a alegado direito líquido e certo, viável a impetração de mandado de segurança preventivo com o fim de obter a tutela do Judiciário. 5. Recurso especial conhecido em parte e improvido.

Aprofundando o tema, o professor Rosa Júnior entende que "se a decisão administrativa definitiva for contrária ao fisco, este não poderá recorrer ao Poder Judiciário para rever sua própria decisão" (ROSA JÚNIOR, 2007, p. 633).

Ainda que o entendimento da Administração Tributária possa ser superado por pronunciamento do Poder Judiciário, é forçoso reconhecer que a interpretação oficial autoriza a autoridade fiscal a exigir observância de sua palavra, pois a solução de consulta é dotada de autoexecutoriedade[25], de imperatividade e de presunção de legitimidade[26].

Exemplo de decisão do Superior Tribunal de Justiça contrária ao cabimento de mandado de segurança contra o conteúdo de consulta fiscal é o REsp nº 73.940/RS, exarado pela 2ª Turma:

> **STJ, REsp Nº 73.940/RS, REL. MIN. JOÃO OTÁVIO DE NORONHA, DJ 24/03/2003.**
> Processual Civil. Mandado de Segurança. Cabimento. Resposta à Consulta. 1. Incabível mandado de segurança contra parecer ou resposta à consulta formulada. 2. O ato, por ser meramente opinativo, sem natureza decisória ou de executoriedade, não comporta a impetração de mandamus. 3. Recurso sem provimento.

Em outras oportunidades, o STJ decidiu pelo cabimento da ação declaratória [negativa] para explicitar judicialmente a inexistência de obrigação tributária, ou seja, a ação declaratória serviu meio de obtenção de certeza jurídica, ainda que ausente o ato concreto do Fisco. O entendimento oficial manifestado contrariamente aos interesses do consulente é que motivou as duas seguintes deliberações do Tribunal da Cidadania, quanto ao cabimento de ações declaratórias à hipótese tratada:

---

25 Segundo José dos Santos Carvalho Filho, autoexecutoriedade é característico dos atos administrativos que têm "idoneidade jurídica de serem postos em imediata execução tão logo praticados pela Administração. Não dependem, assim, de qualquer autorização, inclusive do Judiciário. Situam-se aí os atos de organização administrativa, como as instruções, portarias e circulares, dentre outros". (CARVALHO FILHO, 2000, p.99).

26 Imperatividade e presunção de legitimidade são características dos atos administrativas. Aquela "significa que os atos administrativos são cogentes, obrigando a todos quantos se encontrem em seu círculo de incidência (ainda que objetivo a ser por ele alcançado contrarie interesses privados), na verdade, o único alvo da Adm. Pública é o interesse público [...] Decorre da imperatividade o poder que tem a Administração de exigir o cumprimento do ato". Esta significa que "os atos administrativos, quando editados, trazem em si a presunção de legitimidade, ou seja, a presunção de que nasceram em conformidade com as devidas normas legais [...] Essa característica não depende de lei expressa, mas deflui da própria natureza do ato administrativo, como ato emanado de agente integrante da estrutura do Estado" (CARVALHO FILHO, 2000, pp. 88 e 89).

STJ, REsp 256.131/SP, Rel. Min. Humberto Gomes de Barros, 1ª Turma, DJ 04/09/2000
PROCESSUAL – AÇÃO DECLARATÓRIA – CERTEZA – FATO PREVISÍVEL AINDA NÃO CONSUMADO – POSSIBILIDADE JURÍDICA. É possível o exercício de ação declaratória visando a certeza de relação jurídica inda não consumada mas previsível.

STJ, REsp 50.440/MG, Rel. Min. Milton Luiz Pereira, 1ª Turma, DJ 18/09/1995
PROCESSUAL CIVIL – AÇÃO DECLARATÓRIA – INEXISTÊNCIA DE RELAÇÃO JURÍDICO-TRIBUTÁRIA – ARTIGO 4., I, CPC. 1. INCIDINDO A INCERTEZA SOBRE UMA RELAÇÃO JURÍDICA OU SOBRE A NORMA LEGAL DA EXISTÊNCIA, GERANDO A LIDE LATENTE OU POTENCIAL, MANIFESTADO O CONFLITO DE INTERESSES, PARA DIRIMIR A DUVIDA E EVITAR A CONCRETUDE DO CONFLITO, A AÇÃO DECLARATÓRIA E IDÔNEA PARA A SUA FINALIDADE, JUSTIFICADA POR MANIFESTO INTERESSE JURÍDICO (ART. 4.,I, CPC).2. RECURSO IMPROVIDO.

Capítulo IV
DOS EFEITOS DA CONSULTA

Art. 10. A consulta eficaz, formulada antes do prazo legal para recolhimento de tributo, impede a aplicação de multa de mora e de juros de mora, relativamente à matéria consultada, a partir da data de sua protocolização até o 30º (trigésimo) dia seguinte ao da ciência, pelo consulente, da Solução de Consulta.

Lei nº 5.172, de 25 de outubro de 1966 (Código Tributário Nacional)	Art. 161. O crédito não integralmente pago no vencimento é acrescido de juros de mora, seja qual for o motivo determinante da falta, sem prejuízo da imposição das penalidades cabíveis e da aplicação de quaisquer medidas de garantia previstas nesta Lei ou em lei tributária... § 2º O disposto neste artigo não se aplica na pendência de consulta formulada pelo devedor dentro do prazo legal para pagamento do crédito [...]¹
Parecer Normativo CST nº 67, de 1977 (DOU de 30.09.1977)	A decisão de consulta, contrária à orientação adotada pelo contribuinte, obriga-o a recolher, no prazo do art. 48 do Decreto 70.235/72, o imposto que deixou de ser registrado ou lançado a partir da consulta, sem os acréscimos relativos a multas e juros, mas com a respectiva correção monetária. No que se refere aos fatos geradores verificados anteriormente à data da apresentação, sobre o crédito tributário incidirá, além da correção monetária e juros, a multa pertinente. O termo inicial do prazo decadencial referente às obrigações objeto de consulta depende dos respectivos fatos geradores terem ocorrido anterior ou posteriormente ao exercício da apresentação.

---

1   Destaque-se que o artigo 161 do Código Tributário Nacional é a única norma complementar à Constituição Republicana a fazer alusão à consulta fiscal.

Acórdão CARF nº 108-05542, publicado em 26/01/1999	PROCESSO ADMINISTRATIVO TRIBUTÁRIO – PROCEDIMENTO DE FISCALIZAÇÃO – RECUPERAÇÃO DA ESPONTANEIDADE – CONSULTA E AUTO DE INFRAÇÃO: A espontaneidade do sujeito passivo, excluída pelo início do procedimento fiscal, pode ser recuperada pela inércia da fiscalização, presumida pelo transcurso do prazo de 60 (sessenta) dias sem qualquer ato escrito indicando o prosseguimento dos trabalhos. É nulo o auto de infração lavrado para exigir tributo sobre a matéria objeto de consulta, formalizada após esse prazo, enquanto pendente de solução e até 30 (trinta) dias da data da ciência da sua decisão final. Recurso de ofício não provido.
Acórdão CARF nº 202-08018, publicado em 24/08/1995	IPI – PROCESSO FISCAL – Comprovado que o lançamento de ofício constante do auto de infração versa sobre espécie objeto de consulta anterior, ainda não solucionada à época (Decreto nr. 70.235/72, art. 48), em que pesem as circunstâncias de que se revestem os fatos, é de se declarar nulo o lançamento assim constituído. Recurso de ofício a que se nega provimento.
Acórdão CARF nº 3202-000.397, publicado em 21/11/2011	Assunto: Imposto de Importação Data do fato gerador: 04/04/1999 NULIDADE DO AUTO DE INFRAÇÃO. CONSULTA INEFICAZ. Não há impedimento para lavratura do Auto de Infração quando a consulta formulada pela contribuinte é declarada ineficaz, vez que esta não produz efeitos [...]

PENDÊNCIA DA CONSULTA

O Código Tributário Nacional – Lei nº 5.172, de 25 de outubro de 1966 – estipula, por meio de seu §2º do artigo 161[2], que na pendência de consulta fiscal formulada pelo sujeito passivo da obrigação tributária, dentro do prazo legal para pagamento do crédito tributário, não há que se cogitar de mora. Nessa hipótese, configura-se uma espécie de diferimento do termo *a quo* para a fluência dos acréscimos moratórios,

---

2   Frise-se, desde logo, que a regra jurídica encartada no §2º do artigo 161 do Códex Tributário tem conteúdo material de lei complementar, porque regula limitação constitucional ao poder de tributar, de acordo com o que dispõe o inciso II do artigo 146 da Constituição Republicana: [...] Art. 146. Cabe à lei complementar: [...] II – regular as limitações constitucionais ao poder de tributar;

desde que a consulta seja declarada eficaz. A apresentação de consulta fiscal obsta a fluência dos acréscimos moratórios, por inexigíveis, a partir da data de sua protocolização até o trigésimo dia seguinte à data de ciência da resposta oficial. Ainda que o vencimento do tributo devido seja superado, em razão, por exemplo, da demora da emissão da resposta oficial, a pendência da consulta previne a incidência dos acréscimos moratórios.

O trintídio estipulado na regra jurídica confere prazo razoável para a adequação da conduta do consulente à orientação prestada por meio da resposta oficial.

Tanto a consulta fiscal formulada em relação a fatos futuros e que, logicamente, venham a se materializar durante a pendência da mesma bem como a consulta protocolada dentro do prazo para recolhimento do tributo sobre o qual incide a incerteza[3] exegética salvaguardam os créditos tributários da fluência dos acréscimos legais até o trigésimo dia seguinte ao da ciência da resposta oficial pelo consulente. Não caracterizada a mora do consulente, dado que a consulta é protocolizada tempestivamente, e declarada a eficácia da consulta, não há que se cogitar da exigência de acréscimos moratórios, vale dizer, juros e multa de mora[4]. O crédito tributário, nessa hipótese, se ao final tiver de ser extinto, não sofrerá incidência de acréscimos moratórios. Nesse caso, não resta caracterizada a mora do sujeito passivo da obrigação tributária. A regra jurídica sob análise não se traduz em benefício fiscal algum, pois não acarreta redução de crédito tributário. Evidentemente que a consulta para gerar tal efeito há de ser declarada eficaz e formulada dentro do interregno do prazo para recolhimento do tributo.

---

3   Significativos são seguintes esclarecimentos quanto ao ponto: "[...] o destinatário da norma pode até mesmo não ter qualquer dúvida sobre como observar a norma, até porque tem convicção íntima a respeito – mas – e atente-se para a sutileza – poderá ter séria dúvida sobre como o Fisco a aplicaria. Nesta segunda hipótese, igualmente, tem direito à consulta fiscal, para obter decisão. Mormente diante de legislação nova, sabe-se que o próprio Fisco, por seus agentes, pode titubear sobre o alcance da norma, por exemplo. A consulta fiscal, em tais casos, provoca necessariamente decisão da Administração até então indecisa. [...] Se o interessado não tem dúvida própria e nem tem dúvida sobre como o Fisco aplica ou aplicaria determinada norma, não há cabimento de consulta fiscal". (ROCHA, 1996, p. 34).

4   Se a consulta fiscal está pendente, a instauração de procedimento fiscal e, por decorrência, a própria realização de lançamento tributário estão obstados. Conclui-se, então, que enquanto não resolvida a consulta fiscal, injustificável é a lavratura de qualquer tipo de multa punitiva.

Segundo Sacha Calmon, "os tribunais, inclusive o STF, decidem que o §2º do art. 161 do CTN é de ser aplicado se a consulta for feita dentro do prazo para pagamento do crédito fiscal" (COÊLHO, 2005, p. 826)[5]. Decorrido o prazo de trinta dias após a regular intimação do consulente, acerca do teor da resposta oficial, caso permaneça inerte, a aplicação do disposto na solução de consulta poderá ser demandada do consulente, haja vista não haver qualquer causa suspensiva a condicionar sua incidência. Por outro lado, isto é, se a consulta for declarada ineficaz, a regra jurídica em análise é inaplicável. Assim, uma vez declarada a ineficácia da consulta, aplicável serão as cominações fiscais logo após a ciência do consulente, acerca do teor do despacho decisório, dado que da declaração de ineficácia não emergem os efeitos protetores, nem, muito menos, resposta meritória a respeito das dúvidas suscitadas[6]. Essa regra jurídica também não é aplicável às seguintes hipóteses, em que não se caracteriza a suspensão do prazo: (i) para recolhimento de tributo retido na fonte[7] ou autolançado, antes ou depois de sua apresentação; (ii) para entrega de declaração de rendimentos, e (iii) para cumprimento de outras obrigações acessórias (vide o artigo seguinte desta Instrução). Pelo entendimento enunciado pelo Supremo Tribunal Federal, a regra jurídica, insculpida no §2º do artigo 161 do CTN, também é inaplicável às hipóteses em que questões são formuladas em face da Administração Tributária, após o escoamento do prazo de vencimento do tributo relacionado com o objeto da consulta fiscal.

---

5   No RE nº 72.430/SP, o Supremo Tribunal Federal (rel. Min. Oswaldo Trigueiro, 1ª Turma, sessão de 29/02/1972, publicado em 05/04/1972), apesar de não conhecer o recurso interposto na ocasião, fez menção de parte do acórdão recorrido, exarado pela 2ª Turma do extinto Tribunal Federal de Recursos, para afirmar a inocorrência de negativa de vigência da legislação federal e dissídio jurisprudencial. Na oportunidade, transcreveu o seguinte trecho do acordo recorrido: "[c]om efeito de prevenir a ação fiscal, a consulta deve ser feita dentro do prazo legal para o pagamento do crédito (Código Tributário Nacional, Lei nº 5.172, de 1966, art. 161, §2º)".

6   Confira Acórdão nº 3202-000.397, publicado em 21 de setembro de 2011: "[...] CONSULTA INEFICAZ. Não há impedimento para lavratura do Auto de Infração quando a consulta formulada pela contribuinte é declarada ineficaz, vez que esta não produz efeitos [...]"

7   São exemplos de tributos federais passíveis de retenção na fonte: o Imposto de Renda Pessoa Jurídica (IRPJ), Contribuição Social sobre o Lucro Líquido (CSLL), o Programa de Integração Social (PIS) e a Contribuição para o Financiamento da Seguridade Social (Cofins).

Luciano Amaro, apoiado na doutrina de Paulo Roberto de Oliveira Schmidt, apresenta interessante entendimento, no que tange à imputação da mora, nas hipóteses em que a consulta fiscal é formulada após o prazo de vencimento do tributo:

> "Já sustentamos [...] que a consulta feita após o vencimento do prazo também deve ter o condão de suspender o fluxo moratório, pois, se tarda a resposta, a mora é imputável ao Fisco e não ao consulente" (AMARO, 2002, p. 378).

No que concerne à suspensão da exigibilidade do crédito tributário, na eventualidade de apresentação de consulta fiscal, a Secretaria da Receita Federal do Brasil externou entendimento no sentido de que aquele instituto não se configura na pendência de consulta fiscal[8]. Afirmou que dentre os efeitos da consulta fiscal não consta a suspensão da exigibilidade do crédito tributário, uma vez que não é instrumento hábil para questioná-lo após a sua constituição. De acordo com o entendimento da RFB, o Código Tributário Nacional, por meio de seu artigo 151[9], não previu a apresentação de consulta fiscal – prevista no artigo 48 do Decreto nº 70.235, de 1972 – como causa de suspensão da exigibilidade de crédito tributário, uma vez que a mesma não possui como pressuposto crédito tributário já constituído[10]. Fundada na Constituição

---

8   Confira item 11 do Parecer Normativo CST n 174, de 1974, *in verbis*: [...] 11. **No tocante à consulta, há que dizer apenas que entre seus efeitos não está a suspensão do crédito tributário**, posto que não é ela instrumento hábil para questioná-lo após sua constituição e, se formulada com tal propósito, a conseqüente declaração de sua ineficácia resultará na indedutibilidade do tributo acaso existente, se o respectivo pagamento verificar-se em exercício financeiro posterior àquele em que deveria ter sido satisfeita a obrigação (publicada no D.O. em 22 de outubro de 1974).

9   Lei nº 5.172, de 1966: "[...] Art. 151. Suspendem a exigibilidade do crédito tributário: I – moratória; II – o depósito do seu montante integral; III – as reclamações e os recursos, nos termos das leis reguladoras do processo tributário administrativo; IV – a concessão de medida liminar em mandado de segurança. V – a concessão de medida liminar ou de tutela antecipada, em outras espécies de ação judicial; (Incluído pela Lcp nº 104, de 10.1.2001) VI – o parcelamento. (Incluído pela Lcp nº 104, de 10.1.2001) Parágrafo único. O disposto neste artigo não dispensa o cumprimento das obrigações assessórios dependentes da obrigação principal cujo crédito seja suspenso, ou dela conseqüentes [...]

10 Em posição diametralmente oposta, o professor Valdir de Oliveira Rocha entende que consulta fiscal pode ser subsumida ao inciso III do artigo 151 do Código Tribu-

Republicana[11] e com apoio em normas gerais de direito tributário, a palavra oficial transmitiu implicitamente o comando de que o crédito tributário regularmente constituído somente pode ter a sua exigibilidade suspensa nos casos previstos pelo próprio Código Tributário Nacional[12]. Seria assim inadmissível ventilar causa suspensiva da exigibilidade do crédito tributário veiculada unicamente por intermédio de legislação ordinária[13].

---

tário Nacional. Segundo ele, a consulta fiscal seria enquadrável como reclamações e recursos (ROCHA, 1996, p. 100/101). Por outro lado, Kelly Magalhães entende que o próprio artigo 161 do CTN fundamentaria a suspensão da exigibilidade de crédito tributário objeto de consulta fiscal: "[...] se em tais hipóteses a apresentação de consulta impede que os acréscimos de juros e penalidades se tornem exigíveis, decorrência lógica é que o tributo propriamente dito também não se tornará exigível, ficando suspenso o prazo para o seu pagamento [...] se a apresentação de consulta suspende a cobrança de juros e multa é porque antes suspendeu o próprio vencimento do tributo, sem o que tais acréscimos não poderiam ser exigíveis [...] (FALEIRO, 2005, p.78)

---

11 Confira o artigo 146 da Constituição Republicana, in verbis: [...] Art. 146. Cabe à lei complementar: [...] III – estabelecer normas gerais em matéria de legislação tributária, especialmente sobre: [...] b) obrigação, lançamento, **crédito**, prescrição e decadência tributários; (grifos nossos)

12 Confira artigo 141 do Código Tributário Nacional: [...] Art. 141. O crédito tributário regularmente constituído somente se modifica ou extingue, ou tem sua exigibilidade suspensa ou excluída, nos casos previstos nesta Lei, fora dos quais não podem ser dispensadas, sob pena de responsabilidade funcional na forma da lei, a sua efetivação ou as respectivas garantias [...]

13 Em entendimento contrário, registre-se a posição de Kelly Magalhães Faleiro: "[...] O Código Tributário Nacional não prevê expressamente a consulta fiscal como causa de suspensão da exigibilidade do crédito (art. 151). A suspensão da exigibilidade é decorrência direta das regras procedimentais que impedem a instauração de qualquer procedimento fiscal (sentido lato) contra o consulente na pendência da consulta. Suspensa a instauração de procedimento fiscal contra o consulente, não poderá a Administração notificar o consulente para pagar o débito declarado e não pago, inscrevê-lo em dívida ativa, muito menos executá-lo [...] A formulação da consulta fiscal espontaneamente pelo consulente antes da adoção de qualquer medida da Administração tendente a exigir aquilo que ela passou a reconhecer como devido tem o efeito de suspender a exigibilidade do débito. E isso ocorre justamente porque o oferecimento de consulta fiscal (eficaz) suspende a adoção de qualquer procedimento administrativo voltado à exigência do tributo objeto da consulta. A suspensão da exigibilidade, dessa forma, tem seu fundamento não no art. 151, III, do Código Tributário Nacional, mas nos dispositivos legais disciplinadores do procedimento de consulta que estabelecem a suspensão da instauração de qualquer procedimento fiscal diante do oferecimento daquela, tal como o art. 48 do Decreto n. 70.235/72 [...]" (FALEIRO,2005, pp. 82/84).

A essa altura, merece registro o entendimento oficial a respeito da decadência. Nesse sentido, é a posição da Secretaria da Receita Federal do Brasil:

> **Parecer Normativo CST nº 67, de 1977 (DOU de 30.09.1977)**
> A decisão de consulta, contrária à orientação adotada pelo contribuinte, obriga-o a recolher, no prazo do art. 48 do Decreto 70.235/72, o imposto que deixou de ser registrado ou lançado a partir da consulta, sem os acréscimos relativos a multas e juros, mas com a respectiva correção monetária.
> No que se refere aos fatos geradores verificados anteriormente à data da apresentação, sobre o crédito tributário incidirá, além da correção monetária e juros, a multa [...]
> O 'dies a quo' do prazo decadencial referente às obrigações objeto de consulta depende dos respectivos fatos geradores terem ocorrido anterior ou posteriormente ao exercício da apresentação.

Por força do inciso I do artigo 173 do Código Tributário Nacional, se apresentada a consulta fiscal, a Administração Tributária entende que está[14]:

> impedida de constituir o crédito [tributário de IPI] desde a apresentação da consulta até o trigésimo dia subseqüente à data da ciência da decisão, há que se concluir que, com referência aos fatos geradores ocorridos após a apresentação da consulta, o prazo decadencial somente tem início no primeiro dia do exercício seguinte ao termo final (30º dia da ciência da decisão) para liquidação do débito pelo consulente[15].

---

14 Registre-se que com fundamento nos artigos 5º do Decreto-lei nº 2.124, de 13 de junho de 1984, 16 da Lei nº 9.779, de 19 de janeiro de 1999, e 32 da Lei nº 8.212, de 24 de julho de 1991, a Fazenda Nacional estabeleceu, mediante atos infralegais, obrigações acessórias – v.g., Declaração de Débitos e Créditos Tributários Federais (DCTF) e Guia de Recolhimento do FGTS e Informações à Previdência Social (GFIP) – com vistas a estimular o fornecimento de informações de interesse fiscal e a incentivar a formalização de créditos tributários por parte dos sujeitos passivos. Na pendência de processo de consulta, pode a Administração Tributária exigir o cumprimento da obrigação acessória que enseja a formalização de crédito tributário.

15 Confira item 5.5. do Parecer Normativo CST nº 67, de 1977, publicado no D.O. nº 188, de 30 de setembro de 1977.

Por outro lado, com relação aos fatos geradores ocorridos anteriormente à protocolização da consulta fiscal a Secretaria da Receita Federal do Brasil parece entender ainda que[16]:

> como nada impedia o lançamento por parte da Fazenda, inicia-se [o prazo] no primeiro dia do exercício da apresentação o curso do prazo decadencial, o qual se extingue definitivamente após o decurso de cinco anos (art. 173 do CTN), de vez que o instituto em análise não admite interrupções nem suspensões. Relativamente aos fatos geradores [do IPI] ocorridos no exercício da apresentação da consulta, pelas razões já expostas no subitem 5.5. do presente parecer, o prazo de caducidade só tem início na data ali prevista[17].

Na eventualidade da resposta oficial contrariar o entendimento do consulente e este não liquidar o débito, nos trinta dias subsequentes à data da ciência da resposta, segundo a Fazenda Nacional, o consulente se sujeitará aos acréscimos moratórios previstos em lei, "calculados como se não houvesse sido apresentada a consulta[18]".

---

16   Kelly Magalhães Faleiro entende que o prazo decadencial é suspenso em razão da protocolização da consulta fiscal: "A despeito da inexistência de expressa previsão legal nesse sentido, parece-nos lógico e jurídico inferir que a suspensão da exigibilidade do crédito tributário pela formulação de consulta importa a suspensão do prazo decadencial para o Fisco lançar eventual crédito tributário devido pelo consulente, voltando esse prazo a fluir normalmente após a ciência do consulente do conteúdo da resposta. Se o Fisco está impedido de lançar, não há que falar em decadência, que tem como causa eficiente a inércia e supõe necessariamente a negligência na atuação administrativa. Impedido o Fisco de lançar, enquanto pendente o procedimento de consulta fiscal, não se lhe poderá atribuir inércia e negligência. Daí por que, enquanto durar o procedimento de consulta fiscal, tem-se por suspensa a fluência do prazo decadencial". (FALEIRO, 2005, p. 85 e 86).

17   Confira item 6.5. do Parecer Normativo CST nº 67, de 1977, publicado no DO nº 188, de 30 de setembro de 1977.

18   Confira item 7. do Parecer Normativo CST nº 67, de 1977, publicado no DO nº 188, de 30 de setembro de 1977.

JURISPRUDÊNCIA

STJ, REsp nº 555.608/MG, Rel. Min. João Otávio de Noronha, Segunda Turma, DJ 16/11/2004. TRIBUTÁRIO. PROCESSUAL CIVIL. CONSULTA ADMINISTRATIVA. ICMS. SINDICATO. ÓRGÃO DE REPRESENTAÇÃO DE CLASSE. LEGITIMIDADE. MULTA. HONORÁRIOS ADVOCATÍCIOS. SÚMULA N. 7/STJ.
1. O disposto nos arts. 48 e seguintes da Lei nº 9.430/96 tem seu campo de incidência limitado ao âmbito da Secretaria da Receita Federal, conforme expressamente estabelece o *caput* do citado dispositivo, não sendo, portanto, aplicável aos procedimentos de consulta na esfera de atuação dos Fiscos estaduais.
2. O Sindicato ou entidade representativa de categoria econômica ou profissional, em razão do que dispõe o art. 8º, III, da Constituição Federal, tem legitimidade para formular consulta de interesse da classe a que representa ao Fisco, todavia **consulta de natureza geral, que não diga respeito a interesse específico de um determinado contribuinte, não tem, "ex vi" do disposto no § 2º do art. 161 do CTN, o condão de suspender a exigibilidade do crédito tributário e conseqüentemente afastar os consectários da mora e muito menos impedir que a Administração Pública possa proceder à autuação do contribuinte em virtude da inobservância das normas tributárias.**
3. **A exclusão da multa e dos juros de mora, em razão do não-recolhimento tempestivo do tributo a que se refere o art. 161, § 2º do CTN, pressupõe consulta fiscal formulada pelo próprio devedor ou responsável antes de esgotado o prazo legal para pagamento do crédito.**
4. Em sede de recurso especial, não se mostra viável a revisão do critério adotado pelo Tribunal de origem na fixação, por eqüidade, da verba honorária. Incidência da Sumula n. 7-STJ.
5. Recurso especial da Fazenda Estadual não conhecido e recurso interposto pela empresa contribuinte ao qual se nega provimento. (grifos nossos)

STJ, REsp nº 965.271/RJ, Rel. Min. Eliana Calmon, Segunda Turma, DJe de 3/09/2009. TRIBUTÁRIO – PROCESSO CIVIL

– IPTU – ACÓRDÃO – OMISSÃO: NÃO-OCORRÊNCIA – JUROS DE MORA E DEMAIS ACESSÓRIOS DA DÍVIDA – PROCESSO DE CONSULTA – RESPONSABILIDADE TRIBUTÁRIA – DIVERGÊNCIA JURISPRUDENCIAL – AUSÊNCIA DE COTEJO ANALÍTICO.

1. Inexiste omissão em acórdão que decide motivadamente e de forma coerente as questões relevantes para a solução da controvérsia.

2. Inviável aferir a semelhança fática entre os acórdãos recorrido e paradigma, pois uma vez aviado o dissídio para evidenciar interpretação divergente do art. 535, II, do CPC faz-se necessário a coincidência entre as questões omitidas pelo acórdão recorrido e paradigma(s).

3. **A exclusão dos acessórios da mora em razão de consulta formulada somente alcança débitos de responsabilidade do consulente. O indeferimento da consulta implica na exigibilidade do crédito tributário, inclusive com os encargos da dívida (juros e correção monetária).**

4. Responsabilidade do adquirente pelos consectários da mora e também pela multa tributária decorrente do inadimplemento perpetuado após a resposta à consulta formulada.

5. Recurso especial do particular não provido.

6. Recurso especial da Fazenda Pública não provido.

Parágrafo único. Quando a solução da consulta implicar pagamento, este deverá ser efetuado no prazo referido no caput, ou no prazo normal de recolhimento do tributo, o que for mais favorável ao consulente.

COMENTÁRIO DO AUTOR

O desenhista regulamentador, quando faz alusão ao instituto do pagamento, em verdade, não restringiu a aplicação da norma jurídica emergente do dispositivo em comento a uma única modalidade de extinção do crédito tributário, qual seja, o pagamento[19]. Como uma das

---

19 Lei nº 5.172, de 25 de outubro de 1966 – Código Tributário Nacional: [...] Art. 156. Extinguem o crédito tributário: I – o pagamento; II – a compensação; III – a transação; IV – remissão; V – a prescrição e a decadência; VI – a conversão de depósi-

formas de extinção do crédito tributário, a compensação, por exemplo, estaria incluída na previsão normativa sob análise. Isso porque o Código Tributário Nacional exige apenas que a quitação seja realizada "pelo devedor dentro do prazo legal para pagamento do crédito".

Art. 11. A consulta não suspende o prazo para recolhimento de tributo retido na fonte ou autolançado, antes ou depois de sua apresentação, nem para entrega de declaração de rendimentos ou cumprimento de outras obrigações acessórias.

| Lei nº 5.172, de 25 de outubro de 1966 (Código Tributário Nacional) | Art. 141. O crédito tributário regularmente constituído somente se modifica ou extingue, ou tem sua exigibilidade suspensa ou excluída, nos casos previstos nesta Lei, fora dos quais não podem ser dispensadas, sob pena de responsabilidade funcional na forma da lei, a sua efetivação ou as respectivas garantias.
Art. 151. Suspendem a exigibilidade do crédito tributário:
I – moratória;
II – o depósito do seu montante integral;
III – as reclamações e os recursos, nos termos das leis reguladoras do processo tributário administrativo;
IV – a concessão de medida liminar em mandado de segurança.
V – a concessão de medida liminar ou de tutela antecipada, em outras espécies de ação judicial; (Incluído pela Lcp nº 104, de 10.1.2001)
VI – o parcelamento. (Incluído pela Lcp nº 104, de 10.1.2001)
Parágrafo único. O disposto neste artigo não dispensa o cumprimento das obrigações assessórios dependentes da obrigação principal cujo crédito seja suspenso, ou dela conseqüentes. |

---

to em renda; VII – o pagamento antecipado e a homologação do lançamento nos termos do disposto no artigo 150 e seus §§ 1º e 4º; VIII – a consignação em pagamento, nos termos do disposto no § 2º do artigo 164; IX – a decisão administrativa irreformável, assim entendida a definitiva na órbita administrativa, que não mais possa ser objeto de ação anulatória; X – a decisão judicial passada em julgado. XI – a dação em pagamento em bens imóveis, na forma e condições estabelecidas em lei. (Incluído pela Lcp nº 104, de 10.1.2001) Parágrafo único. A lei disporá quanto aos efeitos da extinção total ou parcial do crédito sobre a ulterior verificação da irregularidade da sua constituição, observado o disposto nos artigos 144 e 149 [...]

Decreto nº 70.235, de 6 de março de 1972.	Art. 49. A consulta não suspende o prazo para recolhimento de tributo, retido na fonte ou autolançado antes ou depois de sua apresentação, nem o prazo para apresentação de declaração de rendimentos.

JURISPRUDÊNCIA

PROCESSUAL CIVIL E TRIBUTÁRIO. AGRAVO REGIMENTAL. RECURSO ESPECIAL. IPI. TRIBUTO SUJEITO A LANÇAMENTO POR HOMOLOGAÇÃO. DENÚNCIA ESPONTÂNEA. NÃO CARACTERIZADA. MULTA MORATÓRIA. I – **A consulta fiscal não suspende o prazo para pagamento do tributo e, apesar deste ter sido recolhido integralmente antes da instauração de procedimento administrativo, não caracteriza denúncia espontânea, pois se trata de tributo sujeito ao lançamento por homologação.** II – Agravo regimental improvido.
CARF – Acórdão nº 1802-001.997, Rel. Cons. Nelso Kichel, 2ª Turma Especial, sessão de 11/02/2014. PROCESSO DE CONSULTA. CUMPRIMENTO DE OBRIGAÇÃO ACESSÓRIA. **A consulta não suspende o prazo para recolhimento de tributo, retido na fonte ou autolançado, antes ou depois de sua apresentação, nem para entrega de declaração de rendimentos ou cumprimento de outras obrigações acessórias.**

COMENTÁRIO DO AUTOR

A retenção na fonte e o destaque de tributo autolançado[20] em documento fiscal importa o correspondente recolhimento aos cofres públicos, de acordo com os prazos assinalados na legislação tributária, sob pena de cominações fiscais e penais, caso não o faça tempestivamen-

---

20 Os 'tributos autolançados', ou melhor, os tributos sujeitos a lançamento por homologação que a regra jurídica faz alusão são aqueles que o contribuinte de fato (terceiro da relação jurídico-tributária) suporta juridicamente o respectivo encargo. Os tributos autolançados se definem pela submissão à sistemática de lançamento por homologação, nos termos do artigo 150 do Código Tributário Nacional. Como exemplo, cite-se o IPI. Quanto ao ponto, a legislação do IPI evidencia, por meio do artigo 264 do Decreto nº 7.212, de 2010 – Regulamento do IPI – que: " [o] imposto destacado na nota fiscal ou escriturado, mesmo no curso de processo de consulta, deverá ser recolhido no respectivo prazo [...]".

te[21]. São hipóteses em que o sujeito passivo da obrigação tributária se torna mero depositário da importância que detém a posse. Evita-se, por meio dessa regra jurídica, que o consulente, ainda que diante de uma dúvida fundada, se locuplete indevidamente de valor descontado de terceiro sobre o qual detém a posse direta. O termo "autolançado", inscrito no *caput* do artigo 11, diz respeito apenas aos tributos que ensejam a repercussão do ônus financeiro a terceiros. Comungar entendimento contrário, principalmente, na atualidade, em que a esmagadora maioria dos tributos federais se enquadram na modalidade de lançamento por homologação praticamente nulificaria a utilidade da consulta fiscal. Com relação ao exposto, esclarecedores são os ensinamentos de Neder & López (2010, p. 534) a respeito do comentado dispositivo. *In verbis*:

> "Extrai-se, também, da análise do artigo, que, se o contribuinte proceder ao destaque em documentário fiscal de imposto lançado por homologação, como é o exemplo do IPI, não estará protegido dos efeitos da consulta, devendo submeter-se aos encargos moratórios devidos pelo atraso no pagamento, em caso de solução desfavorável ao consulente".

Nas hipóteses de entrega de declaração de rendimentos ou cumprimento de outras obrigações acessórias, a apresentação de consulta fiscal não implica suspensão do prazo de entrega.

---

21 STF, RE nº 75.234/SP, rel. Min. Aldir Passarinho, 2ª Turma, julgamento em 19/04/1983, DJ 03/06/1983: TRIBUTÁRIO. I.P.I. DECRETO N. 61.514-67, ART. 249, PARÁGRAFO 2, II. A REGRA DO ART. 249 DO DECRETO 61514-67, SEGUNDO A QUAL A APRESENTAÇÃO DE CONSULTA SOBRE A INCIDÊNCIA DO IPI SUSPENDE O SEU PAGAMENTO, NÃO SE APLICA, CONFORME DISPÕE O PARÁGRAFO 2. DO MESMO ARTIGO, NO CASO DE TER SIDO O IMPOSTO LANÇADO NA NOTA FISCAL, ANTES OU DEPOIS DE FORMULADA A CONSULTA, DEVENDO, ENTÃO, O CONTRIBUINTE RECOLHER, O TRIBUTO NO PRAZO PREVISTO, SOB PENA DE MULTA POR FALTA DE RECOLHIMENTO. E QUE SENDO O IMPOSTO COBRADO DO COMPRADOR DA MERCADORIA, LANÇADO NA NOTA FISCAL, DELE SE TORNA O PRODUTOR MERO DEPOSITÁRIO. PRECEDENTES. RECURSO CONHECIDO E PROVIDO.

Art. 12. Os efeitos da consulta que se reportar a situação não ocorrida somente se aperfeiçoarão se o fato concretizado for aquele sobre o qual versara a consulta previamente formulada.

EFICÁCIA DA CONSULTA SOBRE SITUAÇÃO NÃO OCORRIDA

Na hipótese de consulta que verse sobre situação determinada ainda não ocorrida e tendo o consulente demonstrado a sua vinculação com o fato e a efetiva possibilidade da sua ocorrência, os efeitos da consulta fiscal eficaz somente emergirão a partir da concretização no mundo fenomênico do fato narrado na petição de consulta.

ART. 13. Os efeitos da consulta formulada pela matriz da pessoa jurídica serão estendidos aos demais estabelecimentos.

EFEITOS DA CONSULTA FORMULADA PELA MATRIZ

Tratando-se da mesma sociedade empresária, não há porque não se aplicar à situação arrostada pelo estabelecimento filial a solução de consulta dada à matriz, ainda mais quando o atual desenho institucional autoriza a aplicação de solução a todos sujeitos passivos da obrigação tributária que se enquadrem no mesmo delineamento fático-jurídico.

ART. 14. No caso de consulta formulada por órgão da administração pública que versar sobre situação em que este não figure como sujeito passivo, os efeitos referidos no art. 10 não alcançarão o sujeito passivo da obrigação tributária principal ou acessória.

COMENTÁRIOS

Esta regra jurídica trata de dúvida suscitada por órgão da administração pública, em que este não figura como sujeito passivo da obrigação tributária. A solução de consulta, neste caso, não tem por escopo imediato sanar incertezas exegéticas dos sujeitos passivos da obrigação tributária, mas sim de informar e orientar a devida ação pública. Daí porque os efeitos protetivos previstos no artigo 10 não incidem à hipótese.

ART. 15. No caso de consulta formulada por entidade representativa de categoria econômica ou profissional em nome dos associados ou filiados, os efeitos referidos no art. 16 somente os alcançarão depois de cientificada a consulente da solução da consulta. (Redação dada pela Instrução Normativa RFB nº 1.434, de 30 de dezembro de 2013)

Decreto nº 70.235, de 6 de março de 1972	Art. 51. No caso de consulta formulada por entidade representativa de categoria econômica ou profissional, os efeitos referidos no artigo 48 só alcançam seus associados ou filiados depois de cientificado o consulente da decisão.

ALCANCE DOS EFEITOS DA CONSULTA

Os efeitos protetores previstos no artigo 16 só alcançam os associados e filiados de entidade representativa de categoria econômica ou profissional depois de cientificada a consulente da solução de consulta. O Superior Tribunal de Justiça apreciou situação em que os efeitos protetores também não se aplicam. Na ocasião, decidiu que tais efeitos não alcançam, desde a protocolização da petição, os associados ou filiados representados por sindicatos ou entidade de categoria econômica ou profissional, quando formulem consulta de natureza geral. Para o Tribunal da Cidadania, somente a consulta fiscal apresentada pelo próprio sujeito passivo da obrigação tributária é capaz de fazer exsurgir os efeitos protetivos inerentes à consulta, desde a protocolização da petição.

JURISPRUDÊNCIA

STJ, REsp 555.608-MG, Rel. Min. João Otávio de Noronha, T2 – Segunda Turma, DJ 16/11/2004 (Informativo nº 224, de 4 a 15 de outubro de 2004). TRIBUTÁRIO. PROCESSUAL CIVIL. CONSULTA ADMINISTRATIVA. ICMS. SINDICATO. ÓRGÃO DE REPRESENTAÇÃO DE CLASSE. LEGITIMIDADE. MULTA. HONORÁRIOS ADVOCATÍCIOS. SÚMULA N. 7/STJ. 1. O disposto nos arts. 48 e seguintes da Lei n. 9.430/96 tem seu campo de incidência limitado ao âmbito da Secretaria da Receita Federal, conforme expressamente estabelece o caput do citado dispositivo, não sendo, portanto, aplicável aos procedimentos de consulta na esfera de atuação dos Fiscos estaduais.

2. O Sindicato ou entidade representativa de categoria econômica ou profissional, em razão do que dispõe o art. 8º, III, da Constituição Federal, tem legitimidade para formular consulta de interesse da classe a que representa ao Fisco, todavia consulta de natureza geral, que não diga respeito a interesse específico de um determinado contribuinte, não tem, "ex vi" do disposto no § 2º do art. 161 do CTN, o condão de suspender a exigibilidade do crédito tributário e conseqüentemente afastar os consectários da mora e muito menos impedir que a Administração Pública possa proceder à autuação do contribuinte em virtude da inobservância das normas tributárias.

3. A exclusão da multa e dos juros de mora, em razão do não-recolhimento tempestivo do tributo a que se refere o art. 161, § 2º do CTN, pressupõe consulta fiscal formulada pelo próprio devedor ou responsável antes de esgotado o prazo legal para pagamento do crédito.

ART. 16. Ressalvado o disposto no art. 11, nenhum procedimento fiscal será instaurado contra o sujeito passivo relativamente à espécie consultada, a partir da apresentação da consulta até o 30º (trigésimo) dia subsequente à data da ciência da solução da consulta.

Decreto nº 70.235, de 6 de março de 1972	Art. 48. Salvo o disposto no artigo seguinte, nenhum procedimento fiscal será instaurado contra o sujeito passivo relativamente à espécie consultada, a partir da apresentação da consulta até o trigésimo dia subseqüente à data da ciência
Súmula 239/STF	Decisão que declara indevida a cobrança do imposto em determinado exercício não faz coisa julgada em relação aos posteriores.

PROIBIÇÃO DE INSTAURAÇÃO DE PROCEDIMENTO FISCAL

Enquanto a Administração Tributária não se pronuncia a respeito da consulta, por questões de lealdade e de moralidade administrativa, fica o consulente a salvo de autuações e sanções relativas à matéria objeto da consulta. Se houvesse a possibilidade de instauração de procedimento fiscal sobre o mesmo objeto de consulta fiscal pendente, certamente nenhum consulente se encorajaria a apresentá-la. Normativamente, a vedação de instauração de procedimento fiscal restringe-se à matéria delimitada na petição da consulta fiscal e, se porventura, a mesma seja regularmente apresentada.

Apesar de os efeitos protetores típicos não se configurarem, o consulente, durante o interregno delimitado entre a data de apresentação da consulta e o momento da declaração da ineficácia da consulta, por efeito prático, beneficia-se parcialmente daqueles efeitos. E, tanto mais se beneficiará quanto maior for a inércia da Fazenda Nacional.

A alegação de que a prevenção da decadência tributária autoriza, na pendência de consulta, lançamento tributário é desarrazoada e sem fundamento legal[22]. Nem mesmo a indisponibilidade do crédito tributário – interesse público – justifica a ação fiscal imediata da Administração Tributária Ativa, enquanto pendente consulta fiscal. Tal entendimento, se levado a efeito, resultaria tanto na inversão lógica plasmada pelo sistema jurídico quanto na agressão a valores jurídicos postos em relevo pelo ordenamento jurídico. Logicamente, somente após a apreciação da moldura fático-jurídica – isto é, a partir do resultado interpretativo – é possível concluir-se pelo nascimento ou não de determinada obrigação tributária. É dizer que o resultado exegético é tanto pressuposto para a comunicação ou publicação da resposta oficial quanto para eventual constituição de crédito tributário. A resposta oficial à consulta e a constituição do crédito tributário são dependentes do resultado interpretativo levado a efeito pela Administração, em razão da provocação do

---

22   Inaplicável, por exemplo, ainda que analogicamente, o artigo 63 da Lei de Ajuste Tributário nº 9.430, de 27 de dezembro de 1996: [...] Art. 63. Na constituição de crédito tributário destinada a prevenir a decadência, relativo a tributo de competência da União, cuja exigibilidade houver sido suspensa na forma dos incisos IV e V do art. 151 da Lei nº 5.172, de 25 de outubro de 1966, não caberá lançamento de multa de ofício. (Redação dada pela Medida Provisória nº 2.158-35, de 2001) § 1º O disposto neste artigo aplica-se, exclusivamente, aos casos em que a suspensão da exigibilidade do débito tenha ocorrido antes do início de qualquer procedimento de ofício a ele relativo. § 2º A interposição da ação judicial favorecida com a medida liminar interrompe a incidência da multa de mora, desde a concessão da medida judicial, até 30 dias após a data da publicação da decisão judicial que considerar devido o tributo ou contribuição".

consulente. Induvidoso que o princípio da boa-fé objetiva, da moralidade administrativa, da publicidade e da legalidade privilegiem, num primeiro momento, a resposta oficial em respeito e consideração àquele que procurou se conduzir em consonância com a palavra fazendária.

O prazo assinalado pela legislação tributária de 30 (trinta) dias é estabelecido no intuito de possibilitar a adequação da conduta do consulente à orientação prestada por meio da resposta oficial. Caso contrário, isto é, se porventura o consulente não observar a orientação prestada na resposta oficial, fica sujeito às cominações legais. Nesse sentido, o Conselho Administrativo de Recursos Fiscais – CARF – já declarou a validade de auto de infração, formalizado após o decurso do prazo de 30 (trinta) dias da ciência da interpretação decisória, cuja matéria era coincidente com o objeto de consulta fiscal solucionada anteriormente[23].

O Supremo Tribunal Federal já se pronunciou reiteradamente no sentido de que, nos tributos complexivos, como é o caso do imposto de renda, a consulta deve ser formulada a cada exercício: "decisão que declara indevida a cobrança do imposto em determinado exercício não faz coisa julgada em relação aos posteriores" (Súmula STF nº 239).

PRECEDENTES ADMINISTRATIVOS

> CARF, Acórdão 3202-000.622, 2ª Câmara – 2ª Turma Ordinária. Recurso Voluntário. Sessão de 30 de janeiro de 2013. Assunto: Normas Gerais de Direito Tributário Período de apuração: 08/06/2007 a 27/05/2009 CONSULTA FISCAL. EFEITOS. ALCANCE. NULIDADE DO LANÇAMENTO. ART. 48 DO DECRETO Nº 70.235/72. O sujeito passivo tem direito subjetivo de não ter instaurado contra si nenhum procedimento fiscal relativamente à matéria consultada, a partir da apresentação da consulta até o trigésimo dia subsequente à data da ciência da decisão definitiva da consulta. Por conseguinte, em decorrência de vício material, é nulo o auto de infração, lavrado para exigir tributo sobre a matéria objeto de consulta, em desrespeito às balizas temporais do art. 48 do Decreto nº 70.235/72. Precedente: Acórdão nº 201-77.473 da Primeira Câmara do Segundo Conselho de Contribuintes, proferido no Processo nº 10920.000773/2002-38, em 16/02/2004. Recurso Voluntário provido.

---

23   Confira Acórdão nº 101-93.101, de 12 de julho de 2000.

ART. 17. Na hipótese de alteração de entendimento expresso em Solução de Consulta sobre interpretação da legislação tributária e aduaneira, a nova orientação alcança apenas os fatos geradores que ocorrerem depois da sua publicação na Imprensa Oficial ou depois da ciência do consulente, exceto se a nova orientação lhe for mais favorável, caso em que esta atingirá, também, o período abrangido pela solução anteriormente dada.

Lei nº 5.172, de 25 de outubro de 1966 (Código Tributário Nacional)	Art. 146. A modificação introduzida, de ofício ou em conseqüência de decisão administrativa ou judicial, nos critérios jurídicos adotados pela autoridade administrativa no exercício do lançamento somente pode ser efetivada, em relação a um mesmo sujeito passivo, quanto a fato gerador ocorrido posteriormente à sua introdução...
Lei nº 9.784, de 29 de janeiro de 1999	Art. 2º A Administração Pública obedecerá, dentre outros, aos princípios da legalidade, finalidade, motivação, razoabilidade, proporcionalidade, moralidade, ampla defesa, contraditório, segurança jurídica, interesse público e eficiência. Parágrafo único. Nos processos administrativos serão observados, entre outros, os critérios de: [...] XIII – interpretação da norma administrativa da forma que melhor garanta o atendimento do fim público a que se dirige, vedada aplicação retroativa de nova interpretação.

MODIFICAÇÃO DE ENTENDIMENTO

Este dispositivo evidencia os efeitos protetivos da consulta fiscal e ressalta a possibilidade de mutabilidade da interpretação oficial. A modificação do entendimento oficial é plenamente possível[24] e surte efeitos a partir de sua comunicação ou de sua publicidade. Somente após a in-

---

24 Súmula nº 473 do Supremo Tribunal Federal: "A administração pode anular os seus próprios atos, quando eivados de vícios que os tornam ilegais, porque deles não se originam direitos; ou revogá-los, por motivo de conveniência ou oportunidade, respeitados os direitos adquiridos, e ressalvada em todos os casos a apreciação judicial". Nesse sentido a Lei nº 9.784, de 1999, ainda prevê em seu artigo 53 que: "[a] Administração deve anular seus próprios atos, quando eivados de vício de legalidade, e pode revogá-los por motivo de conveniência ou oportunidade, respeitados os direitos adquiridos".

timação, é que a alteração interpretativa produzirá efeitos e apenas em relação aos fatos ocorridos após a ciência desse comunicado por parte do consulente. A comunicação noticia a expedição do novo ato administrativo ao autor da petição de consulta, cientificando-o a respeito do teor da interpretação que afeta sua esfera de interesses. Por sua vez, a divulgação do ato, por meio da publicação na imprensa oficial, torna público o novo entendimento adotado pela Administração perante todos os interessados. O ato administrativo torna-se válido a partir da intimação ou publicação de seu conteúdo.

Rosa Júnior, em sua obra, torna claro o que se expôs, *in verbis*:

> "Assim, se determinado contribuinte, em dúvida quanto à interpretação a ser dada a norma jurídica em caso concreto, procedeu a consulta e a resposta lhe foi favorável, e, posteriormente, em resposta à consulta feita por outro contribuinte, a autoridade administrativa alterar seu entendimento, não poderá cobrar do primeiro consulente o tributo não pago por orientação dada pela primeira consulta, por ter ocorrido a preclusão na esfera administrativa". (ROSA JÚNIOR, 2007, p. 634).

Esse efeito preclusivo traduz a irretratabilidade da Administração Tributária no que concerne à aplicação da interpretação oficial, ditada na solução de consulta, em relação aos fatos já consumados. Este dispositivo tem íntima relação com os efeitos prospectivos da adoção de novos critérios jurídicos interpretativos, estampados no art. 146 do Código Tributário Nacional.

O Código não autoriza a mudança do lançamento tributário quando embasada na adoção de novo critério jurídico. Veda, portanto, a retroação de critérios jurídicos[25]. Todavia, o lançamento pode ser retificado, caso a modificação do lançamento tributário esteja motivada por alteração do quadro fático e, desde que não escoado, *in albis*, o prazo decadencial.

Em meados do século passado, o Supremo Tribunal Federal já houvera se manifestado a respeito da observância dos pronunciamentos

---

25   REsp nº 264.516 / PR, rel. Min. Humberto Gomes de Barros, 1ª Turma, julgamento em 20/02/2001, DJ 09/04/2001 p. 333, "TRIBUTÁRIO. IMPORTAÇÃO DE MERCADORIA. DESEMBARAÇO ADUANEIRO.AUTUAÇÃO POSTERIOR. REVISÃO DE AUTO FISCAL. QUESTÃO DE DIREITO. "A mudança de critério jurídico adotado pelo fisco não autoriza a revisão de lançamento" (Súmula 227-TFR)" (REsp. 65.858/CESAR).

fazendários por parte de contribuinte ciente de suas obrigações tributárias. *In litteris*:

> "Mas há circunstâncias especiais que militam a favor do contribuinte, tornando excusável o seu erro, se ele **seguiu interpretação que os próprios órgãos fiscais admitiram em certa época**"[26]. (grifos nossos)

O Supremo Tribunal Federal, em decisão única e por unanimidade, reconheceu a responsabilidade da Fazenda Estadual paulista em razão de ter causado prejuízos a sujeito passivo que observara orientação fiscal firmada em resposta à consulta fiscal. A dúvida residia especificamente sobre o momento de ocorrência do fato gerador do ICMS nas operações de venda para entrega futura. O consulente tinha dúvida se o fato gerador do imposto estadual ocorria no momento da efetiva saída do produto ou se no momento da emissão da nota fiscal. À época e contrariamente ao entendimento dominante na esfera estadual paulista, a primeira resposta oficial firmou orientação no sentido de que o fato gerador se configuraria na data da expedição da nota fiscal para entrega futura. Ocorre que, enquanto o consulente se orientava em conformidade com a primeira resposta, sociedades empresárias concorrentes do mesmo ramo, e respaldadas também em orientação oficial, o faziam na data da efetiva saída do produto industrializado. Certamente que o recolhimento logo após à emissão da nota fiscal, em tempos de altas taxas inflacionárias, colocava o consulente em desvantagem perante as demais sociedades empresárias do ramo, tendo em vista que recolhiam o imposto devido em momento posterior, vale dizer, na efetiva saída dos produtos. Diante desse quadro, uma segunda consulta fiscal foi protocolada pelo consulente. Como a segunda consulta foi solucionada de forma diversa à primeira e em sintonia com o entendimento dominante administrativamente, o consulente socorreu-se do Poder Judiciário, o que culminou no seguinte acórdão do Supremo Tribunal Federal:

> **STF, RE 131.741/SP, Rel. Min. MARCO AURÉLIO, Segunda Turma, DJ 24/05/96.** TRIBUTÁRIO – CONSULTA – INDENIZAÇÃO POR DANOS CAUSADOS. Ocorrendo resposta à

---

[26] Confira STF, RE nº 18.660/DF, rel. Min. Luiz Gallotti, 1ª Turma, sessão de 26/05/1952, DJ em 21/08/1952.

consulta feita pelo contribuinte e vindo a administração pública, via o fisco, a evoluir, impõe-se-lhe a responsabilidade por danos provocados pela observância do primitivo enfoque.

Art. 18. Não produz efeitos a consulta formulada:

Decreto nº 70.235, de 6 de março de 1972	Art. 52. Não produzirá efeito a consulta formulada: I – em desacordo com os artigos 46 e 47; II – por quem tiver sido intimado a cumprir obrigação relativa ao fato objeto da consulta; III – por quem estiver sob procedimento fiscal iniciado para apurar fatos que se relacionem com a matéria consultada; IV – quando o fato já houver sido objeto de decisão anterior, ainda não modificada, proferida em consulta ou litígio em que tenha sido parte o consulente; V – quando o fato estiver disciplinado em ato normativo, publicado antes de sua apresentação; VI – quando o fato estiver definido ou declarado em disposição literal de lei; VII – quando o fato for definido como crime ou contravenção penal; VIII – quando não descrever, completa ou exatamente, a hipótese a que se referir, ou não contiver os elementos necessários à sua solução salvo se a inexatidão ou omissão for escusável, a critério da autoridade julgadora.
Parecer CST/DLA/SIF nº 580, de 25 de junho de 1991	A declaração de ineficácia não é um "formalismo estéril", e sim, uma medida legal adotada pela autoridade julgadora para resguardar os interesses da Administração Fiscal, de forma a evitar que a CONSULTA, apresentada em desacordo com as normas processuais sobre sua formulação, produza os seus efeitos legais.

INEFICÁCIA DA CONSULTA

A legislação tributária estabelece firmemente os requisitos de validade da consulta. Por sua vez, a Administração Tributária deve verificar, com relativo rigor, a admissibilidade da consulta fiscal com base naqueles requisitos. Em regra, o descumprimento dos pressupostos definidos legalmente acarreta a ineficácia da consulta, se no exame de admissibilidade for constatada alguma irregularidade. O descumprimento dos requisitos e pressupostos de validade prejudica a eficácia da consulta. A declaração de ineficácia da consulta fiscal serve para desestimular as orientações tidas por desnecessárias, inoportunas, inadequadas, inúteis ou desprovidas de boa-fé. Por não resolver a dúvida apresentada, a ineficácia da consulta não representa resposta meritória.

Em todas as hipóteses de ineficácia da consulta, não emergem os efeitos protetivos inerentes a uma consulta tida por eficaz, tais como, impedimento de instauração de procedimentos de fiscalização relacionados com a matéria consultada; vedação de lavratura de notificação de lançamento tributário ou auto de infração, cujo objeto seja coincidente com o tema tratado na consulta, e a obstrução da fluência de acréscimos moratórios, caso a consulta seja formulada antes do prazo legal para recolhimento do tributo, objeto da consulta fiscal. Nessa situação, o consulente pode, após a ciência do despacho decisório que declarou a ineficácia da consulta, sujeitar-se a procedimento fiscal ou cobrança administrativa, se porventura cabível. Parte da doutrina entende que se deve presumir a boa fé[27] do sujeito ativo da consulta fiscal e só declarar a ineficácia da consulta em casos extremos. Segundo Jaime Marins, as "diversas hipóteses de ineficácia devem ser interpretadas a partir desse princípio". E arremata o citado autor: "consultas desnecessárias devem

---

27   No RE nº 72.430/SP, o Supremo Tribunal Federal (rel. Min. Oswaldo Trigueiro, 1ª Turma, sessão de 29/02/1972, publicado em 05/04/1972), apesar de não conhecer o recurso interposto na ocasião, fez menção de parte do acórdão recorrido, exarado pela 2ª Turma do extinto Tribunal Federal de Recursos, para afirmar a inocorrência de negativa de vigência da legislação federal e dissídio jurisprudencial. Na oportunidade, transcreveu o seguinte trecho do acordo recorrido: "Não havia lugar para a consulta com os efeitos do §2º do art. 161 citado. A consulta, que deveria ser feita, é se a impetrante podia ou não efetuar o estorno [de IPI] e o crédito a si mesma, da importância estornada. Não prescinde a consulta fiscal de regras de 'fair play', de lealdade. Se estou procedendo de certa maneira, indago se estou certo. Mas não modifico, contra a Fazenda, o procedimento, para depois consultar se agi de modo acertado. *Postum factum, nulum consilium ...*".

ser desestimuladas, mas a dúvida manifestada pelo contribuinte deve ser respeitada, mesmo quando esta não exista para a Administração Tributária, evitando-se a aplicação de pena" (MARINS, 2012, p. 408). A Administração Tributária declara a consulta ineficaz de forma expressa, valendo-se, para tal fim, de despacho decisório, que, a despeito de não se submeter a interposição de recurso ordinário ou pedido de reconsideração, deve estar devidamente fundamentado.

A consulta fiscal indevidamente admitida, por não atender requisito essencial estabelecido pela legislação tributária, não declarada ineficaz, gera decisão inválida, viciada por nulidade. Nessa hipótese, a solução de consulta contém vício insanável, devendo a Administração Pública invalidá-la na primeira oportunidade[28]. Cite-se, por exemplo, o caso em que o sujeito passivo, após ser autuado, formaliza consulta fiscal sobre idêntica matéria e fundado em mesmo enunciado normativo, na esperança de obter interpretação oficial contrária ou divergente àquela manifestada na fundamentação do auto de infração ou da notificação de lançamento. Nessa hipótese e se, por falha, a consulta fiscal não for declarada ineficaz, o ato administrativo proferido restará eivado de nulidade absoluta, não podendo, assim, gerar qualquer efeito jurídico (efeito *ex tunc*). Nessas circunstâncias, as instâncias julgadoras incumbidas de proceder ao julgamento de eventuais reclamações administrativas não estarão vinculadas ao pronunciamento emitido, tendo em vista o descumprimento de pressuposto legal.

---

28 Exemplifique-se o que se expõe por meio da Solução de Consulta nº 17, de 10 de março de 2011. Na época em que os Superintendentes Regionais da Secretaria da Receita Federal do Brasil detinham a competência para solucionar consultas fiscais (vide IN RFB nº 740, de 2 de maio de 2007), a mencionada decisão administrativa: ASSUNTO: Processo Administrativo Fiscal. EMENTA: ANULAÇÃO DE OFÍCIO DE SOLUÇÃO DE CONSULTA. MUDANÇA DE DOMICÍLIO TRIBUTÁRIO. AUTORIDADE INCOMPETENTE. A Administração deve anular seus próprios atos, quando eivados de vício de legalidade. É nula a decisão proferida em processo de consulta por autoridade incompetente, posto que, anteriormente à prolação, havia ocorrido alteração de domicílio tributário do consulente, sujeitando-o em conseqüência à nova jurisdição fiscal que não aquela originária quando da interposição da consulta. Tornada nula a Solução de Consulta nº 42 – SRRF10/Disit, de 31 de maio de 2010.

I – com inobservância do disposto nos arts. 2º a 6º;

Solução de Consulta nº 633, Cosit, de 2 de janeiro de 2018.	ASSUNTO: NORMAS GERAIS DE DIREITO TRIBUTÁRIO. EMENTA: INEFICÁCIA PARCIAL. É ineficaz, por não versar sobre dúvida na interpretação da legislação tributária, a parte dos questionamentos referente à retificação de declaração.
Solução de Consulta nº 338, Cosit, de 12 de setembro de 2017.	ASSUNTO: PROCESSO ADMINISTRATIVO FISCAL. EMENTA: CONSULTA SOBRE CÓDIGO DE RECEITA. INEFICÁCIA PARCIAL. Ainda que os códigos de receita sejam divulgados por meio de Atos Declaratórios, as dúvidas quanto ao código de receita correto para determinado pagamento não costumam configurar uma questão jurídica, que demanda interpretação de uma norma, mas uma questão de fato, operacional [...]
Solução de Consulta nº8.043, Disit/SRRF08, de 29 de setembro de 2017.	ASSUNTO: NORMAS GERAIS DE DIREITO TRIBUTÁRIO. INEXISTÊNCIA DE QUESTIONAMENTO SOBRE A INTERPRETAÇÃO DA LEGISLAÇÃO TRIBUTÁRIA.É ineficaz a consulta que não apresenta questionamento sobre interpretação da legislação tributária. CONSULTA PARCIALMENTE INEFICAZ..
Solução de Consulta nº 611, Cosit, de 23 de março de 2018.	ASSUNTO: PROCESSO ADMINISTRATIVO FISCAL. EMENTA: INEFICÁCIA PARCIAL DA CONSULTA. É ineficaz a consulta realizada por contribuinte que não seja sujeito passivo da obrigação tributária.

II – em tese, com referência a fato genérico, ou, ainda, que não identifique o dispositivo da legislação tributária e aduaneira sobre cuja aplicação haja dúvida;

Solução de Consulta nº 533, Cosit, de 15 de fevereiro de 2018.	ASSUNTO: NORMAS GERAIS DE DIREITO TRIBUTÁRIO. CONSULTA. FATO GENÉRICO. INEFICÁCIA. A consulta acerca da interpretação da legislação tributária é ineficaz quando a dúvida tiver sido suscitada de forma genérica, sem descrever completamente a matéria, com indagações vagas, transparecendo o objetivo de obter a prestação de assessoria jurídica ou contábil-fiscal.

Solução de Consulta nº 260, Cosit, de 26 de setembro de 2014.	ASSUNTO: Normas de Administração Tributária EMENTA: INEFICÁCIA PARCIAL. Não produz efeitos a consulta: (1) formulada em tese, com referência a fato genérico, ou, ainda, que não identifique o dispositivo da legislação tributária e aduaneira sobre cuja aplicação haja dúvida; ou (2) quando não descrever, completa e exatamente, a hipótese a que se referir, ou não contiver os elementos necessários à sua solução.
Solução de Consulta nº 15, Cosit, de 18 de outubro de 2013.	ASSUNTO: NORMAS GERAIS DE DIREITO TRIBUTÁRIO. EMENTA: PROCESSO DE CONSULTA. INEFICÁCIA PARCIAL. É ineficaz a consulta formulada na parte em que não se refira à interpretação da legislação tributária ou que não identifique o dispositivo da legislação tributária sobre cuja aplicação haja dúvida.
Solução de Consulta nº 19, Disit/SRRF02, de 3 de setembro de 2013.	ASSUNTO: NORMAS GERAIS DE DIREITO TRIBUTÁRIO. EMENTA: PROCESSO DE CONSULTA. INEFICÁCIA PARCIAL. É ineficaz a parte da consulta que não identifique o dispositivo da legislação tributária sobre cuja aplicação haja dúvida ou quando o fato estiver disciplinado em ato normativo, publicado na Imprensa Oficial antes de sua apresentação.
Parecer Normativo CST nº 187, de 1970 (DOU de 22.09.1970)	As consultas relativas à interpretação da legislação tributária deverão ser formuladas pelo próprio contribuinte interessado na solução de seu caso pessoal e não devem versar sobre hipóteses e sim sobre problemas com existência real. As consultas formuladas por outro qualquer tipo de intermediário não serão tomadas em consideração.
Parecer CST/SIPR nº 830, de 28 de agosto de 1991.	É ineficaz a consulta formulada de forma genérica, que não focalize com precisão e clareza o fato objeto da dúvida. O fato a que se refere a incerteza deve ser colocado em confronto com os dispositivos legais concernentes.

INEFICÁCIA. CONSULTA EM TESE

A consulta fiscal não consiste puramente em questionamento sobre um determinado dispositivo normativo da legislação tributária federal. A consulta fiscal é ineficaz se realizada em tese (direito objetivo), uma vez que não vinculada a fato determinado vinculado ao consulente.

O entendimento oficial está sempre relacionado ao significado de um enunciado normativo contrastado com um quadro fático. A incerteza exegética do autor da consulta fiscal deve sempre relacionar o fato determinado ao enunciado normativo. Aquele que apresenta consulta em tese, em verdade, não transparece dúvida própria, isto é, não apresenta dúvida fundada.

INEFICÁCIA. FATO GENÉRICO

A consulta fiscal deve ser formulada com vistas a esclarecer dúvida atrelada a fato determinado, por isso, a dúvida genérica – aquela que não especifica devidamente o objeto da dúvida – fica sujeita à declaração de ineficácia. O delineamento do quadro fático é de extrema relevância para a solução da consulta, pois a partir dele é que se processa a subsunção do fato determinado ao preceito jurídico. Quando a descrição do fato não se dá de forma suficiente, quando não se indicam as características marcantes do fato, o processo de subsunção pode se tornar-se impraticável, pois a generalidade fática não enseja o contraste com o enunciado normativo interpretando. Em suma, o fato insuficientemente descrito não enseja a admissibilidade da consulta fiscal.

INEFICÁCIA. FALTA DE INDICAÇÃO DE DISPOSITIVO DA LEGISLAÇÃO TRIBUTÁRIA FEDERAL

Larenz (2005, p.448) pontua que a "interpretação de um texto normativo há de iniciar-se com o sentido literal". Como a consulta fiscal é destinada a solucionar fundada dúvida na aplicação de dispositivo normativo da legislação tributária federal, exige-se, logicamente, a indicação do dispositivo sobre o qual paira a dúvida, sob pena de declaração da ineficácia da consulta. O escopo da interpretação é o sentido normativo de um texto, o qual orienta a interpretação e limita a esfera de liberdade do intérprete. Assim como o "teor literal" é ponto de partida para a indagação do sentido do texto normativo, fixa concomitantemente limites à atividade interpretativa:

> "Uma interpretação que se não situe já no âmbito do sentido literal possível, já não é interpretação, mas modificação de sentido. Com o isso não se diz que ela esteja sempre vedada [...]; mas necessita de pressupostos especiais e pertence ao âmbito

do desenvolvimento patente do Direito [...] Mas não é possível achar outra demarcação entre interpretação e desenvolvimento do Direito complementador ou modificador da lei senão a do sentido literal lingüisticamente possível [...]" (LARENZ, 2005, pp. 454/455).

III – por quem estiver intimado a cumprir obrigação relativa ao fato objeto da consulta;

Solução de Consulta nº 8026, de 20 de abril de 2017.	ASSUNTO: PROCESSO ADMINISTRATIVO FISCAL. É ineficaz a consulta, não produzindo efeitos, quando feita por quem esteja intimado a cumprir obrigação relativa ao fato objeto da consulta.

INEFICÁCIA. INTIMAÇÃO PARA CUMPRIR OBRIGAÇÃO

Regra geral, a consulta fiscal pode ser protocolizada diante da Administração Tributária a qualquer tempo. Todavia, há situações em que a mesma não será admitida. Caso o sujeito ativo da consulta houver sido intimado a cumprir obrigação tributária, a consulta formulada *a posteriori* deverá ser declarada ineficaz, pois a iniciativa oficial afasta a espontaneidade do consulente. Nessa hipótese, a legislação tributária estipula uma limitação temporal à apresentação da consulta fiscal, isto é, a consulta só é admissível se apresentada antes de iniciado o procedimento fiscal. Como consectário da ação fiscal, iniciada a partir da intimação, acaso se lavre, ao final, auto de infração ou notificação de lançamento, ou ainda se emita despacho decisório contrário aos interesses do consulente, inclusive, a partir do qual possa decorrer eventual exigência (v.g., em caso de compensação tributária não homologada ou considerada não declarada), o entendimento oficial, manifestado por meio do ato administrativo, poderá ser questionado no curso do adequado processo administrativo, específico[29] ou geral[30], que, no entanto, não será o

---

29 Por exemplo, o processo administrativo de exigência de determinação e exigência de créditos tributários da União, regulado pelo Decreto nº 70.235, de 6 de março de 1972.

30 É o caso do processo administrativo no âmbito da Administração Pública Federal, nos termos da Lei nº 9.784, de 29 de janeiro de 1999.

de consulta. Em razão disso, é que descabe cogitar de concomitância de consulta fiscal com outra espécie de processo administrativo em que se discuta idêntica matéria. Não seria coerente que a consulta fiscal ensejasse, como efeito, a possibilidade de adoção de medidas protelatórias por parte do sujeito passivo regularmente intimado.

IV – sobre fato objeto de litígio, de que o consulente faça parte, pendente de decisão definitiva nas esferas administrativa ou judicial;

Solução de Consulta nº 175, Cosit, de 21 de março de 2017.	ASSUNTO: PROCESSO ADMINISTRATIVO FISCAL. EMENTA: CONSULTA SOBRE DISPOSITIVOS DA LEGISLAÇÃO TRIBUTÁRIA. INEFICÁCIA. É ineficaz a consulta quer versar sobre fato objeto de litígio, de que o consulente faça parte, pendente de decisão definitiva nas esferas administrativa ou judicial, ou versar sobre fato disciplinado em ato normativo, publicado antes de sua apresentação.
Parecer Normativo CST nº 390, de 1971 (DOU de 04.08.1971)	Decisões do Conselho de Contribuintes não constituem normas complementares da legislação tributária porquanto não existe lei que lhes confira efetividade de caráter normativo.

INEFICÁCIA. PENDÊNCIA DE DECISÃO DEFINITIVA

Este inciso guarda intima relação com o anterior. Se a autoridade fiscal deve declarar a ineficácia de consulta fiscal cujo fato determinado é objeto de procedimento fiscal iniciado, por meio de intimação, previamente ao protocolo da consulta, com maior razão deve-se igualmente declarar a ineficácia, na hipótese de o fato determinado, objeto de consulta aviada em momento posterior à caracterização da lide administrativa, ser coincidente com o caso concreto sob litígio, pendente de decisão definitiva, tanto na esfera administrativa quanto na judicial. Nessa hipótese, a presunção de boa-fé do consulente, para fins de solicitação de consulta, resta afastada, tendo em vista que a exigência fiscal – fundada em norma individual e concreta – manifesta a interpretação oficial, a palavra do órgão fazendário, diante de determinado quadro fático-jurídico. Após o início do procedimento fiscal não mais comporta a emergência de dúvida sobre a mesma matéria, mas sim de eventual discussão administrativa a ser dirimida ao longo de adequado processo administrativo[31]. Em caso de lavratura de auto de infração ou de notificação de lançamento tributário ou, ainda, de despacho decisório, a presunção de boa-fé para fins de solicitação de consulta se esvai, pois supera-se a oportunidade de o consulente conhecer previamente a interpretação institucional.

V – por quem estiver sob procedimento fiscal, iniciado antes de sua apresentação, para apurar os fatos que se relacionem com a matéria consultada;

Solução de Consulta nº 99482, Cosit, de 27 de novembro de 2017	É ineficaz a consulta e nula a solução de consulta quando apresentada por consulente sob procedimento fiscal relacionado com a mercadoria objeto da consulta.

INEFICÁCIA. PENDÊNCIA DE PROCEDIMENTO FISCAL

A pendência de consulta fiscal tem o condão de obstar a instauração de procedimento fiscal tendente à formalização de crédito tributário, cujo objeto seja coincidente com o daquela. Nessa hipótese, se lavrado eventual lançamento tributário ou notificação de lançamento, como ato final do procedimento de fiscalização, estes restarão maculados por incidência de vício insanável[32].

---

31   Vide as duas notas anteriores.
32   A pendência de consulta fiscal tem fundamentado o cancelamento de vários lançamentos tributários realizados na esfera federal. Confira decisão do CARF, rel. Cons. Rodrigo Mineiro Fernandes, 1ª Câmara, 1ª Turma Ordinária, Acórdão nº 3101-001.575, sessão de 25 de fevereiro de 2014, *in litteris*: Assunto: Imposto sobre Produtos Industrializados – IPI Período de apuração: 01/01/2004 a 30/06/2004 RECURSO DE OFÍCIO. EXONERAÇÃO. CRÉDITO TRIBUTÁRIO. Demonstrado que, no período objeto dos lançamentos em discussão, a recorrente encontrava-se sob o amparo de Solução de Consulta eficaz, e que esta reconheceu seu direito ao crédito do IPI decorrente de aquisições de matérias primas, produtos intermediários e materiais de embalagem aplicados na industrialização de óleos lubrificantes derivados de petróleo, correta a exoneração dos créditos tributários. Recurso de Ofício Negado Crédito Tributário Exonerado.

Na hipótese de prévia apresentação de consulta à ação do órgão fazendário, fica obstada a realização do procedimento fiscal, isto é, a consulta fiscal traduz-se como causa impeditiva da ação fiscalizatória. Por outro lado, caso o sujeito passivo da obrigação tributária mantenha-se inerte até o início do procedimento de fiscal, não demonstrando, até então, qualquer dúvida em relação à matéria objeto da fiscalização, eventual divergência de entendimentos entre o Fisco – manifestando sua interpretação jurídica por meio da formalização do lançamento tributário ou notificação de lançamento – e o sujeito passivo da obrigação tributária deverá ser debatida ao longo do processo administrativo fiscal[33], e não mais por meio de um processo de consulta.

Essa é outra hipótese em que a legislação impõe limitação à liberdade de apresentação de consulta fiscal. No entanto, se a espontaneidade for restituída ao consulente, ainda que o procedimento fiscal não tenha sido encerrado, caberá a apresentação de consulta fiscal, enquanto este estado se mantiver inalterado[34].

A informação de que o sujeito passivo da obrigação tributária não está sob procedimento fiscal deve partir do consulente, de acordo com a alínea 'a' do inciso II do artigo 3º desta Instrução Normativa, e sua confirmação, em caso de dúvida quanto à veracidade, é incumbência da unidade preparadora. Tanto a carência dessa declaração quanto a inveracidade do teor dessa declaração ensejam a ineficácia da consulta fiscal. Como visto, tal informação é de importância para a emissão do juízo de admissibilidade da consulta fiscal.

---

33 De acordo com o processo administrativo fiscal (PAF), vale dizer, processo administrativo de exigência de determinação e exigência de créditos tributários da União, regulado pelo Decreto nº 70.235, de 6 de março de 1972.

34 Quanto ao tema relacionado com a restituição da espontaneidade, atente-se para o §2º do artigo 7º do Decreto nº 70.235, de 1972: "[...] Art. 7º O procedimento fiscal tem início com: (Vide Decreto nº 3.724, de 2001) I – o primeiro ato de ofício, escrito, praticado por servidor competente, cientificado o sujeito passivo da obrigação tributária ou seu preposto; II – a apreensão de mercadorias, documentos ou livros; III – o começo de despacho aduaneiro de mercadoria importada. § 1° O **início do procedimento exclui a espontaneidade do sujeito passivo** em relação aos atos anteriores e, independentemente de intimação a dos demais envolvidos nas infrações verificadas. § 2° Para os efeitos do disposto no § 1º, **os atos referidos nos incisos I e II valerão pelo prazo de sessenta dias, prorrogável**, sucessivamente, por igual período, com qualquer outro **ato escrito que indique o prosseguimento dos trabalhos**". (grifos nossos)

VI – quando o fato houver sido objeto de decisão anteriormente proferida em consulta ou litígio em que tenha sido parte o consulente, e cujo entendimento por parte da administração não tenha sido alterado por ato superveniente;

Solução de Consulta nº 337, Cosit, de 22 de dezembro de 2014	ASSUNTO: NORMAS GERAIS DE DIREITO TRIBUTÁRIO. EMENTA: INEFICÁCIA PARCIAL. É ineficaz a consulta na parte em que se refira a fato objeto de decisão anteriormente proferida em consulta ou litígio em que tenha sido parte o consulente, e cujo entendimento por parte da administração não tenha sido alterado por ato superveniente.
Solução de Consulta nº 82, Disit/SRRF07, de 7 de agosto de 2013	ASSUNTO: PROCESSO ADMINISTRATIVO FISCAL. EMENTA: CONSULTA. REQUISITOS. DESCUMPRIMENTO. INEFICÁCIA. É ineficaz a consulta, não produzindo efeitos, quando o fato estiver definido ou declarado em disposição literal da lei, quando formulada em tese, com referência a fato genérico, ou ainda, que não identifique o dispositivo da legislação tributária sobre cuja aplicação haja dúvida. Cessam os efeitos produzidos pela consulta a partir da data de publicação na Imprensa Oficial, posteriormente à formulação da consulta e antes de sua solução, de ato normativo que discipline o fato consultado.

COMENTÁRIO DO AUTOR

Enquanto se tem dúvida fundada a respeito do entendimento da Administração Tributária acerca de determinado fato, a consulta fiscal deve ser admitida. Enquanto desconhecida por todos a interpretação oficial, a consulta é admissível, dado que ainda reina um quadro de incerteza administrativa. Para fins de admissão da consulta fiscal, é indiferente se o consulente está certo sobre como interpretar determinado dispositivo normativo. A convicção do consulente acerca do sentido e alcance de certo dispositivo ou conjunto de dispositivos normativos não abala a legitimidade ativa, pois, ainda assim, poderá remanescer a incerteza acerca da interpretação oficial. Todavia, se a Administração patenteia previamente o seu posicionamento a respeito de determinada situação, inclusive por meio de atos normativos de outra natureza (v.g., ato declaratório ou parecer normativo), esclarecendo a dúvida posta na consulta e conferindo certeza administrativa, torna-se despiciendo novo pronunciamento oficial. Se já publicada a palavra oficial da Administração a respeito de determinada questão, inadmissível é a consulta fiscal, pois o estado de incerteza jurídica, até então vigente, dissipa-se, em razão da inequívoca e fundamentada manifestação administrativa. Caso a consulta fiscal oficialmente respondida seja renovada, a presunção de boa-fé não mais militará em favor do consulente. Resta, nessa hipótese, desconstituída a presunção de boa-fé do consulente.

A declaração da ineficácia da consulta, com base no inciso em comento, se faz por meio de despacho decisório. Por meio desse ato, a Administração simplesmente declara a inadmissibilidade da consulta fiscal, não resolvendo a dúvida suscitada, porque seu pronunciamento já se manifestara meritoriamente em ato administrativo anterior.

No corpo do despacho decisório que declara a ineficácia da consulta, comumente se aponta o ato administrativo que aduz a interpretação decisora.

INEFICÁCIA. MODIFICAÇÃO DE DECISÃO ANTERIOR

A limitação material estipulada nesse dispositivo obsta novo pronunciamento sobre questão já decidida administrativamente. Em termos objetivos, é dizer que não há mais o que se dizer, pois inexiste dúvida a ser dirimida. A dúvida não é mais fundada, pois não há mais estado de incerteza administrativa. A consulta fiscal não pode servir de instrumento de superação de decisões previamente proferidas na esfera administrativa ou, mesmo, judicial. Administrativamente, o sistema apresentaria contradição invencível, acaso fosse permitida a formulação de nova consulta fiscal, acerca de idêntica matéria já devidamente solucionada, posto que seria uma burla à previsão de que a consulta é solucionada em instância única, não cabendo nem a apresentação de pedidos de reconsideração, nem interposição de recursos, salvante as hipóteses de divergência. Admitida a consulta fiscal, tem-se que para cada consulta apresentada pelo consulente, apenas uma solução eficaz deva ser proferida pela Administração. É por isso que a regra jurídica em comento estipula que a renovação de consulta anterior implica a ineficácia da segunda. Logicamente que essa regra não alcança consulta fiscal que verse sobre fato objeto de decisão anterior caso se questione outro aspecto jurídico não suscitado em consulta anterior[35]. Como a consulta

---

35   CARF, Acórdão nº 1101-00014, publicado em 12/03/2009: "[...] PROCESSO DE CONSULTA. LAVRATURA DE AUTO DE INFRAÇÃO. Solução de consulta favorável ao

fiscal sempre diz respeito ao sentido e alcance de certo enunciado normativo contrastado com o fato determinado delineado pelo consulente, se alterado unicamente o enunciado, mas mantido o fato, nova consulta não poderá ser declarada ineficaz com base nesse dispositivo.

VII – quando o fato estiver disciplinado em ato normativo publicado na Imprensa Oficial antes de sua apresentação;

Solução de Consulta nº 4011, Disit/SRRF04, de 11 de abril de 2018	INEFICÁCIA DA CONSULTA. Não produz efeito a consulta formulada sobre fato que esteja, antes de sua apresentação, disciplinado em ato normativo publicado na Imprensa Oficial.
Solução de Consulta nº 33, Cosit, de 3 de abril de 2018	ASSUNTO: PROCESSO ADMINISTRATIVO FISCAL EMENTA: CONSULTA SOBRE DISPOSITIVOS DA LEGISLAÇÃO TRIBUTÁRIA. INEFICÁCIA. Não produz efeito a consulta quando versar sobre fato definido ou declarado em disposição literal de lei ou sobre fato disciplinado em ato normativo, publicado antes de sua apresentação.

INEFICÁCIA. FATO DISCIPLINADO EM ATO NORMATIVO

A doutrina (ROCHA, 1996, p. 57) tem entendido que essa limitação só tem sentido se o ato normativo abordar a questão proposta na consulta fiscal de modo efetivo, concreto e objetivamente. Apenas nessa situação seria possível negar apreciação à consulta, dado que não se poderia reputar demonstrada a boa-fé, caso previamente o consulente já conhecesse a interpretação oficial que soluciona sua dúvida. Para esses estudiosos, não seria lícito à Administração Tributária impedir a apreciação da consulta por simplesmente abordar de modo geral e genericamente a mesma legislação tributária sobre que versa a consulta. Ou, ainda, se o entendimento oficial, manifestado por meio de ato normativo, não abarcar o fato determinado delineado pelo consulente. Em suma: nessas duas hipóteses, seria admissível a consulta fiscal.

Por não demonstrar boa-fé, é claro que a exposição de dúvida sobre matéria já pacificada administrativamente por meio de ato normativo vigente, não comporta novo pronunciamento meritório sobre mesmo

contribuinte não constitui fator impeditivo à lavratura de auto de infração relativo a contexto de fato e de direito diverso daquele objeto da consulta [...]"

quadro fático-jurídico. Uma vez que a dúvida já haveria sido elucidada, não restaria caracterizada a dúvida fundada, pressuposto para regular admissibilidade da consulta fiscal.

VIII – quando versar sobre constitucionalidade ou legalidade da legislação tributária e aduaneira;

Lei nº5.172, de 25 de outubro de 1966 (Código Tributário Nacional)	Art. 26-A. No âmbito do processo administrativo fiscal, fica vedado aos órgãos de julgamento afastar a aplicação ou deixar de observar tratado, acordo internacional, lei ou decreto, sob fundamento de inconstitucionalidade. (Redação dada pela Lei nº 11.941, de 2009) [...] § 6º O disposto no caput deste artigo não se aplica aos casos de tratado, acordo internacional, lei ou ato normativo: (Incluído pela Lei nº 11.941, de 2009) I – que já tenha sido declarado inconstitucional por decisão definitiva plenária do Supremo Tribunal Federal; (Incluído pela Lei nº 11.941, de 2009) II – que fundamente crédito tributário objeto de: (Incluído pela Lei nº 11.941, de 2009) a) dispensa legal de constituição ou de ato declaratório do Procurador-Geral da Fazenda Nacional, na forma dos arts. 18 e 19 da Lei nº 10.522, de 19 de julho de 2002; (Incluído pela Lei nº 11.941, de 2009) b) súmula da Advocacia-Geral da União, na forma do art. 43 da Lei Complementar nº 73, de 10 de fevereiro de 1993; ou (Incluído pela Lei nº 11.941, de 2009) c) pareceres do Advogado-Geral da União aprovados pelo Presidente da República, na forma do art. 40 da Lei Complementar nº 73, de 10 de fevereiro de 1993. (Incluído pela Lei nº 11.941, de 2009)
Solução de Consulta nº 4016, Disit/SRRF04, de 7 de maio de 2018	INEFICÁCIA. CONSULTA SOBRE COMPENSAÇÃO DE INDÉBITO E CONSTITUCIONALIDADE DA LEGISLAÇÃO TRIBUTÁRIA. Na espécie, é ineficaz a parte da consulta que visa obter declaração que reconheça direito creditório do sujeito passivo a ensejar pedido de restituição ou a declaração de compensação em determinada situação concreta. Outrossim, o aresto proferido pelo Supremo Tribunal Federal nos autos do Recurso Extraordinário nº 566.622/RS, com repercussão geral reconhecida, não transitou em julgado até o presente, tendo sido opostos, em face desse acórdão, embargos declaratórios pela União e pela recorrente, ainda pendentes de julgamento.

	De modo que a parte da consulta que trata do tema especificamente ventilado naquela decisão judicial também é ineficaz, por versar sobre constitucionalidade da legislação tributária.
Solução de Consulta nº 7026, Disit/SRRF07, de 6 de dezembro de 2017	ASSUNTO: PROCESSO ADMINISTRATIVO FISCAL. EMENTA: CONSULTA SOBRE INTERPRETAÇÃO DA LEGISLAÇÃO TRIBUTÁRIA. É ineficaz a consulta quando versar sobre constitucionalidade ou legalidade da legislação tributária e aduaneira.
Parecer Normativo CST nº 329, de 1970 (DOU de 21.10.1970)	Não cabimento da apreciação sobre inconstitucionalidade argüida na esfera administrativa. Incompetência dos agentes da administração para apreciação de ato ministerial.

COMENTÁRIO DO AUTOR

Contrariamente ao que a legislação tributária atualmente dispõe, Ruy Barbosa Nogueira anunciara que: "[...] no exercício da função judicante, a nosso ver, os órgãos administrativos podem e têm mesmo o dever de não aplicar a lei ou o regulamento que entendam ou julguem inconstitucional [...]". (NOGUEIRA, 1974, p. 32). Valdir de Oliveira Rocha comunga da mesma opinião ao asseverar que o "[...] órgão decididor, incumbido da resposta à consulta fiscal, pode e deve conhecer de consulta fiscal, em "defesa de direitos" que aponte dúvida sobre inconstitucionalidade ou ilegalidade, relativamente ao fato individual que lhe é apresentado". (ROCHA, 1996, p. 37).

INEFICÁCIA. CONSTITUCIONALIDADE OU LEGALIDADE DE LEGISLAÇÃO TRIBUTÁRIA

Este inciso relaciona-se diretamente com o artigo 26-A do Decreto nº 70.235, de 1972[36], por meio do qual o Poder Executivo incisivamente manifestou, com a chancela do Legislativo, o seu entendimento no sentido de que a Administração Tributária não deve negar vigência a normas jurídicas válidas e vigentes. Anteriormente a essa medida, as Súmulas nº 2 e 6[37], de 2006, dos extintos 1º e 3º Conselho de Contribuintes, respec-

---

36 O artigo 26-A do Decreto nº 70.235, de 1972, é produto da conversão da Medida Provisória nº 449, de 3 de dezembro de 2008.

37 Confira Portaria MF nº 52, de 21 de dezembro de 2010.

tivamente, previam, em mesmo sentido, embora de forma mais restrita, que o "Conselho de Contribuintes não é competente para se pronunciar sobre a inconstitucionalidade de lei tributária". Patente é à vinculação do auditor fiscal às normas jurídicas válidas e vigentes, as quais gozam da presunção de legalidade e constitucionalidade[38].

JURISPRUDÊNCIA

> **REsp 58.827, Rel. Min. Antônio de Pádua Ribeiro, 2ª Turma, DJ 28/08/1995.**
> MANDADO DE SEGURANÇA. TERMO INICIAL. CONTAGEM. CONSULTA FORMULADA PELO CONTRIBUINTE. I – A CONSULTA FORMULADA PELO CONTRIBUINTE, COM APOIO EM TEXTO CONSTITUCIONAL, NÃO TEM O CONDÃO DE ALTERAR O TERMO INICIAL DO PRAZO PARA A IMPETRAÇÃO DO MANDADO DE SEGURANÇA. COM EFEITO, AS LEIS PRESUMEM-SE CONSTITUCIONAIS, NÃO PODENDO A ADMINISTRAÇÃO DEIXAR DE APLICÁ-LAS AO FUNDAMENTO DE INCONSTITUCIONALIDADE. A TAL PRETEXTO, SÓ O JUDICIÁRIO PODE AFASTAR A APLICAÇÃO DE TEXTOS LEGAIS. II – OFENSA AOS ARTS. 100, I, E 161 DO C.T.N. E AO ART. 18 DA LEI N. 1533/51 NÃO CARACTERIZADA. III – RECURSO ESPECIAL NÃO CONHECIDO.

IX – quando o fato estiver definido ou declarado em disposição literal de lei;

Lei nº 13.105, de 16 de março de 2015 (Código de Processo Civil)	Art. 80. Reputa-se litigante de má-fé aquele que: (Redação dada pela Lei nº 6.771, de 27.3.1980) I – deduzir pretensão ou defesa contra texto expresso de lei ou fato incontroverso

---

38 "A interpretação da norma sujeita a controle deve partir de uma hipótese de trabalho, a chamada presunção de constitucionalidade, da qual se extrai que, entre dois entendimentos possíveis do preceito impugnado, deve prevalecer o que seja conforme à Constituição" (STF, Rep. 1417, Rel. Min. Moreira Alves,1987). Virgílio Afonso da Silva (2006, p. 197), todavia, estabelece que a "presunção de constitucionalidade [...] [baseia]-se em premissas excessivamente simplistas e unilaterais [separação dos Poderes e prioridade legislativa do legislador] para ter alguma valia em casos difíceis. E para os casos simples, elas são simplesmente supérfluas ou triviais".

Solução de Consulta nº 302, Cosit, de 23 de junho de 2017	ASSUNTO: PROCESSO ADMINISTRATIVO FISCAL. EMENTA: INEFICÁCIA PARCIAL. É ineficaz a consulta, não produzindo efeitos, quando o fato estiver definido ou declarado em disposição literal de lei.
Parecer CST/SIPR nº 873, de 20 de julho de 1990	A consulta é sempre relacionada com dificuldades, ou dúvidas na interpretação da legislação; dessarte, será declarada ineficaz consulta sobre matéria tratada tão claramente em disposição de lei que não traria dúvidas sua imediata aplicação; nessa hipótese a consulta visaria a objetivos protelatórios.

INEFICÁCIA. FATO DEFINIDO EM LEI

A ineficácia da consulta somente pode ser declarada se a disposição literal de lei for suficiente para o deslinde do objeto da consulta fiscal. O texto normativo deve ser capaz de transmitir inequívoca e diretamente resposta à matéria consultada. O inciso em comento transparece que enunciados normativos são, por vezes, claros e precisos, não comportando, em tais hipóteses, interpretação. Essa afirmação nada mais seria do que manifestação do conhecido brocado *in claris cessat interpretatio*. Todavia, desde as clássicas lições do professor Carlos Maximiliano (2001, p. 30/31), o aludido dogma já era posto em questão:

> "[q]ue é lei clara? É aquela cujo sentido é expresso pela letra do texto. Para saber se isto acontece, é força procurar conhecer o sentido, isto é, interpretar. A verificação da clareza, portanto, ao invés de dispensar a exegese, implica-a, pressupõe o uso preliminar da mesma. Para se concluir que não existe atrás de um texto clara uma intenção efetiva desnaturada por expressões impróprias, é necessário realizar prévio labor interpretativo[39]".

Por mais precisa e clara que seja a linguagem empregada na elaboração de um enunciado ou de um conjunto de enunciados aptos a formar uma norma jurídica, ainda assim é insuficiente para afasta-

---

39 "daí dizer que interpretar é construir a partir de algo, por isso significa reconstruir: a uma, porque utiliza como ponto de partida os textos normativos, que oferecem limites à construção de sentidos; a duas, porque manipula a linguagem, à qual são incorporados núcleos de sentido" (ÁVILA, 2005, p. 25).

mento de eventuais incertezas exegéticas. Isso porque o texto normativo, em confronto com determinado fato determinado, pode revelar particularidades e especificidades antes não notadas. Induvidoso que "o ponto de partida, certamente, deve ser a letra da lei, não devendo, contudo, ater-se exclusivamente a ela. De há muito, o brocardo in *claris cessat interpretatio* vem perdendo espaço na hermenêutica jurídica e cede à necessidade de se interpretar todo e qualquer direito a partir da proteção efetiva do bem jurídico, ainda que eventual situação fática não tenha sido prevista, especificamente, pelo legislador" (STJ, REsp 1251566/SC, Rel. Min. MAURO CAMPBELL MARQUES, julgado em 10/06/2008, Dje de 19/06/2006).

Pode-se afirmar, portanto, "que os métodos de interpretação não cumprem as funções sistemáticas, hermenêuticas e de garantia que lhes são assinaladas pelo pensamento jus-filosófico clássico. Em contrapartida cumprem outras funções, tais como: 1) função mítica da consolidação das crenças jurídicas; 2) função redefinitória enquanto podem ser utilizados como um "relato" despido de sua função explicativa, embora mantenham a aparência e gerem a ilusão de funcionar como tal" (WARAT, 1994, p. 88).

Oportuno é o entendimento crítico de MARINS (2012, p. 408): "[...] até mesmo "disposição literal de lei" ensejam dúvidas, de modo que mesmo a consulta formulada sobre comando literal deve ser considerada eficaz, exceto em casos de ostensiva má-fé. Da mesma forma, não se pode exigir do contribuinte de boa-fé, que conheça o conteúdo de todo e qualquer ato normativo – sobretudo os de caráter infralegal. Logo, mesmo nos casos em que exista ato disciplinador do tema consultado, a falta de conhecimento pelo contribuinte – cuja boa-fé na formulação seja presumida – deve ser escusável".

Logicamente, não há como se querer compreender a "disposição literal de lei" de forma apartada ao fato determinado. Em Direito, norma, fato e valor devem caminhar conjuntamente. A dúvida fundada não se configura em abstrato, ao revés a incerteza só emerge a partir do contraste da "disposição literal de lei" e a situação fática devidamente delineada.

Em suma, aquele que formula consulta fiscal sobre específico dispositivo normativo, o qual se mostra claro, congruente e incontroverso em relação a determinado fato não demonstra boa-fé em sua solicitação, uma vez que o resultado hermenêutico é de fácil apreensão. A propósito, o artigo 80 do Código de Processo Civil reputa litigante de má-fé aquele que deduz pretensão ou defesa contra texto expresso de lei ou fato incontroverso. A interpretação, da mesma forma, deve ocorrer *cum grano salis*[40].

X – quando o fato estiver definido como crime ou contravenção penal;

Decreto-lei nº 3.914, de 9 de dezembro de 1941 (Lei de Introdução ao Código Penal)	Art. 1º. Considera-se crime a infração penal a que a lei comina pena de reclusão ou de detenção, quer isoladamente ou cumulativamente com a pena de multa; contravenção, a infração penal a que a lei comina, isoladamente, pena de prisão simples ou multa, ou ambas, alternativa ou cumulativamente.

INEFICÁCIA. FATO DEFINIDO COMO CRIME OU CONTRAVENÇÃO

Quanto ao ponto, vale a transcrição do entendimento de Neder & Martinez López a respeito do tema (NEDER, LÓPEZ, 2010, pp. 541/542):

> "Se, no entanto, a autoridade administrativa identificar crime ou contravenção penal no caso concreto descrito pelo consulente, não há como ela concordar com o agir do contribuinte. Então, não há dúvida a ser dirimida, a resposta do Fisco seria sempre no sentido de orientar sobre o impedimento legal à prática do ato ilícito pelo contribuinte, porquanto a conduta descrita na consulta irá lesar um bem jurídico protegido pela lei penal. Assim, o legislador estabelece que, se formulada a consulta nesses termos, não produzirá os efeitos de proteção ao consulente previstos no PAF [processo administrativo fiscal] e na legislação que o alterou [...] Ocorre que, ao consultar, o contribuinte, em princípio, ainda não cometeu qualquer in-

---

40 Caracteriza infração disciplinar o advogado pleitear "contra literal disposição de lei, presumindo-se a boa-fé quando fundamentado na inconstitucionalidade, na injustiça da lei ou em pronunciamento judicial anterior" (art. 34, VI, da lei 8.906, de 4 de julho de 1994 – Estatuto da Advocacia), e 'não caracteriza má-fé a litigância só porque a parte emprestou a determinado dispositivo de lei ou a certo julgado uma interpretação diversa da que neles efetivamente contida ou desafeiçoada ao entendimento que lhe dá o juízo" (STJ, REsp 21.185-9, Rel. Min. CÉSAR ROCHA, DJ 22/11/1993).

fração, apenas está pedindo orientação. Mas, não há interesse público em a administração orientar o cidadão sobre práticas delituosas, por exemplo, consultas que versem sobre nota fiscal fria ou omissão de receitas ou lucros auferidos não produzem efeitos".

CRIME E CONTRAVENÇÃO

O art. 1º da Lei de Introdução o Código Penal estabelece que "considera-se crime a infração penal a que a lei comina pena de reclusão ou de detenção, quer isoladamente ou cumulativamente com a pena de multa; contravenção, a infração penal a que a lei comina, isoladamente, pena de prisão simples ou multa, ou ambas, alternativa ou cumulativamente. Tem-se que a distinção entre crime e contravenção penal é de grau, quantitativa e também qualitativa (qualidade da pena) e não ontológica. Cuida-se, em essência, de espécies do gênero infração penal, diferenciando-se quanto à gravidade da sanção penal.

XI – quando não descrever, completa e exatamente, a hipótese a que se referir, ou não contiver os elementos necessários à sua solução, salvo se a inexatidão ou omissão for escusável, a critério da autoridade competente;

Parecer Normativo CST nº 342, de 1970 (DOU de 21.10.1970)	Não será tomada em consideração e, conseqüentemente será tida como inoperante a consulta que não focalizar com clareza o objeto da dúvida. Orientação válida para todos os impostos a cargo da SRF.
Solução de Consulta Cosit nº 475, de 26 de setembro de 2017	CLASSIFICAÇÃO FISCAL DE SERVIÇOS. DESCUMPRIMENTO DE REQUISITOS. INEFICÁCIA PARCIAL. Deve ser considerada ineficaz a consulta quando não descrever completamente o serviço a ser classificado e não contiver os elementos necessários à sua elucidação.
Solução de Consulta nº 70, Cosit, de 30 de janeiro de 2017	ASSUNTO: NORMAS DE ADMINISTRAÇÃO TRIBUTÁRIA. EMENTA: INEFICÁCIA. É ineficaz a consulta que não indicar o dispositivo legal que ensejou a dúvida de interpretação ou não descrever completa e exatamente a hipótese a que se refere.

INEFICÁCIA. INEXATIDÃO DA HIPÓTESE

A fim de que a consulta seja tida por regular, é necessário que os requisitos e pressupostos estipulados pela legislação tributária sejam atendidos. Dentre esses, a exposição do fato determinado e a indicação de informações complementares hão de ser realizadas de forma detalhada[41]. A disciplina deste inciso diz respeito à consulta fiscal cujo delineamento fático é vago, impreciso ou contraditório. Nessa hipótese, há imprecisão e deficiência informacional que prejudicam o conhecimento, por parte da autoridade fiscal, da matéria objeto da consulta. Como é pressuposto para o conhecimento da consulta que o fato seja determinado, a indefinição, a indeterminação conduz à ineficácia da consulta fiscal, uma vez que não atende aos pressupostos de validade impostos pela legislação tributária para fins de conhecimento da matéria.

XII – quando versar sobre procedimentos relativos a parcelamento de débitos administrados pela RFB;

Ato Declaratório Normativo COSIT nº 22, de 1º de outubro de 1996 (DOU de 01.10.1996)	Não se compatibilizam com o instituto da consulta questões relacionadas com o parcelamento de débitos fiscais, cuja competência para apreciação e aplicação das disposições legais e regulamentares específicas é da autoridade administrativa que jurisdiciona o domicílio tributário do contribuinte.
Solução de Divergência nº 25, Cosit, de 9 de novembro de 2011	Assunto: Normas Gerais de Direito Tributário. 1. São incompatíveis com o processo de consulta as questões relacionadas a parcelamento de débitos fiscais, assim consideradas as que tratam especificamente dos termos do acordo de parcelamento, cuja adesão é facultativa, e as relacionadas à constituição ou à procedência do crédito tributário que deu origem ao parcelamento [...]

---

41 Confira inciso III do art. 3º e art. 4º desta Instrução Normativa.

XIII – sobre matéria estranha à legislação tributária e aduaneira; e

Solução de Consulta nº 562, Cosit, de 26 de dezembro de 2017	EMENTA: INEFICÁCIA PARCIAL. É ineficaz a consulta cuja matéria é estranha à legislação tributária ou aduaneira.
Solução de Consulta nº 197, Cosit, de 29 de julho de 2017	EMENTA: PROCESSO DE CONSULTA. INEFICÁCIA PARCIAL. É ineficaz a consulta apresentada, quando o fato estiver definido ou declarado em disposição literal de lei; ou que demande a interpretação de norma individual e concreta, por caracterizar matéria estranha à legislação tributária.
Solução de Consulta nº 66, Disit/SRRF05, de 8 de agosto de 2013	ASSUNTO: OBRIGAÇÕES ACESSÓRIAS. EMENTA: O processo administrativo de consulta tem por escopo o esclarecimento de dúvidas relativas à interpretação da legislação tributária federal, não alcançando dúvidas de natureza procedimental, a exemplo daquelas referentes ao preenchimento da Escrituração Fiscal Digital das Contribuições incidentes sobre a Receita (EFD-Contribuições), do que decorre a ineficácia da consulta quanto a tal matéria.
Solução de Consulta Disit/SRRF05 nº 31, de 31 de maio de 2013	ASSUNTO: Processo Administrativo Fiscal. EMENTA: INEFICÁCIA DA CONSULTA. Não compete à Autoridade Fiscal manifestar-se, em processos de consulta protocolizados no âmbito da Secretaria da Receita Federal do Brasil, acerca da interpretação de dispositivos integrantes da legislação tributária estadual. É ineficaz a consulta quando não se tratar de dúvida quanto à interpretação da legislação tributária, mas de orientação quanto ao preenchimento de programas validadores.
Solução de Consulta nº 18, de 7 de maio de 2010	ASSUNTO: Simples Nacional EMENTA: ESCRITÓRIO DE CONTABILIDADE. PAGAMENTO DE ISS. As dúvidas relativas à interpretação da legislação municipal em relação ao recolhimento do ISS devem ser direcionadas ao Município. Consulta Ineficaz.

Solução de Consulta nº 62, de 12 de novembro de 2010	ASSUNTO: NORMAS DE ADMINISTRAÇÃO TRIBUTÁRIA. EMENTA: INEFICÁCIA PARCIAL. É ineficaz a parte da consulta que fundamenta questionamento em dificuldades administrativas decorrentes da incompatibilidade entre os procedimentos de gestão adotados pela consulente e a legislação tributária aplicável.
Solução de Consulta 5 – COSIT, de 6 de janeiro de 2014.	EMENTA: INEFICÁCIA PARCIAL. INOBSERVÂNCIA. PRECEITOS NORMATIVOS. Não produz efeitos a consulta na parte relativa às indagações sobre a escrita fiscal bem como sobre compensação de tributos, matéria definida em disposição literal de lei e disciplinada em ato normativo publicado na Imprensa Oficial antes de sua apresentação [...]
Solução de Consulta nº 50, de 24 de maio de 2010.	ASSUNTO: PROCESSO ADMINISTRATIVO FISCAL. EMENTA: INEFICÁCIA PARCIAL DA CONSULTA Declara-se a ineficácia parcial da consulta, uma vez que a solicitação de orientação quanto aos procedimentos que os agentes da bolsa de valores e de custódia devem realizar não constitui dúvida sobre interpretação da legislação tributária.
Solução de Consulta 402 – COSIT, de 12 de setembro de 2017	ASSUNTO: PROCESSO ADMINISTRATIVO FISCAL EMENTA: PROCESSO DE CONSULTA. INEFICÁCIA PARCIAL. É ineficaz a consulta formulada sobre classificação de determinada atividade nos códigos da CNAE, porque essa matéria é estranha à legislação tributária ou aduaneira, sendo de competência do IBGE.
Parecer CST nº 1.860, de 7 de julho de 1980	O processo administrativo de consulta tem por pressuposto (art. 46 do Decreto nº 70.235/72) "consulta sobre dispositivos da legislação tributária aplicáveis a fato determinado". Não comporta, portanto, apreciação de assuntos não especificamente determinados, sobre correção da utilização de contratos de direito privado ou sobre a refutação de anteriores manifestações da CST, ou matérias pertencentes ao regime do contencioso administrativo.
Parecer CST/SIPR nº 2.966, de 24 de novembro de 1981	É ineficaz a consulta que verse sobre matérias estranhas à legislação tributária (adentra no terreno da legislação societária e comercial) e cujas dúvidas não se reportem a fato determinado, colocado clara e objetivamente na inicial.

XIV – quando tiver por objetivo a prestação de assessoria jurídica ou contábil-fiscal pela RFB[42].

COMENTÁRIOS DO AUTOR

A consulta fiscal federal não é instrumento para a realização de prestação de serviços de assessoria jurídica ou contábil-fiscal. Essa competência não se insere no rol de atribuições do órgão fazendário. O órgão fazendário não está à disposição dos consulentes para servi-los como auxiliar técnico, ainda que dotado de alta especialização em temas de natureza tributária e contábil.

Parecer CST/SIPR n° 448, de 1990	Não cabe à Secretaria da Receita Federal a prestação de assessoria contábil-fiscal a contribuintes.
Solução de Consulta nº 6013, Disit/SRRF06, de 4 de abril de 2017	ASSUNTO: NORMAS GERAIS DE DIREITO TRIBUTÁRIO. EMENTA: INEFICÁCIA PARCIAL. Não produz efeitos a consulta quando o fato questionado estiver definido em disposição literal de lei, ou que tiver por objetivo a prestação de assessoria jurídica ou contábil-fiscal pela RFB.
Solução de Consulta nº 99.003, Cosit, de 5 de agosto de 2014	[...] DECLARAÇÃO DE INEFICÁCIA PARCIAL. CONSULTA COM O OBJETIVO DE PRESTAÇÃO DE ASSESSORIA CONTÁBIL-FISCAL PELA RFB. Não produz efeitos a consulta formulada com o intuito de que a RFB preste assessoria relativa ao direito societário, não cabendo à Administração Tributária pronunciar-se sobre a legalidade da reestruturação societária pretendida.
Parecer CST/SIPR nº 448, de 3 de maio de 1990	Não cabe à Secretaria da Receita Federal a prestação de assessoria contábil-fiscal a contribuintes.

§ 1º O disposto no inciso IV do caput não se aplica a consulta formulada por órgão público, na hipótese a que se refere o art. 14, tendo em vista que a resposta terá caráter meramente informativo.

---

42 Trata-se de premissa idêntica àquela aplicável à atividade judiciária: "a utilização do Poder Judiciário como órgão consultivo é incompatível com a essência da atividade jurisdicional. Jurisprudência assentada" (STF, AI 257.205-AgR-ED-ED, Rel. Min. CEZAR PELUSO, Segunda Turma, DJe 24/10/2008).

COMENTÁRIO DO AUTOR

Quando órgão da administração pública consultar sobre determinada situação problemática em que não figure como sujeito passivo e nem seja parte do litígio, pendente de decisão definitiva nas esferas judicial ou administrativa, em que se controverte sobre a mesma situação problemática, a consulta fiscal não deverá ser declarada ineficaz, uma vez que a resposta veiculada na solução administrativa terá caráter meramente informativo.

§ 2º O disposto no inciso V do caput não se aplica à consulta apresentada em unidade da RFB no período em que o consulente houver readquirido a espontaneidade em virtude de inobservância, pelo Auditor-Fiscal da Receita Federal do Brasil encarregado do procedimento fiscal, do disposto no § 2º do art. 7º do Decreto nº 70.235, de 6 de março de 1972, ainda que a fiscalização não tenha sido encerrada.

| Decreto nº 7.574, de 29 de setembro de 2011 | Art. 33. O procedimento fiscal tem início com (Decreto nº 70.235, de 1972, art. 7º):
I – o primeiro ato de ofício, por escrito, praticado por servidor competente, cientificado o sujeito passivo da obrigação tributária ou seu preposto;
II – a apreensão de mercadorias;
III – a apreensão de documentos ou de livros; ou
IV – o começo do despacho aduaneiro de mercadoria importada.
§ 1º O início do procedimento exclui a espontaneidade do sujeito passivo em relação aos atos anteriores e, independentemente de intimação, a dos demais envolvidos nas infrações verificadas.
§ 2º O ato que determinar o início do procedimento fiscal exclui a espontaneidade do sujeito passivo em relação ao tributo, ao período e à matéria nele expressamente inseridos.
§ 3o Para os efeitos do disposto nos §§ 1o e 2o, os atos referidos nos incisos I, II e III do caput valerão pelo prazo de sessenta dias, prorrogável, sucessivamente, por igual período contado a partir do término, com qualquer outro ato escrito que indique o prosseguimento dos trabalhos, desde que lavrado e cientificado ao sujeito passivo dentro do prazo anterior. |

> § 4o Para efeitos do disposto no inciso IV do caput, tem-se:
> I – por iniciado o despacho aduaneiro de importação na data do registro da declaração de importação (Decreto nº 6.759, de 5 de fevereiro de 2009, art. 545); e
> II – por registro da Declaração de Importação a sua numeração pela Secretaria da Receita Federal do Brasil no Sistema Integrado de Comércio Exterior -SISCOMEX ou, quando dispensado o registro com a utilização desse meio, na forma estabelecida por esse órgão (Decreto no 6.759, de 2009, art. 545, §§ 1o e 2o). (grifos nossos)

COMENTÁRIO DO AUTOR

A restituição da espontaneidade dá-se quando, no curso de procedimento fiscal, a autoridade fiscal remanesce inerte por período superior a sessenta dias. Se, por um lado, o primeiro ato escrito da autoridade fiscal incumbida de realizar a auditoria exclui a espontaneidade[43]; por outro, a inércia do auditor por um período superior a sessenta dias provoca a restituição da espontaneidade em favor do sujeito passivo da obrigação tributária. Vale mencionar que o instituto jurídico, ora em análise, não se confunde com outro, disciplinado no artigo 138 do Códex Tributário[44], vale dizer, a denúncia espontânea.

§ 3º O disposto no inciso XII do caput não se aplica à hipótese de consulta sobre a interpretação das normas acerca do parcelamento de débitos administrados pela RFB, ressalvadas as competências previstas em leis e atos normativos específicos.

---

43   Atente-se ao fato de que é o primeiro ato escrito que cientifique o início do procedimento fiscal que exclui a espontaneidade do sujeito passivo da obrigação tributária e não a emissão do Mandado de Procedimento Fiscal (MPF). Por todos, confira o Acórdãos CSRF/01-06.044 e CSRF/01-06.045, rel. Cons. José Clóvis Alves, sessão de 10.11.2008.

44   Lei nº 5.172, de 25 de outubro de 1966: [...] Art. 138. A responsabilidade é excluída pela denúncia espontânea da infração, acompanhada, se for o caso, do pagamento do tributo devido e dos juros de mora, ou do depósito da importância arbitrada pela autoridade administrativa, quando o montante do tributo dependa de apuração. Parágrafo único. Não se considera espontânea a denúncia apresentada após o início de qualquer procedimento administrativo ou medida de fiscalização, relacionados com a infração [...]

EXTENSÃO DA INEFICÁCIA

A declaração de ineficácia relacionada a normas jurídicas relativa a parcelamento alcança, de certo, aspectos procedimentais. Dúvidas interpretativas relacionadas com normas de direito material atinentes a determinado parcelamento não devem seguir a mesma sorte.

Solução de Consulta nº 7, Cosit, de 8 de março de 2018	ASSUNTO: NORMAS GERAIS DE DIREITO TRIBUTÁRIO. EMENTA: DECLARAÇÃO PARCIAL DE INEFICÁCIA. O processo de consulta não se presta ao fornecimento de orientações procedimentais, cuja competência para apreciação e aplicação das disposições legais e regulamentares específicas, no contexto operacional, é da autoridade administrativa que jurisdiciona o domicílio tributário do contribuinte.
Solução de Consulta nº 185, de 11 de setembro de 2002	PARCELAMENTO DE DÉBITOS. O parcelamento de débitos de que trata o art. 11 da Medida Provisória nº 38/2002 só seria possível se atendidas as condições estabelecidas pelo art. 17 da Lei nº 9.779/1999 e pelo art. 11 da Medida Provisória nº 2.158-35/2001. Os débitos de que tratam o art. 11 da Medida Provisória nº 38/2002 poderão ser parcelados em até seis parcelas, na forma art. 17, § 3º, da Lei nº 9.779/1999, introduzido pelo art. 11 da Medida Provisória nº 2.158-35/2001. INEFICÁCIA PARCIAL. A consulente não está autorizada a formular consulta que não se refira a dispositivos da legislação tributária aplicáveis a fato determinado. Declaro, com base no art. 46, conjugado com o art. 52, I, do PAF, bem como, no art. 2, I, conjugado com o art. 11 da Instrução Normativa SRF nº 2/1997, a ineficácia parcial, para todos os efeitos legais, da presente consulta.
Solução de Consulta nº 185, de 11 de setembro de 2002	PARCELAMENTO DE DÉBITOS. O parcelamento de débitos de que trata o art. 11 da Medida Provisória nº 38/2002 só seria possível se atendidas as condições estabelecidas pelo art. 17 da Lei nº 9.779/1999 e pelo art. 11 da Medida Provisória nº 2.158-35/2001. Os débitos de que tratam o art. 11 da Medida Provisória nº 38/2002 poderão ser parcelados em até seis parcelas, na forma art. 17, § 3º, da Lei nº 9.779/1999, introduzido pelo art. 11 da Medida Provisória nº 2.158-35/2001. INEFICÁCIA PARCIAL. A consulente não está autorizada a formular consulta que não se refira a dispositivos da legislação tributária aplicáveis a fato determinado. Declaro, com base no art. 46, conjugado com o art. 52, I, do PAF, bem como, no art. 2, I, conjugado com o art. 11 da Instrução Normativa SRF nº 2/1997, a ineficácia parcial, para todos os efeitos legais, da presente consulta.

§ 4º Os efeitos produzidos pela consulta cessarão após 30 (trinta) dias da data de publicação na Imprensa Oficial, posteriormente à apresentação da consulta e antes de sua solução, de ato normativo que discipline a matéria consultada.

Lei nº 5.172, de 25 de outubro de 1966 (Código Tributário Nacional)	Art. 100. São normas complementares das leis, dos tratados e das convenções internacionais e dos decretos: [...] II – as decisões dos órgãos singulares ou coletivos de jurisdição administrativa, a que a lei atribua eficácia normativa; [...] Parágrafo único. A observância das normas referidas neste artigo exclui a imposição de penalidades, a cobrança de juros de mora e a atualização do valor monetário da base de cálculo do tributo.
	Art. 103. Salvo disposição em contrário, entram em vigor: [...] II – as decisões a que se refere o inciso II do artigo 100, quanto a seus efeitos normativos, 30 (trinta) dias após a data da sua publicação [...]

COMENTÁRIO DO AUTOR

Se, entre a data do protocolo da consulta e antes de sua solução, houver publicação de ato normativo que discipline a matéria consultada, os efeitos protetores, inerentes a toda consulta eficaz, somente se extinguirão após decorridos trinta dias da data de publicação, na Imprensa oficial, do ato normativo expedido. Obviamente, os casos de ineficácia da consulta fiscal não estão abrangidos pela regra jurídica sob análise.

Capítulo V

DO RECURSO ESPECIAL E DA REPRESENTAÇÃO

Lei nº 9.784, de 29 de janeiro de 1999	Art. 2º A Administração Pública obedecerá, dentre outros, aos princípios da legalidade, finalidade, motivação, razoabilidade, proporcionalidade, moralidade, ampla defesa, contraditório, segurança jurídica, interesse público e eficiência. Parágrafo único. Nos processos administrativos serão observados, entre outros, os critérios de: [...] X – garantia dos direitos à comunicação, à apresentação de alegações finais, à produção de provas e à interposição de recursos, nos processos de que possam resultar sanções e nas situações de litígio;

RECURSOS DAS SOLUÇÕES

Até a promulgação da Lei nº 9.430, de 27 de dezembro de 1996, a legislação tributária federal – Decreto nº 70.235, de 1972 – previa, em regra[1], a existência de duas instâncias administrativas para apreciar e solucionar consultas fiscais. Assegurava-se ao consulente o direito à interposição de recurso, com efeito suspensivo, caso a decisão de primeira instância lhe fosse desfavorável. Em observância à 'paridade de armas'[2],

---

1   Confira a redação do art. 54 do Decreto nº 70.235, de 6 de março de 1972. Por força do artigo 49 da Lei nº 9.430, de 1996, os artigos 54 a 58 do Decreto nº 70.235, de 1972, tornaram-se inaplicáveis ao processo administrativo de consulta no âmbito da Secretaria da Receita Federal do Brasil.

2   "Para que a disputa se desenvolva lealmente e com paridade de armas, é necessária [...] a perfeita igualdade entre as partes: em primeiro lugar, que a defesa seja dotada das mesmas capacidades e dos mesmos poderes da acusação; em segundo

o regramento anterior impunha recurso de ofício sempre que a decisão contrariasse interesses fazendários[3].

A partir da Lei nº 9.430, de 1996, a consulta fiscal passou a ser decidida em instância única, havendo previsão apenas de interposição do recurso especial, sem efeito suspensivo[4] e de representação à Coordenação Geral de Tributação (Cosit) a ser manejada por qualquer servidor público da Administração Pública Federal.

O consulente poderá valer-se ou não do recurso especial, não significando dizer que, nessa última hipótese, tenha se conformado com a palavra oficialmente enunciada. A interposição de recurso especial no processo de consulta fiscal não está condicionada ao pagamento de qualquer taxa[5]. Apesar de a solução de consulta qualificar-se pela nota da definitividade, não implica dizer que a mesma seja imutável. Por isso, cabível a reforma da decisão administrativa. De feição marcadamente processual, o recurso especial de divergência é outro mecanismo institucional formal de controle de legalidade[6] dos atos administrativos

---

lugar, que o seu papel contraditor seja admitido em todo estado e grau do procedimento e em relação a cada ato probatório singular, das averiguações judiciárias e das perícias ao interrogatório do imputado, dos reconhecimentos aos testemunhos e às acareações" (FERRAJOLI, 2006, p. 565).

3   Valdir de Oliveira Rocha criticava a previsão de recurso de ofício em favor da Administração Pública. Pontuava que merecia crítica "a previsão do art. 57 do Decreto federal nº 70.235/72, segundo o qual a autoridade de primeira instância recorrerá de ofício de decisão *favorável* ao consulente (grifei)". Segundo ele, se "atento ao ordenamento jurídico, devidamente interpretado, o órgão administrativo decide a consulta e o faz motivadamente, atende ao interesse público; por isso, em situações tais, nunca há que se entender a decisão como favorável ou desfavorável ao consulente, favorável ou desfavorável ao Fisco" (ROCHA, 1996, p. 84).

4   Vide comentários relativos ao §2º do art. 7º desta Instrução Normativa.

5   Lei nº 9.784, de 29 de janeiro de 1999: [...] Art. 2º A Administração Pública obedecerá, dentre outros, aos princípios da legalidade, finalidade, motivação, razoabilidade, proporcionalidade, moralidade, ampla defesa, contraditório, segurança jurídica, interesse público e eficiência [...] Parágrafo único. Nos processos administrativos serão observados, entre outros, os critérios de: XI – **proibição de cobrança de despesas processuais, ressalvadas as previstas em lei** [...] (grifos nossos)

6   Atente para a possibilidade de outro mecanismo de controle: a revisão de ofício. Nesse sentido o artigo 54 da Lei nº 9.784 de 1999, é categórico: "[...] Art. 54. O direito da Administração de anular os atos administrativos de que decorram efeitos favoráveis para os destinatários decai em cinco anos, contados da data em que foram praticados, salvo comprovada má-fé [...]" Em igual sentido, a Súmula nº 473

que instrumentaliza a modificação ou a desconstituição de solução de consulta que destoe do entendimento institucional dominante. A alteração da interpretação da legislação tributária decorre da contínua necessidade de adaptação dos textos normativos à realidade circundante. A modificação contextual é fator determinante para a modificação da interpretação jurídica até então em vigor, uma vez que não mais encontra correspondência com as circunstâncias atuais.

Visando preservar a estabilidade das relações tributárias estabelecidas entre a Fazenda Nacional e os sujeitos passivos, o recurso especial e a representação alertam a Administração Tributária acerca de potencial divergência entre conclusões de Soluções de Consulta atinentes à determinada matéria fiscal, fundadas sobre mesmo dispositivo normativo da legislação tributária. O objetivo desses instrumentos é a uniformização da interpretação oficial, de modo a expelir ou adequar eventual(ais) pronunciamento(s) destoante(s), havendo possibilidade, inclusive, de surgimento de uma nova interpretação jurídica. Privilegia-se, com esses mecanismos institucionais, a segurança jurídica, de modo a dissipar potencial estado de incerteza.

Art. 19. Havendo divergência de conclusões entre Soluções de Consulta relativas à mesma matéria, fundadas em idêntica norma jurídica, caberá recurso especial, sem efeito suspensivo, para a Cosit.

Lei nº 9.430, de 27 de dezembro de 1996	Art. 48. No âmbito da Secretaria da Receita Federal, os processos administrativos de consulta serão solucionados em instância única. § 5º Havendo diferença de conclusões entre soluções de consultas relativas a uma mesma matéria, fundada em idêntica norma jurídica, cabe recurso especial, sem efeito suspensivo, para o órgão de que trata o inciso I do § 1º.

do Supremo Tribunal Federal nos orienta: "A administração pode anular seus próprios atos, quando eivados de vícios que os tornam ilegais, porque deles não se originam direitos; ou revogá-los, por motivo de conveniência ou oportunidade, respeitados os direitos adquiridos, e ressalvada, em todos os casos, a apreciação judicial".

	§ 6º O recurso de que trata o parágrafo anterior pode ser interposto pelo destinatário da solução divergente, no prazo de trinta dias, contados da ciência da solução. § 7º Cabe a quem interpuser o recurso comprovar a existência das soluções divergentes sobre idênticas situações. § 8º O juízo de admissibilidade do recurso será realizado na forma disciplinada pela Secretaria da Receita Federal do Brasil. (Redação dada pela Lei nº 12.788, de 2013) § 9º Qualquer servidor da administração tributária deverá, a qualquer tempo, formular representação ao órgão que houver proferido a decisão, encaminhando as soluções divergentes sobre a mesma matéria, de que tenha conhecimento. § 10. O sujeito passivo que tiver conhecimento de solução divergente daquela que esteja observando em decorrência de resposta a consulta anteriormente formulada, sobre idêntica matéria, poderá adotar o procedimento previsto no § 5º, no prazo de trinta dias contados da respectiva publicação. § 11. A solução da divergência acarretará, em qualquer hipótese, a edição de ato específico, uniformizando o entendimento, com imediata ciência ao destinatário da solução reformada, aplicando-se seus efeitos a partir da data da ciência. § 12. Se, após a resposta à consulta, a administração alterar o entendimento nela expresso, a nova orientação atingirá, apenas, os fatos geradores que ocorram após dado ciência ao consulente ou após a sua publicação pela imprensa oficial.
Solução de Consulta nº 62, de 27 de junho de 2011	ASSUNTO: Normas de Administração Tributária EMENTA: DIVERGÊNCIA. REFORMA À SOLUÇÃO DE CONSULTA ANTERIOR. A emissão de Solução de Divergência anuncia o entendimento da autoridade legitimada a uniformizar a interpretação da norma jurídica tributária que disponha sobre tributos administrados pela RFB. Os efeitos modificativos por ela introduzidos são gerados a partir da data da ciência, por meio idôneo, da exegese que se descerra na Solução de Divergência.

Solução de Consulta nº 50, Disit/SRRF08, de 28 de fevereiro de 2013	EMENTA: INADMISSIBILIDADE. RECURSO ESPECIAL. Inadmissível recurso especial de divergência em relação a determinada matéria, quando estabelecida sua carência de objeto no que a ela toca. Igualmente inadmissível mostra-se o recurso especial de divergência em relação a matérias sobre as quais não se verifica divergência de conclusões entre as soluções de consultas que indica. Do mesmo modo, quando sequer aponta, no que refere a determinada matéria, a norma jurídica cujas alegadas diferentes interpretações ensejaram a sua apresentação.

RECURSO ESPECIAL DE DIVERGÊNCIA

O recurso especial de divergência visa a uniformizar entendimentos discrepantes proferidos pela própria Administração Tributária. Admitida a divergência entre duas soluções de consulta, por exemplo, uma das soluções ou parte de uma delas poderá ser extirpada do rol de entendimentos administrativos. Há, inclusive, a possibilidade de elaboração de uma terceira solução. A interposição do recurso especial de divergência implica a devolução da matéria à apreciação da Administração Tributária, não gerando a suspensão da eficácia das soluções de consulta em divergência até que novo pronunciamento oficial seja emitido. Por não gerar efeito suspensivo, a interposição do recurso especial não suspende a exigibilidade do crédito tributário, não impede a incidência de penalidade e sequer obsta a fluência dos juros moratórios.

JURISPRUDÊNCIA

STJ, REsp 600.218. REL. MIN., JOSÉ DELGADO, T1 – PRIMEIRA TURMA, DJ 17/05/2004. TRIBUTÁRIO RECURSO EM CONSULTA ADMINISTRATIVA. EXIGIBILIDADE DO CRÉDITO TRIBUTÁRIO. ARTIGO 48, § 5º, DA LEI 9430/96. ALEGATIVA DE INFRINGÊNCIA AOS ARTIGOS 535, II, DO CÓDIGO DE PROCESSO CIVIL E 151, III DO CÓDIGO TRIBUTÁRIO NACIONAL. INOCORRÊNCIA. RECURSO ESPECIAL DESPROVIDO. 1. Não comete infringência ao artigo 535, II, do Código de Processo Civil o acórdão que analisa todos os pontos relevantes atinentes à solução da lide posta em julgamento. O juiz, ao expor os

motivos que o levaram a decidir desta ou daquela maneira, não está subordinado a fazê-lo como quem responde a um questionário jurídico, mas sim fundamentadamente. Aliás, o decisório abordou explicitamente o artigo 151, III, do Código Tributário Nacional, tema da insurgência recursal. 2. **É certo que o processo administrativo de consulta produz pelo menos dois efeitos: a) suspensão do curso do prazo para pagamento do imposto, em relação à situação que está sendo discutida e b) impedimento, até o término do prazo fixado na resposta, para o início de qualquer procedimento fiscal destinado à apuração de infrações relacionadas com a matéria consultada.** Contudo, no presente caso, encontra-se correto o v. acórdão rechaçado na medida em que reconheceu que, nos termos do artigo 48, § 5º, da Lei 9430/96, **o recurso interposto sobre a resposta dada à consulta, quando divergir de outra conclusão, não tem efeito suspensivo**. Portanto, não ocorreu, *in casu*, violação ao disposto no artigo 151, III do Código Tributário Nacional. 3. Recurso especial desprovido. (grifos nossos)
TRF 5, APELREEX 135051220124058100, Rel. Des. Fed. MANOEL ERHARDT, Primeira Turma, DJe 12/12/2013.
TRIBUTÁRIO. MANDADO DE SEGURANÇA. RECURSO ESPECIAL ADMINISTRATIVO DE DIVERGÊNCIA. SOLUÇÃO DE CONSULTA. ATRIBUIÇÃO DE EFEITO SUSPENSIVO. EXCEPCIONALIDADE. PER RELATIONEM. 1. **Possibilidade de, excepcionalmente, atribuir-se efeito suspensivo ao recurso especial administrativo, na existência de soluções de consultas divergentes sobre a mesma matéria, até o julgamento do mesmo, a despeito do que dispõe o art. 48, parágrafo 5º, da Lei nº 9.430/96, se não há prejuízo para o Fisco que poderá cobrar os créditos tributários, em caso de decisão desfavorável ao contribuinte**. 2. Apelação e remessa oficial não providas. (grifos nossos)

§ 1º Se a divergência de que trata o caput se verificar entre Soluções de Consulta proferidas pela Cosit, a decisão será por esta revista, aplicando-se, nesse caso, o disposto no art. 17.

COMENTÁRIO DO AUTOR

Aparentemente, a centralização da competência para solucionar consultas fiscais revela-se forte argumento a justificar eventual imprevisão normativa de recurso especial vocacionado a desafiar a própria palavra do órgão emissor, ainda mais quando a palavra oficial é proferida por uma única unidade decisora. Quando um único centro é o responsável por deliberar sobre uma determinada matéria, é de se supor que as consultas fiscais de mesmo objeto sejam respondidas em mesmo sentido e jamais em sentidos diametralmente opostos ou mesmo diversos. Todavia, como a Administração deve se conduzir conforme a lei e o Direito, atuar segundo padrões éticos e de boa fé, propiciar adequado grau de certeza, de segurança e de respeito aos direitos dos administrados e interpretar o ato normativo, da forma que melhor garanta o atendimento ao fim público a que se dirige, o controle da juridicidade dos atos administrativos será melhor exercido se a participação dos sujeitos passivos da obrigação tributária estiver assegurada[7]. Daí a necessidade de previsão não só de recurso especial, como meio de contraditar a decisão proferida, mas também do instrumento de representação como mecanismos institucionais aptos a ensejar a revisão do ato administrativo[8].

§ 2º O recurso de que trata este artigo pode ser interposto pelo destinatário da solução divergente, no prazo de 30 (trinta) dias contado da ciência da solução que gerou a divergência, cabendo-lhe comprovar a existência das soluções divergentes sobre idênticas situações, mediante a juntada dessas soluções publicadas.

---

7 Confira fundamentalmente os incisos I, IV, IX, X e XIII do artigo 2º da Lei nº. 9.784, de 29 de janeiro de 1999.

8 Confira os seguintes artigos da Lei nº 9.784, de 29 de janeiro de 1999: [...] Art. 53. A Administração deve anular seus próprios atos, quando eivados de vício de legalidade, e pode revogá-los por motivo de conveniência ou oportunidade, respeitados os direitos adquiridos. Art. 54. O direito da Administração de anular os atos administrativos de que decorram efeitos favoráveis para os destinatários decai em cinco anos, contados da data em que foram praticados, salvo comprovada má-fé [...] De importância também o teor da Súmula nº 473, do Supremo Tribunal Federal: A Administração pode anular seus próprios atos, quando eivados de vícios que os tornem ilegais, porque deles não se originam direitos; ou revoga-los, por motivo de conveniência ou oportunidade, respeitados os direitos adquiridos, e ressalvada, em todos os casos, a apreciação judicial.

| Solução de Consulta nº 50, Disit/SRRF08, de 28 de fevereiro de 2013 | EMENTA: INADMISSIBILIDADE. RECURSO ESPECIAL. Inadmissível recurso especial de divergência em relação a determinada matéria, quando estabelecida sua carência de objeto no que a ela toca. **Igualmente inadmissível mostra-se o recurso especial de divergência em relação a matérias sobre as quais não se verifica divergência de conclusões entre as soluções de consultas que indica.** Do mesmo modo, quando sequer aponta, no que refere a determinada matéria, a norma jurídica cujas alegadas diferentes interpretações ensejaram a sua apresentação. (grifos nossos) |

COMENTÁRIO DO AUTOR

O destinatário da solução divergente detém legitimidade para interposição do recurso especial de divergência. Para tanto, deverá observar o prazo de trinta dias, cuja contagem se principia a partir da ciência da solução de consulta que gerou a divergência. Se o recurso especial de divergência for intempestivo e efetivamente se configurar contraste interpretativo entre soluções de consulta, embora a inadmissibilidade recursal tenha que ser declarada, o servidor da Administração Tributária federal deverá formular representação à Cosit, encaminhando as soluções divergentes sobre a mesma matéria, de que tomou conhecimento, e indicando as divergências por ele observadas. Assim, recomenda-se a interposição de recurso especial de divergência que, não obstante extemporâneo, possa promover, indiretamente, novo pronunciamento do órgão central.

Na contagem do trintídio, o dia do início deve ser excluído e o do vencimento há de ser considerado, isto é, incluído. Frise-se, por relevante, que os prazos só iniciam ou vencem no dia de expediente normal no órgão em que corra o processo ou deva ser praticado o ato[9].

> **§ 3º Sem prejuízo do disposto no art. 9º, o sujeito passivo que tiver conhecimento de solução divergente daquela que esteja observando, em decorrência de resposta a consulta anteriormente formulada sobre idêntica matéria, poderá adotar o procedimento previsto no caput, no prazo de 30 (trinta) dias contado da respec-**

---

9   Confira artigo 5º do Decreto nº 70.235, de 6 de março de 1972.

tiva publicação.

Lei nº 9.430, de 27 de dezembro de 1996	Art. 48. No âmbito da Secretaria da Receita Federal, os processos administrativos de consulta serão solucionados em instância única. [...] § 10. O sujeito passivo que tiver conhecimento de solução divergente daquela que esteja observando em decorrência de resposta a consulta anteriormente formulada, sobre idêntica matéria, poderá adotar o procedimento previsto no § 5º, no prazo de trinta dias contados da respectiva publicação.

COMENTÁRIO DO AUTOR

Não só o destinatário da solução de consulta que gerou a divergência detém legitimidade para interpor recurso especial. A legitimação recursal, segundo o §3º, alcança igualmente todo aquele que estiver ao abrigo de solução de consulta pronunciada anteriormente, cuja conclusão contrarie à conclusão da solução divergente.

A despeito do *caput* fazer alusão à divergência entre soluções de consulta, a RFB, em interpretação ampliativa, tem entendido, por meio de algumas decisões administrativas singulares, que o recurso especial é aplicável também às hipóteses em que a declaração de ineficácia estiver suportada nos incisos VII e IX do artigo 18 desta Instrução Normativa. Nesse caso, o recurso especial, destituído de efeito suspensivo, deverá demonstrar a existência de solução de consulta a respeito da matéria ventilada por meio de consulta tida por ineficaz.

§ 4º Da Solução de Divergência será dada ciência imediata ao destinatário da Solução de Consulta reformada, aplicando-se seus efeitos a partir da data da ciência, observado, conforme o caso, o disposto no art. 17.

Decreto nº 70.235, de 6 de março de 1972	Art. 23. Far-se-á a intimação: I – pessoal, pelo autor do procedimento ou por agente do órgão preparador, na repartição ou fora dela, provada com a assinatura do sujeito passivo, seu mandatário ou preposto, ou, no caso de recusa, com declaração escrita de quem o intimar; (Redação dada pela Lei nº 9.532, de 1997) (Produção de efeito)

II – por via postal, telegráfica ou por qualquer outro meio ou via, com prova de recebimento no domicílio tributário eleito pelo sujeito passivo; (Redação dada pela Lei nº 9.532, de 1997) (Produção de efeito)

III – por meio eletrônico, com prova de recebimento, mediante: (Redação dada pela Lei nº 11.196, de 2005)

a) envio ao domicílio tributário do sujeito passivo; ou (Incluída pela Lei nº 11.196, de 2005)

b) registro em meio magnético ou equivalente utilizado pelo sujeito passivo. (Incluída pela Lei nº 11.196, de 2005) [...]

§ 1o Quando resultar improfícuo um dos meios previstos no caput deste artigo ou quando o sujeito passivo tiver sua inscrição declarada inapta perante o cadastro fiscal, a intimação poderá ser feita por edital publicado: (Redação dada pela Lei nº 11.941, de 2009)

I – no endereço da administração tributária na internet; (Incluído pela Lei nº 11.196, de 2005)

II – em dependência, franqueada ao público, do órgão encarregado da intimação; ou (Incluído pela Lei nº 11.196, de 2005)

III – uma única vez, em órgão da imprensa oficial local. (Incluído pela Lei nº 11.196, de 2005)

§ 2° Considera-se feita a intimação:

I – na data da ciência do intimado ou da declaração de quem fizer a intimação, se pessoal;

II – no caso do inciso II do caput deste artigo, na data do recebimento ou, se omitida, quinze dias após a data da expedição da intimação; (Redação dada pela Lei nº 9.532, de 1997) (Produção de efeito)

III – se por meio eletrônico: (Redação dada pela Lei nº 12.844, de 2013)

a) 15 (quinze) dias contados da data registrada no comprovante de entrega no domicílio tributário do sujeito passivo; (Redação dada pela Lei nº 12.844, de 2013)

b) na data em que o sujeito passivo efetuar consulta no endereço eletrônico a ele atribuído pela administração tributária, se ocorrida antes do prazo previsto na alínea a; ou (Redação dada pela Lei nº 12.844, de 2013)

c) na data registrada no meio magnético ou equivalente utilizado pelo sujeito passivo; (Incluída pela Lei nº 12.844, de 2013)

	IV – 15 (quinze) dias após a publicação do edital, se este for o meio utilizado. (Incluído pela Lei nº 11.196, de 2005) § 3o Os meios de intimação previstos nos incisos do caput deste artigo não estão sujeitos a ordem de preferência. (Redação dada pela Lei nº 11.196, de 2005) § 4o Para fins de intimação, considera-se domicílio tributário do sujeito passivo: (Redação dada pela Lei nº 11.196, de 2005) I – o endereço postal por ele fornecido, para fins cadastrais, à administração tributária; e (Incluído pela Lei nº 11.196, de 2005) II – o endereço eletrônico a ele atribuído pela administração tributária, desde que autorizado pelo sujeito passivo. (Incluído pela Lei nº 11.196, de 2005) § 5o O endereço eletrônico de que trata este artigo somente será implementado com expresso consentimento do sujeito passivo, e a administração tributária informar-lhe-á as normas e condições de sua utilização e manutenção. (Incluído pela Lei nº 11.196, de 2005) [...]
Lei nº 9.784, de 29 de janeiro de 1999	Art. 26. O órgão competente perante o qual tramita o processo administrativo determinará a intimação do interessado para ciência de decisão ou a efetivação de diligências. § 1o A intimação deverá conter: I – identificação do intimado e nome do órgão ou entidade administrativa; II – finalidade da intimação; III – data, hora e local em que deve comparecer; IV – se o intimado deve comparecer pessoalmente, ou fazer-se representar; V – informação da continuidade do processo independentemente do seu comparecimento; VI – indicação dos fatos e fundamentos legais pertinentes. § 2o A intimação observará a antecedência mínima de três dias úteis quanto à data de comparecimento. § 3o A intimação pode ser efetuada por ciência no processo, por via postal com aviso de recebimento, por telegrama ou outro meio que assegure a certeza da ciência do interessado. § 4o No caso de interessados indeterminados, desconhecidos ou com domicílio indefinido, a intimação deve ser efetuada por meio de publicação oficial. § 5o As intimações serão nulas quando feitas sem observância das prescrições legais, mas o comparecimento do administrado supre sua falta ou irregularidade.

	Art. 27. O desatendimento da intimação não importa o reconhecimento da verdade dos fatos, nem a renúncia a direito pelo administrado. Parágrafo único. No prosseguimento do processo, será garantido direito de ampla defesa ao interessado. Art. 28. Devem ser objeto de intimação os atos do processo que resultem para o interessado em imposição de deveres, ônus, sanções ou restrição ao exercício de direitos e atividades e os atos de outra natureza, de seu interesse.

COMENTÁRIO DO AUTOR

A intimação é o ato pelo qual se dá ciência a alguém dos atos e termos do processo, para que faça algo ou deixe de fazer alguma coisa. O dispositivo ratifica a relevância da identificação precisa do consulente, que serve, também, para efetivação das comunicações supervenientes. Aplicam-se, no caso, as regras jurídicas de intimação previstas no processo administrativo fiscal (PAF), regulado pelo Decreto nº 70.235, de 1972, e, subsidiariamente, nas regras estatuídas pela Lei nº 9.784, de 1999.

Art. 20. Qualquer servidor da administração tributária federal deverá, a qualquer tempo, formular representação à Cosit, encaminhando as soluções divergentes sobre a mesma matéria, de que tenha conhecimento, e indicando as divergências por ele observadas.

Lei nº 8.112, de 11 de dezembro de 1990	Art. 116. São deveres do servidor: [...] VI – levar as irregularidades de que tiver ciência em razão do cargo ao conhecimento da autoridade superior ou, quando houver suspeita de envolvimento desta, ao conhecimento de outra autoridade competente para apuração
Solução de Consulta nº 4.019, Disit/SRRF04, de 28 de agosto de 2014	[...] Assunto: Processo Administrativo Fiscal. Qualquer servidor da administração tributária federal deverá, a qualquer tempo, formular representação à Coordenação-Geral de Tributação da Secretaria da Receita Federal do Brasil, encaminhando as soluções de consulta divergentes sobre a mesma matéria, de que tenha conhecimento, e indicando as divergências por ele observadas.

COMENTÁRIO DO AUTOR

A representação de servidor público da Administração Tributária Federal não se confunde com o recurso especial de divergência. É mecanismo diverso que visa, outrossim, à uniformização do entendimento institucional. A representação é instrumento que se origina internamente à Instituição. Tal qual o recurso especial de divergência, a representação não implica efeito de suspensão das soluções de consulta em divergência. Assim, a eficácia das soluções objeto do recurso continua a operar seu normal efeito até que a divergência seja resolvida em razão da provocação realizada mediante representação de servidor.

Art. 21. O juízo de admissibilidade do recurso especial e da representação será feito pela Disit ou pela Cosit.

| Decreto-lei nº 200, de 25 de fevereiro de 1967 (Dispõe sobre a organização da Administração Federal, estabelece diretrizes para a Reforma Administrativa e dá outras providências) | Art. 1º O Poder Executivo é exercido pelo Presidente da República auxiliado pelos Ministros de Estado.
Art. 2º O Presidente da República e os Ministros de Estado exercem as atribuições de sua competência constitucional, legal e regulamentar com o auxílio dos órgãos que compõem a Administração Federal.
Art. 3º Respeitada a competência constitucional do Poder Legislativo estabelecida no artigo 46, inciso II e IV, da Constituição, o Poder Executivo regulará a estruturação, as atribuições e funcionamento do órgãos da Administração Federal. (Redação dada pelo Decreto-Lei nº 900, de 1969)
Art. 4° A Administração Federal compreende: I – A Administração Direta, que se constitui dos serviços integrados na estrutura administrativa da Presidência da República e dos Ministérios.
Art. 6º As atividades da Administração Federal obedecerão aos seguintes princípios fundamentais: I – Planejamento. II – Coordenação. III – Descentralização. IV – Delegação de Competência. V – Contrôle.
Art. 10. A execução das atividades da Administração Federal deverá ser amplamente descentralizada. § 1º A descentralização será posta em prática em três planos principais: a) dentro dos quadros da Administração Federal, distinguindo-se claramente o nível de direção do de execução; b) da Administração Federal para a das unidades federadas, quando estejam devidamente aparelhadas |

	e mediante convênio; c) da Administração Federal para a órbita privada, mediante contratos ou concessões. § 2° Em cada órgão da Administração Federal, os serviços que compõem a estrutura central de direção devem permanecer liberados das rotinas de execução e das tarefas de mera formalização de atos administrativos, para que possam concentrar-se nas atividades de planejamento, supervisão, coordenação e contrôle. § 3º A Administração casuística, assim entendida a decisão de casos individuais, compete, em princípio, ao nível de execução, especialmente aos serviços de natureza local, que estão em contato com os fatos e com o público [...]
Lei nº 9.430, de 27 de dezembro de 1996	Art. 48. No âmbito da Secretaria da Receita Federal, os processos administrativos de consulta serão solucionados em instância única. [...] § 5º Havendo diferença de conclusões entre soluções de consultas relativas a uma mesma matéria, fundada em idêntica norma jurídica, cabe recurso especial, sem efeito suspensivo, para o órgão de que trata o inciso I do § 1º. § 6º O recurso de que trata o parágrafo anterior pode ser interposto pelo destinatário da solução divergente, no prazo de trinta dias, contados da ciência da solução. § 7º Cabe a quem interpuser o recurso comprovar a existência das soluções divergentes sobre idênticas situações. § 8o O juízo de admissibilidade do recurso será realizado na forma disciplinada pela Secretaria da Receita Federal do Brasil. (Redação dada pela Lei nº 12.788, de 2013) § 9º Qualquer servidor da administração tributária deverá, a qualquer tempo, formular representação ao órgão que houver proferido a decisão, encaminhando as soluções divergentes sobre a mesma matéria, de que tenha conhecimento. § 10. O sujeito passivo que tiver conhecimento de solução divergente daquela que esteja observando em decorrência de resposta a consulta anteriormente formulada, sobre idêntica matéria, poderá adotar o procedimento previsto no § 5º, no prazo de trinta dias contados da respectiva publicação. § 11. A solução da divergência acarretará, em qualquer hipótese, a edição de ato específico, uniformizando o entendimento, com imediata ciência ao destinatário da solução

	reformada, aplicando-se seus efeitos a partir da data da ciência. § 12. Se, após a resposta à consulta, a administração alterar o entendimento nela expresso, a nova orientação atingirá, apenas, os fatos geradores que ocorram após dado ciência ao consulente ou após a sua publicação pela imprensa oficial

COMENTÁRIO DO AUTOR

O juízo de admissibilidade do recurso e da representação a ser feito pelas autoridades fiscais, em exercício nas Divisões de Tributação (Disit) das Superintendências Regionais das dez regiões fiscais ou na Coordenação Geral de Tributação (Cosit), limita-se à averiguação da divergência do teor entre as Soluções de Consulta contrastantes e da verificação do atendimento aos requisitos formais impostos pela legislação de regência.

§ 1º Não cabe pedido de reconsideração do despacho que concluir pela inexistência de divergência interpretativa.

COMENTÁRIO DO AUTOR

Seguindo a mesma orientação fixada no §2º do artigo 7º desta Instrução Normativa, este inciso estabelece, para os casos em que se julgar pela inexistência de divergência entre soluções de consulta, o descabimento de pedido de reconsideração. Esta regra jurídica guarda coerência com o instituto da instância única estabelecido pelo desenhista legal, nos termos do artigo 48 da Lei nº 9.430 de 1996.

§ 2º Na apreciação de recurso especial ou de representação, deverá ser emitida Solução de Divergência pela Cosit.

Portaria RFB nº 1.098, de 8 de agosto de 2013	[...] Art. 2º São atos administrativos editados no âmbito da RFB: [...] VI – Despacho Decisório (DD); [...] XIX – Solução de Consulta (SC); XXI – Solução de Divergência (SD). Parágrafo único. O disposto no caput não impede a edição de outros atos previstos em legislação específica.

§ 3º Reconhecida a divergência, a Solução de Divergência acarretará a edição de ato específico de caráter geral, uniformizando o entendimento, com imediata ciência ao destinatário da solução reformada, aplicando-se seus efeitos a partir da data da ciência.

Lei nº 9.430, de 27 de dezembro de 1996	Art. 48. No âmbito da Secretaria da Receita Federal, os processos administrativos de consulta serão solucionados em instância única. § 11. A solução da divergência acarretará, em qualquer hipótese, a edição de ato específico, uniformizando o entendimento, com imediata ciência ao destinatário da solução reformada, aplicando-se seus efeitos a partir da data da ciência.
Lei nº 9.784, de 29 de janeiro de 1999	Art. 2o A Administração Pública obedecerá, dentre outros, aos princípios da legalidade, finalidade, motivação, razoabilidade, proporcionalidade, moralidade, ampla defesa, contraditório, segurança jurídica, interesse público e eficiência. Parágrafo único. Nos processos administrativos serão observados, entre outros, os critérios de: [...] XIII – interpretação da norma administrativa da forma que melhor garanta o atendimento do fim público a que se dirige, vedada aplicação retroativa de nova interpretação.

COMENTÁRIO DO AUTOR

A solução de divergência opera duplo efeito: (i) efeito erga omnes e (ii) efeito ex nunc. O efeito erga omnes dota a solução de divergência da nota da generalidade, configurando-a como verdadeiro ato normativo, uma vez que respalda todos sujeitos passivos que a aplicarem. O efeito ex nunc, por sua vez, afirma que a solução de divergência tem aplicação prospectiva. A solução de divergência não anula ou invalida as soluções de consulta que fixaram, em suas conclusões, interpretações contrárias ou divergentes. Ao revés, a solução de divergência, sem desconstituir as relações jurídicas passadas, revoga, pautada no interesse público, a(s) solução(ões) de consulta(s) contrária(s), suprimindo, a partir da ciência do(s) destinatário(s), os seus efeitos da esfera jurídica. Desse momento em diante, projetam-se soberanamente os efeitos da solução de divergência em relação aos fatos futuros e, concomitantemente, faz cessar os efeitos da(s) solução(ões) de consulta reformada(s). A revogação respeita as situações passadas consolidadas com base em interpretação oficial e tolhe a continuidade dos efeitos da consulta reformada. A partir da ciência do destinatário da solução reformada, o teor da conclusão da Solução de Divergência passar a ditar os efeitos jurídicos sobre os fatos futuros, exceto se a nova orientação lhe for mais favorável, caso em que esta atingirá, também, o período abrangido pela solução anteriormente dada. Como dispõe a regulamentação do instituto da consulta fiscal, a solução de divergência e a solução de consulta, a partir da data de sua ciência, "têm efeito vinculante no âmbito da RFB" e "respaldam o sujeito passivo que as aplicar, independentemente de ser o consulente, desde que se enquadre na hipótese por elas abrangida [...] ". Considerando que no julgamento da divergência não se aprecia a totalidade das soluções de consulta em conflito, relativas à mesma matéria e fundadas em idêntico enunciado normativo, a publicação de "ato específico de caráter geral" no Diário Oficial da União, reveste-se de importância, pois, somente a partir desse momento, é que as demais soluções de consulta, emitidas em sentido diverso à Solução de Divergência, perdem eficácia. Merece destacar que, enquanto que a solução de divergência revoga diretamente as soluções de consulta apreciadas no curso da apreciação da divergência e contrárias à interpretação propugnada na conclusão daquele ato uniformizador; o "ato específico de caráter geral" assegura a revogação de todas demais soluções que não foram expressamente revogadas, quando da decisão da divergência, e desde que compartilhem da mesma matéria tratada na solução de divergência.

A modificação de critério jurídico opera, em regra, efeitos ex nunc. Vale dizer, a novel interpretação de dispositivo da legislação tributária federal tem validade para os fatos ocorridos após a ciência da solução de consulta, caso a decisão contrarie a esfera de interesses do consulente. Contudo, se a nova interpretação for mais favorável ao consulente, a retroação de seus efeitos será aplicável aos fatos anteriores, aqueles ocorridos em momento anterior ao ato normativo modificador.

§ 4º Durante a elaboração da Solução de Consulta, verificando-se a existência de Soluções de Consulta divergentes, a Disit proporá a Solução de Divergência e a edição do ato de que trata o § 3º.

COMENTÁRIO DO AUTOR

Como cada Divisão de Tributação (Disit) das Superintendências Regionais da Secretaria da Receita Federal do Brasil (RFB) detém competência para elaborar solução de consulta , submetendo-a posteriormente à aprovação da Coordenação Geral de Tributação (Cosit), cabe a cada uma delas, na primeira oportunidade e verificada a discordância entre o teor da proposta de solução e outra em sentido contrastante, propor solução de divergência e a edição de ato específico de caráter geral, com vistas a propiciar a almejada uniformização do entendimento oficial. Esse incentivo institucional tem em mira propiciar, de forma célere, a correção de eventuais discrepâncias interpretativas no seio da RFB.

Capítulo VI

DA SOLUÇÃO DE CONSULTA VINCULADA

Art. 22. Existindo Solução de Consulta Cosit ou Solução de Divergência, as consultas com mesmo objeto serão solucionadas por meio de Solução de Consulta Vinculada.
Parágrafo único. A Solução de Consulta Vinculada, assim entendida como a que reproduz o entendimento constante de Solução de Consulta Cosit ou de Solução de Divergência, será proferida pelas Disit ou pelas Coordenações de área da Cosit.

Solução Consulta nº 6010, Disit/SRRF06, de 9 de maio de 2018	ASSUNTO: IMPOSTO SOBRE A RENDA RETIDO NA FONTE – IRRF EMENTA: LOCAÇÃO DE BEM IMÓVEL POR PESSOA FÍSICA RESIDENTE OU DOMICILIADA NO BRASIL PARA EMBAIXADA DE OUTRO PAÍS. DISPENSA DE RETENÇÃO DE IMPOSTO DE RENDA E DE APRESENTAÇÃO DA DIRF. Os rendimentos recebidos por pessoas físicas residentes ou domiciliadas no Brasil que alugam bens imóveis a embaixadas de outros países não se sujeitam à retenção na fonte do Imposto de Renda e, por isso, a fonte pagadora está dispensada de apresentação da Declaração do Imposto sobre a Renda Retido na Fonte (Dirf). SOLUÇÃO DE CONSULTA VINCULADA À SOLUÇÃO DE CONSULTA COSIT Nº 379, DE 22 DE DEZEMBRO DE 2014.
Solução de Divergência nº 29, Cosit, de 16 de novembro de 2017	ASSUNTO: CONTRIBUIÇÃO PARA O PIS/PASEP EMENTA: CONTRIBUIÇÃO PARA O PIS/PASEP. NÃO CUMULATIVIDADE. MÃO DE OBRA TERCEIRIZADA. INSUMOS. Observados os demais requisitos legais, permitem a apuração de crédito da não cumulatividade da Contribuição para o PIS/Pasep, na modalidade aquisição de insumos (inciso II do art. 3º da Lei nº 10.637, de 2002), os dispêndios da pessoa jurídica com a contratação de empresa de trabalho temporário para disponibilização de mão de obra temporária aplicada diretamente na produção de bens destinados à venda ou na prestação de serviços a terceiros [...] Vinculada à Solução de Consulta Cosit nº 105, de 31 de janeiro de 2017, publicada no Diário Oficial da União (DOU) de 23 de março de 2017.

COMENTÁRIO DO AUTOR

Em reforço ao efeito vinculante das soluções de consulta proferidas, a partir da vigência desta Instrução Normativa, a Secretaria da Receita Federal do Brasil instituiu Solução de Consulta Vinculada, por meio da qual o órgão fazendário poderá responder consultas fiscais mediante simples adoção de entendimento oficial divulgado em Solução de Consulta Cosit ou Solução de Divergência anterior, por tratar da mesma matéria fiscal. Em homenagem ao Princípio da Eficiência, esse novo instrumento impele maior agilidade e rapidez nas respostas oficiais dirigidas aos consulentes e enseja ao sujeito passivo da obrigação tributária meio de obtenção de resposta particular a questionamento já pacificado no seio da Administração Tributária. Nessa hipótese, não cabe cogitar de ineficácia da consulta, pois o consulente da consulta sob apreciação não é o mesmo que propiciou o pronunciamento vinculante. A consulta fiscal só não produz efeitos, na hipótese em que o "fato determinado houver sido objeto de decisão anteriormente proferida em consulta em que tenha sido parte o consulente". Note-se que, em termos sistêmicos, a repetição da decisão exarada pela Cosit não implica redução da competência decisória das Disit, nem diminuição da autoridade dos auditores fiscais da Secretaria da Receita Federal do Brasil. Nesse sentido, Adrian Vermeule já salientou que:

> "the mere fact that some experts on a panel follow the views of other experts does not amount to groupthink, or necessarily reduce the overall epistemic competence of the group [...] Equivalently, herding or information cascades cannot be inferred from the bare fact that some members of the panel copy the views of others" (VERMEULE, 2014, p. 183).

A Solução de Consulta Vinculada homenageia também o Princípio da Igualdade Tributária, pois a mesma resposta oficial, veiculada em solução de consulta, é aplicável a todo sujeito passivo da obrigação tributária que se enquadre no mesmo quadro fático-jurídico. Seria inadmissível fornecer respostas díspares a consulentes que se encontrem eventualmente em igual situação.

Capítulo VII

DAS COMPETÊNCIAS

Art. 23. O preparo do processo de consulta compete à unidade da RFB do domicílio tributário do consulente, e consiste em:

Decreto-lei nº 200, de 25 de fevereiro de 1967 (Dispõe sobre a organização da Administração Federal, estabelece diretrizes para a Reforma Administrativa e dá outras providências)	Art. 4º A Administração Federal compreende: I – A Administração Direta, que se constitui dos serviços integrados na estrutura administrativa da Presidência da República e dos Ministérios [...] Art. 10. A execução das atividades da Administração Federal deverá ser amplamente descentralizada. [...] § 2º Em cada órgão da Administração Federal, os serviços que compõem a estrutura central de direção devem permanecer liberados das rotinas de execução e das tarefas de mera formalização de atos administrativos, para que possam concentrar-se nas atividades de planejamento, supervisão, coordenação e contrôle. § 3º A Administração casuística, assim entendida a decisão de casos individuais, compete, em princípio, ao nível de execução, especialmente aos serviços de natureza local, que estão em contato com os fatos e com o público.
Decreto nº 70.235, de 6 de março de 1972	Art. 53. O preparo do processo compete ao órgão local da entidade encarregada da administração do tributo.
Lei nº 9.430, de 27 de dezembro de 1996	Art. 48. No âmbito da Secretaria da Receita Federal, os processos administrativos de consulta serão solucionados em instância única. § 1º A competência para solucionar a consulta ou declarar sua ineficácia, na forma disciplinada pela Secretaria da Receita Federal do Brasil, poderá ser atribuída: (Redação dada pela Lei nº 12.788, de 2013) I – a unidade central; ou (Redação dada pela Lei nº 12.788, de 2013) II – a unidade descentralizada. (Redação dada pela Lei nº 12.788, de 2013)

COMENTÁRIO DO AUTOR

No procedimento de consulta, a unidade local atua na qualidade de órgão preparador. Em regra, a unidade local realiza atos processuais que devam ser praticados em sua jurisdição, por solicitação de outra unidade preparadora ou unidade julgadora. As unidades preparadoras não detêm atribuição para declarar a ineficácia da consulta fiscal, nem, muito menos, para solucioná-las. O preparo do processo de consulta fiscal circunscreve-se, principalmente, à correta instrução processual e à expedição de atos de comunicação, tais como: autuação e organização processual; coleta, verificação e remessa documental; prestação de orientações ao consulente para que cumpra determinações normativas e exigências demandadas pelas unidades julgadoras; realização de intimações; vista de processos e providências relativas a encaminhamentos processuais.

I – verificar se na formulação da consulta foram observados, conforme o caso, a legitimidade a que se refere o art. 2º e os requisitos de que tratam os arts. 3º a 6º, constantes do Anexo IV a esta Instrução Normativa;

| Decreto nº 9.094, de 17 de julho de 2017 | Art. 5º No atendimento aos usuários dos serviços públicos, os órgãos e as entidades do Poder Executivo federal observarão as seguintes práticas: I – gratuidade dos atos necessários ao exercício da cidadania, nos termos da Lei nº 9.265, de 12 de fevereiro de 1996; II – padronização de procedimentos referentes à utilização de formulários, guias e outros documentos congêneres; e III – vedação de recusa de recebimento de requerimentos pelos serviços de protocolo, exceto quando o órgão ou a entidade for manifestamente incompetente. §1º Na hipótese referida no inciso III do **caput**, os serviços de protocolo deverão prover as informações e as orientações necessárias para que o interessado possa dar andamento ao requerimento. §2º Após a protocolização de requerimento, caso o agente público verifique que o órgão ou a entidade do Poder Executivo federal é incompetente para o exame ou a decisão da matéria, deverá providenciar a remessa imediata do requerimento ao órgão ou à entidade do Poder Executivo federal competente. § 3º Quando a remessa referida no § 2º não for possível, o interessado deverá ser comunicado imediatamente do fato para adoção das providências necessárias. |

II – orientar o consulente quanto à maneira correta de formular a consulta, no caso de inobservância de algum dos requisitos exigidos;

COMENTÁRIO DO AUTOR

Prestar orientação é missão da qual a autoridade preparadora não pode se furtar. Por meio da regra jurídica em comento, o projetista institucional tenciona oferecer informações que, se devidamente utilizadas pelo consulente, conduzirão à admissibilidade da consulta fiscal. O cumprimento de todos os requisitos e pressupostos de admissibilidade é que enseja a eficácia da consulta e, consequentemente, a emissão da resposta meritória. A transferência de informação do órgão fazendário, por meio da solução de consulta, ao consulente tem a pretensão de reduzir a assimetria informacional[1], o que, logicamente, permitirá o adequado e espontâneo cumprimento das obrigações tributárias, em conformidade com a palavra oficial.

III – intimar o consulente para o cumprimento das exigências contidas nesta Instrução Normativa ou por demanda das autoridades competentes da Disit ou da Cosit;

IV – organizar o processo e encaminhá-lo à Cosit;

V – dar ao consulente ciência da decisão da autoridade competente e adotar as medidas adequadas à sua observância;

VI – encaminhar à Cosit os recursos especiais de que trata o art. 19 interpostos contra decisões proferidas nos processos de consulta; e

VII – encaminhar à Cosit a representação de que trata o art. 20 interposta por qualquer servidor da administração tributária a ela subordinado.

---

[1] A 'assimetria informacional' é expressão que descreve fenômeno segundo o qual determinados atores ou agentes possuem melhor e maior quantidade informações do que sua contraparte em um cenário transacional. Nesse cenário, vigoram a incerteza e a insegurança. Diante desse contexto, a redução da assimetria da informação tem em mira municiar o tomador de decisão (*in casu*, o consulente) de informações detidas por outro agente envolvido na transação (v.g., Secretaria da Receita Federal do Brasil). Posner & Vermeule afirmam que há assuntos extremamente complexos que exigem expertise na matéria tratada e um adequado nível informacional (POSNER, VERMEULE, 2010, p. 26).

Decreto nº 70.235, de 6 de março de 1972 (Dispõe sobre o processo administrativo fiscal, e dá outras providências)	Art. 3º A autoridade local fará realizar, no prazo de trinta dias, os atos processuais que devam ser praticados em sua jurisdição, por solicitação de outra autoridade preparadora ou julgadora. Art. 23. Far-se-á a intimação: I – pessoal, pelo autor do procedimento ou por agente do órgão preparador, na repartição ou fora dela, provada com a assinatura do sujeito passivo, seu mandatário ou preposto, ou, no caso de recusa, com declaração escrita de quem o intimar; (Redação dada pela Lei nº 9.532, de 1997) (Produção de efeito) II – por via postal, telegráfica ou por qualquer outro meio ou via, com prova de recebimento no domicílio tributário eleito pelo sujeito passivo; (Redação dada pela Lei nº 9.532, de 1997) (Produção de efeito) III – por meio eletrônico, com prova de recebimento, mediante: (Redação dada pela Lei nº 11.196, de 2005) a) envio ao domicílio tributário do sujeito passivo; ou (Incluída pela Lei nº 11.196, de 2005) b) registro em meio magnético ou equivalente utilizado pelo sujeito passivo. (Incluída pela Lei nº 11.196, de 2005) § 1o Quando resultar improfícuo um dos meios previstos no caput deste artigo ou quando o sujeito passivo tiver sua inscrição declarada inapta perante o cadastro fiscal, a intimação poderá ser feita por edital publicado: (Redação dada pela Lei nº 11.941, de 2009) I – no endereço da administração tributária na internet; (Incluído pela Lei nº 11.196, de 2005) II – em dependência, franqueada ao público, do órgão encarregado da intimação; ou (Incluído pela Lei nº 11.196, de 2005) III – uma única vez, em órgão da imprensa oficial local. (Incluído pela Lei nº 11.196, de 2005) § 2° Considera-se feita a intimação: I – na data da ciência do intimado ou da declaração de quem fizer a intimação, se pessoal;

	II – no caso do inciso II do caput deste artigo, na data do recebimento ou, se omitida, quinze dias após a data da expedição da intimação; (Redação dada pela Lei nº 9.532, de 1997) (Produção de efeito) III – se por meio eletrônico: (Redação dada pela Lei nº 12.844, de 2013) a) 15 (quinze) dias contados da data registrada no comprovante de entrega no domicílio tributário do sujeito passivo; (Redação dada pela Lei nº 12.844, de 2013) b) na data em que o sujeito passivo efetuar consulta no endereço eletrônico a ele atribuído pela administração tributária, se ocorrida antes do prazo previsto na alínea a; ou (Redação dada pela Lei nº 12.844, de 2013) c) na data registrada no meio magnético ou equivalente utilizado pelo sujeito passivo; (Incluída pela Lei nº 12.844, de 2013) IV – 15 (quinze) dias após a publicação do edital, se este for o meio utilizado. (Incluído pela Lei nº 11.196, de 2005) § 3º Os meios de intimação previstos nos incisos do caput deste artigo não estão sujeitos a ordem de preferência. (Redação dada pela Lei nº 11.196, de 2005) § 4º Para fins de intimação, considera-se domicílio tributário do sujeito passivo: (Redação dada pela Lei nº 11.196, de 2005) I – o endereço postal por ele fornecido, para fins cadastrais, à administração tributária; e (Incluído pela Lei nº 11.196, de 2005) II – o endereço eletrônico a ele atribuído pela administração tributária, desde que autorizado pelo sujeito passivo. (Incluído pela Lei nº 11.196, de 2005) § 5º O endereço eletrônico de que trata este artigo somente será implementado com expresso consentimento do sujeito passivo, e a administração tributária informar-lhe-á as normas e condições de sua utilização e manutenção. (Incluído pela Lei nº 11.196, de 2005) [...]
Lei nº 9.784, de 29 de janeiro de 1999 (Regula o processo administrativo no âmbito da Administração Pública)	Art. 26. O órgão competente perante o qual tramita o processo administrativo determinará a intimação do interessado para ciência de decisão ou a efetivação de diligências. § 1º A intimação deverá conter: I – identificação do intimado e nome do órgão ou entidade administrativa; II – finalidade da intimação;

	III – data, hora e local em que deve comparecer; IV – se o intimado deve comparecer pessoalmente, ou fazer-se representar; V – informação da continuidade do processo independentemente do seu comparecimento; VI – indicação dos fatos e fundamentos legais pertinentes. § 2º A Intimação observará a antecedência mínima de três dias úteis quanto à data de comparecimento. § 3º A intimação pode ser efetuada por ciência no processo, por via postal com aviso de recebimento, por telegrama ou outro meio que assegure a certeza da ciência do interessado. § 4º No caso de interessados indeterminados, desconhecidos ou com domicílio indefinido, a intimação deve ser efetuada por meio de publicação oficial. § 5º As intimações serão nulas quando feitas sem observância das prescrições legais, mas o comparecimento do administrado supre sua falta ou irregularidade. Art. 27. O desatendimento da intimação não importa o reconhecimento da verdade dos fatos, nem a renúncia a direito pelo administrado. Parágrafo único. No prosseguimento do processo, será garantido direito de ampla defesa ao interessado. Art. 28. Devem ser objeto de intimação os atos do processo que resultem para o interessado em imposição de deveres, ônus, sanções ou restrição ao exercício de direitos e atividades e os atos de outra natureza, de seu interesse.
Decreto nº 9.094, de 17 de julho de 2017	Art. 6º As exigências necessárias para o requerimento serão feitas desde logo e de uma só vez ao interessado, justificando-se exigência posterior apenas em caso de dúvida superveniente. Art. 7º Não será exigida prova de fato já comprovado pela apresentação de documento ou informação válida.

	Art. 8º Para complementar informações ou solicitar esclarecimentos, a comunicação entre o órgão ou a entidade do Poder Executivo federal e o interessado poderá ser feita por qualquer meio, preferencialmente eletrônico. Art. 9º Exceto se existir dúvida fundada quanto à autenticidade ou previsão legal, fica dispensado o reconhecimento de firma e a autenticação de cópia dos documentos expedidos no País e destinados a fazer prova junto a órgãos e entidades do Poder Executivo federal. Art. 10. A apresentação de documentos por usuários dos serviços públicos poderá ser feita por meio de cópia autenticada, dispensada nova conferência com o documento original. §1º A autenticação de cópia de documentos poderá ser feita, por meio de cotejo da cópia com o documento original, pelo servidor público a quem o documento deva ser apresentado. §2º Constatada, a qualquer tempo, a falsificação de firma ou de cópia de documento público ou particular, o órgão ou a entidade do Poder Executivo federal considerará não satisfeita a exigência documental respectiva e, no prazo de até cinco dias, dará conhecimento do fato à autoridade competente para adoção das providências administrativas, civis e penais cabíveis.

COMENTÁRIO DO AUTOR

Os incisos III a VII cuidam de atividades meramente executórias, sem qualquer conteúdo decisório. O descumprimento de requisito exigido pela legislação tributária de regência impõe à unidade preparadora a realização de intimação para envio ao consulente, a fim de que apresente elemento complementar ou informação faltante. Por meio da intimação, noticia-se oficialmente o teor dos atos e termos processuais, para que o destinatário da comunicação faça algo ou simplesmente deixe de fazer alguma coisa. Em regra, solicita-se que o consulente carreie aos autos material complementar, de modo a atender aos requisitos e pressupostos, constantes dos artigos 2º a 6º desta Instrução Normativa ou para cumprir exigências demandadas pelos órgãos competentes, vale dizer, a Disit e a Cosit.

Frise-se que, a qualquer tempo, o consulente poderá ser novamente intimado para apresentar informações adicionais ou elementos complementares que se fizerem necessários à elaboração da decisão. Na feitura da intimação, a unidade preparadora deve especificamente observar os artigos 3º e 23 do Decreto nº 70.235, de 1972, e, subsidiariamente, o artigo 26 da Lei nº 9.784, de 1999. De acordo com o artigo 3º do Decreto nº 70.235, de 1972, a intimação deverá consignar prazo de 30 (trinta) dias para o cumprimento das exigências. Decorrido o prazo assinalado na intimação, ao processo é dado seguimento, independentemente do atendimento ou não da intimação.

Elaborada a decisão administrativa, o processo administrativo de consulta fiscal retorna à unidade preparadora, a fim de que o consulente seja comunicado sobre o teor do ato. A autoridade preparadora, à qual cumpre cientificar o consulente, deve também adotar as providências e medidas adequadas a sua observância, quer se trate de uma Solução de Consulta, quer se cuide de um Despacho Decisório.

Nos casos de simples comunicação de decisão administrativa – v.g., despacho decisório -, junto à intimação deve seguir cópia do ato administrativo exarado. Nas demais hipóteses, isto é, nos casos em que couber interposição recurso especial de divergência – v.g., solução de consulta – deverá ainda constar na intimação o prazo recursal previsto nos §§2º e 3º do artigo 19 desta Instrução Normativa, isto é, o prazo de 30 (trinta) dias.

Findo o prazo para apresentação de recurso especial em face de solução de consulta divergente e não ocorrida a interposição recursal, o processo deverá ser arquivado.

Na eventualidade de interposição de recurso de divergência ou apresentação de representação, a unidade preparadora deverá encaminhar o processo à Cosit.

Ao consulente deve-se dar também ciência do despacho de inadmissibilidade do recurso especial de divergência ou da representação de divergência. Nesses casos a providência posterior se resume ao arquivamento, visto que cumprido o desiderato processual. O despacho de inadmissão tem a forma de despacho simples.

§ 1º No caso de consulta formulada nos termos do art. 3º, § 1º, inciso I, a ciência ao consulente de que trata o inciso V do caput

deste artigo dar-se-á por meio do Domicílio Tributário Eletrônico. (Incluído pela Instrução Normativa RFB nº 1.434, de 30 de dezembro de 2013)

COMENTÁRIO DO AUTOR

Caso a consulta fiscal seja formulada, por meio eletrônico (Portal e-CAC), mediante uso de certificado digital, a ciência da decisão administrativa poderá se dar-se por intermédio do mesmo meio eletrônico utilizado pelo consulente, isto é, a resposta ao consulente poderá ser ultimada por meio do domicílio tributário eletrônico, desde que tenha feito opção por essa forma².

§ 2º A competência de que trata o caput será exercida pelas Divisões de Orientação e Análise Tributária – Diort, pelos Serviços de Orientação e Análise Tributária – Seort e pelas Seções de Orientação e Análise Tributária – Saort, conforme o caso. (Incluído pela Instrução Normativa RFB nº 1.434, de 30 de dezembro de 2013)

COMENTÁRIO DO AUTOR

Protocolada a petição inicial da consulta e formalizado o processo administrativo de consulta, deve a Administração Tributária, em observância ao princípio da oficialidade, dar impulsão ao procedimento fiscal. Ao longo de todo procedimento, é dever da unidade preparadora atuar de forma diligente e transparente, dando sequência aos atos constitutivos do processo administrativo de consulta, com vistas a viabilizar a elaboração do ato administrativo final: se eficaz, uma solução de consulta; caso contrário, isto é, se declarada a ineficácia da consulta, um despacho decisório. As atividades de preparo realizadas pela unidade local não encerram a competência de deferir ou indeferir a petição de

---

2   O Centro Virtual de Atendimento ao Contribuinte (Portal e-CAC) é um portal eletrônico onde diversos serviços públicos protegidos por sigilo fiscal podem ser realizados via internet pelo próprio sujeito passivo. O uso do Portal e-CAC exige código de acesso ou certificado digital, todavia, alguns serviços públicos estão acessíveis somente para utentes que fizerem uso de certificado digital. Mediante Portal e-CAC, o sujeito passivo também tem acesso a sua caixa postal eletrônica, onde pode tomar ciência dos avisos enviados pela Secretaria da Receita Federal do Brasil, ou mesmo ser intimado de forma eletrônica, desde que, nesse caso, faça a opção pelo domicílio tributário eletrônico.

consulta. Também não abrangem a recusa de recebimento do pedido do consulente, salvo quando o órgão for manifestamente incompetente, hipótese em que os serviços de protocolo deverão prover as informações e orientações necessárias para que o sujeito passivo possa dar andamento ao requerimento. Considerando que as atividades meramente executórias devem ser alocadas a um determinado departamento, a legislação tributária incumbiu as Divisões, os Serviços e as Seções de Orientação e Análise Tributária, localizados nas unidades locais, a execução das atividades de preparo do processo de consulta fiscal.

Art. 24. Compete às Disit e às Coordenações de área da Cosit:

| Decreto-lei nº 200, de 25 de fevereiro de 1967 (Dispõe sobre a organização da Administração Federal, estabelece diretrizes para a Reforma Administrativa e dá outras providências) | Art.3º Respeitada a competência constitucional do Poder Legislativo estabelecida no artigo 46, inciso II e IV, da Constituição, o Poder Executivo regulará a estruturação, as atribuições e funcionamento do órgãos da Administração Federal. (Redação dada pelo Decreto-Lei nº 900, de 1969) Art.4° A Administração Federal compreende: I – A Administração Direta, que se constitui dos serviços integrados na estrutura administrativa da Presidência da República e dos Ministérios [...] Art. 6º As atividades da Administração Federal obedecerão aos seguintes princípios fundamentais: I – Planejamento. II – Coordenação. III – Descentralização. IV – Delegação de Competência. V – Contrôle [...] Art.10. A execução das atividades da Administração Federal deverá ser amplamente descentralizada. § 1º A descentralização será posta em prática em três planos principais: a) dentro dos quadros da Administração Federal, distinguindo-se claramente o nível de direção do de execução; [...] § 2° Em cada órgão da Administração Federal, os serviços que compõem a estrutura central de direção devem permanecer liberados das rotinas de execução e das tarefas de mera formalização de atos administrativos, para que possam concentrar-se nas atividades de planejamento, supervisão, coordenação e controle. § 3º A Administração casuística, assim entendida a decisão de casos individuais, compete, em princípio, ao nível de execução, especialmente aos serviços de natureza local, que estão em contato com os fatos e com o público. |

I – proceder ao exame do processo;

COMENTÁRIO DO AUTOR

Diante das peças que compõem o processo administrativo de consulta fiscal, deve ser procedida, preliminarmente, a verificação do cumprimento de todos os requisitos e pressupostos previstos na legislação tributária, de modo a verificar a admissibilidade da consulta. Se os requisitos estiverem devidamente cumpridos, passa-se à apreciação do teor da matéria consultada, isto é, elabora-se uma decisão meritória. Caso contrário, o processo deverá ser encaminhado para unidade preparadora, a fim de que o consulente seja intimado a prestar informações adicionais. Tanto as Disit quanto as coordenações de área da Cosit detêm competência para proceder ao exame do processo, realizar a elaboração das minutas das decisões administrativas meritórias e declarar a ineficácia da consulta fiscal.

II – elaborar a Solução de Consulta ou de Divergência;

Decreto nº 9.094, de 17 de julho de 2017	Art. 1º Os órgãos e entidades do Poder Executivo Federal observarão as seguintes diretrizes nas relações entre si e com os usuários dos serviços públicos: V – eliminação de formalidades e exigências cujo custo econômico ou social seja superior ao risco envolvido; [...] VII – utilização de linguagem clara, que evite o uso de siglas, jargões e estrangeirismos;

COMENTÁRIO DO AUTOR

A decisão meritória, em um processo administrativo de consulta fiscal, pode-se traduzir em uma solução de consulta ou em uma solução de divergência. A solução de consulta e solução de divergência retratam o produto da atividade jurisdicional administrativa. Na elaboração da solução, a Administração Tributária patenteia o resultado interpretativo oficial.

III – declarar a ineficácia da consulta;

Decreto nº 9.094, de 17 de julho de 2017	Art. 1º Os órgãos e entidades do Poder Executivo Federal observarão as seguintes diretrizes nas relações entre si e com os usuários dos serviços públicos: V – eliminação de formalidades e exigências cujo custo econômico ou social seja superior ao risco envolvido; [...] VII – utilização de linguagem clara, que evite o uso de siglas, jargões e estrangeirismos;
Solução de Consulta 62 – COSIT, de 30 de dezembro de 2013	ASSUNTO: NORMAS DE ADMINISTRAÇÃO TRIBUTÁRIA. EMENTA: INEFICÁCIA PARCIAL. É ineficaz, não produzindo efeitos, a consulta que não verse sobre a interpretação da legislação tributária, ou em que não seja mencionado o dispositivo específico da legislação tributária onde ocorra a dúvida.

COMENTÁRIO DO AUTOR

Caso a consulta não ultrapasse a fase de admissibilidade, deverá ser exarado despacho decisório concluindo pela ineficácia da consulta. Os despachos decisórios são emitidos tanto pelas Divisões de Tributação (Disit) como pela Coordenação Geral de Tributação (Cosit). Os despachos decisórios são assinados, no mínimo, por um parecerista e aprovado pelo chefe da unidade.

IV – declarar a vinculação da Solução de Consulta; e

COMENTÁRIO DO AUTOR

Incumbe às Disit e às coordenações de área da Cosit declarar a vinculação de solução de consulta. A regulamentação estabelece que as consultas com mesmo objeto serão solucionadas por meio de Solução de Consulta Vinculada, assim entendida como a que reproduz o entendimento constante de Solução de Consulta Cosit ou de Solução de Divergência. Segue, logo abaixo, exemplo de Solução de Consulta Vinculada:

Solução de Consulta, nº 7006, Disit/SRRF07, de 2 de julho de 2014	ASSUNTO: Contribuição Social sobre o Lucro Líquido – CSLL EMENTA: CORRETORAS DE SEGURO. ALÍQUOTA. As corretoras de seguro estão sujeitas à alíquota de contribuição social sobre o lucro líquido de 9% (nove por cento). SOLUÇÃO DE CONSULTA VINCULADA à SOLUÇÃO DE DIVERGÊNCIA Nº 4, DE 30.04.2012.

V – realizar o juízo de admissibilidade do recurso especial e da representação.

Portaria RFB nº 1.098, de 8 de agosto de 2013	Art. 2º São atos administrativos editados no âmbito da RFB: [...] Parágrafo único. O disposto no caput não impede a edição de outros atos previstos em legislação específica.

COMENTÁRIO DO AUTOR

O juízo de admissibilidade do recurso especial e da representação cumpre às Disit e às coordenações de área da Cosit. A forma de emissão de tal juízo dá-se por meio de despacho simples.

Art. 25. Compete à Cosit gerenciar os processos de consulta.

§ 1º A competência de que trata o caput será exercida por Grupo de Trabalho (GT) a ser instituído por ato da Cosit. (Incluído pela Instrução Normativa RFB nº 1.434, de 30 de dezembro de 2013)

§ 2º Compete ao Coordenador do GT de que trata o § 1º o disposto nos incisos I, III e V do art. 24. (Incluído pela Instrução Normativa RFB nº 1.434, de 30 de dezembro de 2013)

COMENTÁRIO DO AUTOR

É incumbência da Cosit o gerenciamento das consultas fiscais constantes de banco centralizado de processos. O gerenciamento dos processos encerra atividades de triagem, classificação, distribuição, tramitação e análise processual; de controle de estoques; de realização de despachos e de emissão de relatórios gerenciais de controle e produtividade.

ART. 26. A autoridade competente da Disit ou da Cosit poderá solicitar diligência ou perícia por ocasião da análise da consulta.

COMENTÁRIO DO AUTOR

Este dispositivo normativo atribui às Disit e a à Cosit a competência para promover a realização de diligência ou perícia, desde que a autoridade fiscal julgue a medida necessária[3]. Estando presentes todos os elementos de convicção necessários à solução da consulta fiscal, prescindível será a solicitação de perícia ou diligência. Logicamente, a diligência e a perícia impraticáveis também não serão promovidas. A diligência e a perícia são promovidas *ex officio*, a fim de que se cumpra uma exigência ou para que se investigue algum aspecto da questão posta sob análise. Na maioria esmagadora dos casos, tais medidas processuais são realizadas por servidores públicos da própria Secretaria da Receita Federal do Brasil, em exercício em unidades preparadoras. A diligência e a perícia não são instrumentos de esclarecimento de questão ou produção de prova de responsabilidade do consulente. Informações ou documentos que poderiam ter sido apresentados ou produzidos pelo sujeito passivo, no momento da instrução processual, não motivam a diligência ou a perícia. A falta de prestação de informação ou apresentação de documento de responsabilidade do sujeito passivo é causa, inclusive, motivadora para declaração de ineficácia da consulta fiscal, nos termos do artigo 18 desta Instrução. Tanto a perícia quanto a diligência são medidas que objetivam a elucidação de ponto duvidoso ou o colhimento de informação ou documento que se revelaram impraticáveis pelo sujeito passivo. Enquanto que a realização de diligência autoriza a instauração de ação fiscal com vistas à instrução processual, uma vez que, por algum motivo justificável, o sujeito passivo não o fez adequadamente quando da apresentação da consulta fiscal; a perícia se faz presente quando exige-se a resolução de questão técnica a ser respondida por especialista, profissional detentor de reconhecido saber, habilidade ou experiência (*expertise*).

---

3   Confira o caput do artigo 18 e artigo 29 do Decreto nº 70.235, de 1972: [...] Art. 18. A autoridade julgadora de primeira instância determinará, de ofício ou a requerimento do impugnante, a realização de diligências ou perícias, quando entendê-las necessárias, indeferindo as que considerar prescindíveis ou impraticáveis, observando o disposto no art. 28, in fine. (Redação dada pela Lei nº 8.748, de 1993) [...] Art. 29. Na apreciação da prova, a autoridade julgadora formará livremente sua convicção, podendo determinar as diligências que entender necessárias [...] A Lei nº 9.784, de 1999, tratando sobre esse tema, assim dispõe: [...] Art. 41. Os interessados serão intimados de prova ou diligência ordenada, com antecedência mínima de três dias úteis, mencionando-se data, hora e local de realização [...]

Capítulo VIII

DAS DISPOSIÇÕES FINAIS

Art. 27. As Soluções de Consulta Cosit e as Soluções de Divergência serão publicadas da seguinte forma:

Constituição Republicana, de 1988	Art. 5º Todos são iguais perante a lei, sem distinção de qualquer natureza, garantindo-se aos brasileiros e aos estrangeiros residentes no País a inviolabilidade do direito à vida, à liberdade, à igualdade, à segurança e à propriedade, nos termos seguintes: [...]LX – a lei só poderá restringir a publicidade dos atos processuais quando a defesa da intimidade ou o interesse social o exigirem.
Lei nº 9.430, de 27 de dezembro de 1996	Art. 48. No âmbito da Secretaria da Receita Federal, os processos administrativos de consulta serão solucionados em instância única. § 4º As soluções das consultas serão publicadas pela imprensa oficial, na forma disposta em ato normativo emitido pela Secretaria da Receita Federal.
Lei nº 9.784, de 29 de janeiro de 1999	Art. 2º A Administração Pública obedecerá, dentre outros, aos princípios da legalidade, finalidade, motivação, razoabilidade, proporcionalidade, moralidade, ampla defesa, contraditório, segurança jurídica, interesse público e eficiência. Parágrafo único. Nos processos administrativos serão observados, entre outros, os critérios de: [...] V – divulgação oficial dos atos administrativos, ressalvadas as hipóteses de sigilo previstas na Constituição.
Portaria RFB nº 1.098, de 8 de agosto de 2013	Art. 12. Deverão ser publicados no Diário Oficial da União (DOU): [...] II – o número, o assunto, a ementa e os dispositivos legais de: a) Solução de Consulta; e b) Solução de Divergência [...]

§ 2º Os anexos referidos no § 1º deverão ser divulgados, juntamente com os atos de que fizerem parte, no sítio da RFB na Internet no endereço <http://www.receita.fazenda.gov.br> ou em sistemas informatizados específicos. Art. 13. Os demais atos serão publicados e divulgados, conforme o caso, no Boletim de Serviço da Secretaria da Receita Federal do Brasil (BS/RFB), na Intranet da RFB, em sistemas informatizados específicos ou no sítio da RFB na Internet, no endereço mencionado no § 2º do art. 12. (Incluído pela Portaria RFB nº 2.218, de 19 de dezembro de 2014) § 1º A Solução de Consulta Interna da Cosit será divulgada no sítio da RFB na Internet, no endereço mencionado no § 2º do art. 12, conforme estabelecido em portaria específica. § 2º A Solução de Consulta e a Solução de Divergência serão divulgadas na Internet, com exceção do número do e-processo, dos dados cadastrais do consulente ou de qualquer outra informação que permita a identificação do consulente e de outros sujeitos passivos. (Redação dada pela Portaria RFB nº 1.850, de 19 de dezembro de 2013) § 3º As ementas dos Acórdãos das DRJ serão divulgadas no sítio da RFB na Internet, no endereço mencionado no § 2º do art. 12. § 4º Os atos da RFB publicados na Imprensa Nacional que forem divulgados na Internet deverão ter indicação da data do DOU correspondente. § 5° Em cada ato constará a indicação do local de publicação, de divulgação e de vigência.

I – no Diário Oficial da União (DOU), o número, o assunto, a ementa e os dispositivos legais; e

II – na Internet, no sítio da RFB no endereço <http://www.receita.fazenda.gov.br>, com exceção do número do e-processo, dos dados cadastrais do consulente ou de qualquer outra informação que permita a identificação do consulente e de outros sujeitos passivos. (Redação dada pela Instrução Normativa RFB nº 1.434, de 30 de dezembro de 2013)

COMENTÁRIO DO AUTOR

Pela publicação, a resposta oficial à consulta fiscal não mais se circunscreve apenas a relação Administração-consulente, a Solução de Consulta Cosit e as Soluções de Divergência adentram no sistema e passam a produzir os efeitos jurídicos que lhes são próprios. A fim de que alcance a todos administrados, a publicidade deve ser a mais ampla possível, pois o norte da Administração Pública é o interesse público. Por meio da divulgação da solução é que se viabiliza o conhecimento geral acerca de entendimento oficial (informação) e enseja o início de seus efeitos jurídicos externos frente a toda coletividade. Com a publicidade genérica, satisfaz-se o interesse público, pois, transparentemente, transmite-se a informação a todos administrados, os quais poderão realizar controle coletivo do ato administrativo enunciado e isonômica e individualmente verificar se a resposta oficial lhe é aproveitável. É a partir da data da publicação da Solução de Consulta que começa a correr o prazo para interposição do recurso previsto no §3º do artigo 19 desta Instrução Normativa, isto é, havendo divergência de conclusões entre Soluções de Consulta relativas à mesma matéria, fundadas em idêntica norma jurídica, caberá recurso especial, sem efeito suspensivo, para a Cosit, no prazo de 30 (trinta) dias contado da respectiva publicação.

A regra jurídica excepciona a publicação do número do e-processo, dos dados cadastrais do consulente ou qualquer outra informação que permita a identificação do consulente e de outros sujeitos passivos. Mas não só, pois deverão igualmente ser omitidas da publicação as informações reveladoras sobre a situação econômica ou financeira do consulente ou de terceiros, como também sobre a natureza e o estado de seus negócios ou atividades[1].

Efetivamente, há informações prestadas em processo de consulta que devem permanecer sob o manto do sigilo fiscal. A informação técnica e comercial de produto ou projeto inovador de setor econômico de alta concorrência empresarial é exemplo de informação merecedora da proteção fiscal, uma vez que pode revelar a estratégia de mercado de uma determinada sociedade empresária.

Nesse aspecto, divergimos da posição de Valdir de Oliveira Rocha quando pontua que:

---

1   Lei nº 5.172, de 25 de outubro de 1966: "[...] Art. 198. Sem prejuízo do disposto na legislação criminal, é vedada a divulgação, por parte da Fazenda Pública ou de seus servidores, de informação obtida em razão do ofício sobre a situação econômica ou financeira do sujeito passivo ou de terceiros e sobre a natureza e o estado de seus negócios ou atividades [...]" (Redação dada pela Lcp nº 104, de 10.1.2001)

"com efeito, em matéria de resposta a consulta sobre interpretação de legislação tributária face a situação de fato, presente ou futura, não consigo vislumbrar situação que pudesse exigir sigilo; de onde, em relação a essa decisão, deve ter pleno curso o princípio da publicidade".

§ 1º O Despacho Decisório que declarar a ineficácia da consulta não será publicado.

COMENTÁRIO DO AUTOR

Além de não solucionar meritoriamente as dúvidas apresentadas pelo consulente, a consulta declarada ineficaz, por não cumprir os requisitos estabelecidos normativamente pela legislação tributária, não suscita a emergência dos efeitos protetores. Embora o despacho decisório seja encaminhado ao consulente, é inexigível a divulgação desse ato administrativo, visto que não produz qualquer efeito jurídico. Em razão disso é que o artigo 12 da Portaria RFB nº 1.098, de 8 de agosto de 2013, não prevê a obrigatoriedade de publicação.

§ 2º A Solução de Consulta Vinculada será publicada nos termos do inciso I do caput, acrescida da indicação de sua vinculação e do número da solução vinculante. (Redação dada pela Instrução Normativa RFB nº 1.434, de 30 de dezembro de 2013)

Portaria RFB nº 1.098, de 8 de agosto de 2013	Art. 12. Deverão ser publicados no Diário Oficial da União (DOU): [...] II – o número, o assunto, a ementa e os dispositivos legais de: a) Solução de Consulta; [...]

COMENTÁRIO DO AUTOR

A Solução de Consulta Vinculada segue a mesma regra de seu gênero. Embora, *grosso modo*, reproduza o mesmo teor da solução vinculante, a sua publicação faz-se necessária, em razão dos efeitos jurídicos que emergem especificamente em relação ao consulente.

Art. 28. As Soluções de Consulta não convalidam informações nem classificações fiscais apresentadas pelo consulente.

COMENTÁRIO DO AUTOR

As informações e os dados indicados pelo consulente são tomados pela autoridade fiscal como parâmetros de solução da consulta. Não significa dizer, a partir disso, que tais informes condizem com a realidade ou são a expressão da verdade. Para a prolação da resposta oficial é desnecessária a comprovação das informações prestadas na petição da consulta, uma vez que a solução só amparará o consulente, se os fatos da vida se conformarem com a norma jurídica produto da interpretação oficial.

Art. 29. As Disit e a Cosit poderão propor ao Secretário da Receita Federal do Brasil a expedição de ato normativo sempre que a solução de uma consulta tiver interesse geral.

| Decreto-lei nº 200, de 25 de fevereiro de 1967 (Dispõe sobre a organização da Administração Federal, estabelece diretrizes para a Reforma Administrativa e dá outras providências) | Art. 3º Respeitada a competência constitucional do Poder Legislativo estabelecida no artigo 46, inciso II e IV, da Constituição, o Poder Executivo regulará a estruturação, as atribuições e funcionamento dos órgãos da Administração Federal. (Redação dada pelo Decreto-Lei nº 900, de 1969)
 Art. 4° A Administração Federal compreende: I – A Administração Direta, que se constitui dos serviços integrados na estrutura administrativa da Presidência da República e dos Ministérios.
 Art. 6º As atividades da Administração Federal obedecerão aos seguintes princípios fundamentais: I – Planejamento. II – Coordenação. III – Descentralização. IV – Delegação de Competência. V – Contrôle.
 Art. 10. A execução das atividades da Administração Federal deverá ser amplamente descentralizada.
 § 1º A descentralização será posta em prática em três planos principais: a) dentro dos quadros da Administração Federal, distinguindo-se claramente o nível de direção do de execução; b) da Administração Federal para a das unidades federadas, quando estejam devidamente aparelhadas e mediante convênio;
 § 2° Em cada órgão da Administração Federal, os serviços que compõem a estrutura central de direção devem permanecer liberados das rotinas de execução e das tarefas de mera formalização de atos administrativos, para que possam concentrar-se nas atividades de planejamento, supervisão, coordenação e contrôle.
 § 3º A Administração casuística, assim entendida a decisão de casos individuais, compete, em princípio, ao nível de execução, especialmente aos serviços de natureza local, que estão em contato com os fatos e com o público. |

Parecer Normativo COSIT nº 5, de 24 de maio de 1994 (DOU de 25.05.1994)	Parecer Normativo e o Ato Declaratório Normativo, por serem atos interpretativos, possuem natureza declaratória, retroagindo sua eficácia ao momento em que a norma por eles interpretada começou a produzir efeitos.

COMENTÁRIO DO AUTOR

Tratando-se de assunto de interesse geral – v.g., temas de elevada repercussão – poderá ser proposta a emissão de ato normativo, tais como, parecer normativo ou instrução normativa. Exemplo do que se expõe é o Parecer Normativo Cosit **nº 10, de 20 de novembro de 2014**[2], cujo teor foi aprovado por Despacho do Secretário da RFB, de 20 de novembro de 2014[3].

Art. 30. A publicação, na Imprensa Oficial, de ato normativo superveniente modifica as conclusões em contrário constantes em Soluções de Consulta ou em Soluções de Divergência, independentemente de comunicação ao consulente.

Lei nº 9.784, de 29 de janeiro de 1999	Art. 2º A Administração Pública obedecerá, dentre outros, aos princípios da legalidade, finalidade, motivação, razoabilidade, proporcionalidade, moralidade, ampla defesa, contraditório, segurança jurídica, interesse público e eficiência. Parágrafo único. Nos processos administrativos serão observados, entre outros, os critérios de: XIII – interpretação da norma administrativa da forma que melhor garanta o atendimento do fim público a que se dirige, vedada aplicação retroativa de nova interpretação.

---

2 Confira em: http://normas.receita.fazenda.gov.br/sijut2consulta/link.action?visao=anotado&idAto=58531 (Acesso em 31 de maio de 2018).

3 Confira em: http://normas.receita.fazenda.gov.br/sijut2consulta/link.action?visao=anotado&idAto=58527#1467647 (Acesso em 31 de maio de 2018).

| Portaria RFB nº 1.098, de 8 de agosto de 2013 | Art. 12. Deverão ser publicados no Diário Oficial da União (DOU): I – os seguintes atos: a) Instrução Normativa; b) Portaria, quando tiver caráter normativo e nos demais casos previstos no ato referido no § 7º; c) Ato Declaratório Interpretativo; d) Ato Declaratório Executivo, quando tiver sua publicação exigida pela legislação aplicável; e e) Parecer Normativo; e II – o número, o assunto, a ementa e os dispositivos legais de: a) Solução de Consulta; e b) Solução de Divergência. |

COMENTÁRIO DO AUTOR

As normas complementares podem ser substituídas por outras ou alteradas em seu alcance ou efeitos. Como regra, a inovação interpretativa só alcança os fatos geradores ocorridos após a introdução dos novos critérios jurídicos adotados pela autoridade administrativa. Em se tratando de normas complementares que afetem diretamente o lançamento tributário, o Supremo Tribunal Federal já assentara que a mudança de critério jurídico não pode prejudicar o sujeito passivo da obrigação tributária que se conduziu em conformidade com o critério oficial anteriormente predominante[4]. Com isso, preserva-se a segurança jurídica em suas três dimensões, a saber: a confiança de atuação leal da Administração, a previsibilidade da atividade estatal (certeza) e a eliminação de arbitrariedades (o resultado interpretativo oficial confere estabilidade às relações jurídicas). Nesse sentido, o Código Tributário Nacional é de hialina clareza, *in verbis*:

---

4   AI nº 29.978, rel. Min. Antonio Villas Boas, julgamento em 13/03/1964, 2ª Turma. Ementa: "[...] Solvida a obrigação fiscal, consoante aceitável interpretação da legislação tributária, não é possível a revisão fundada em mudança de critério jurídico". AI nº 32.661, rel. Min. Hermes Lima, julgamento em 14/05/1965, 2ª Turma. Ementa: Não pode haver reexame de declarações de imposto de renda se houve mudança de critério jurídico. Agravo Desprovido".

Lei nº 5.172, de 25 de outubro de 1966 – Código Tributário Nacional	Art. 146. A modificação introduzida, de ofício ou em conseqüência de decisão administrativa ou judicial, nos critérios jurídicos adotados pela autoridade administrativa no exercício do lançamento somente pode ser efetivada, em relação a um mesmo sujeito passivo, quanto a fato gerador ocorrido posteriormente à sua introdução.

Art. 31. O disposto nesta Instrução Normativa não se aplica às consultas relativas ao Regime Especial Unificado de Arrecadação de Tributos e Contribuições devidos pelas Microempresas e Empresas de Pequeno Porte (Simples Nacional), quando a competência para solucioná-las for dos Estados, do Distrito Federal ou dos Municípios, e ao Programa de Recuperação Fiscal (Refis).

Lei Complementar nº 123, de 14 de dezembro de 2006	Art. 40. As consultas relativas ao Simples Nacional serão solucionadas pela Secretaria da Receita Federal, salvo quando se referirem a tributos e contribuições de competência estadual ou municipal, que serão solucionadas conforme a respectiva competência tributária, na forma disciplinada pelo Comitê Gestor.

COMENTÁRIO DO AUTOR

A Constituição Republicana conferiu a cada ente político parcela de poder para criação de tributos. Apenas os entes políticos são titulares de competência tributária. Por isso, o Regime Especial Unificado de Arrecadação de Tributos e Contribuições devidos pelas Microempresas e pelas Empresas de Pequeno Porte (Simples Nacional) não tem o condão de modificar a constituição da relação jurídico-tributária firmada pelo Sistema Tributário Nacional. Esse Regime compreende, a bem da verdade, uma técnica unificada de recolhimento, fiscalização e controle de tributos federais, estadual e municipal. O Simples Nacional encerra o recolhimento mensal, mediante documento único de arrecadação, de vários tributos, a saber: federais (Imposto de Renda da Pessoa Jurídica –

IRPJ, Imposto sobre Produtos Industrializados – IPI, Contribuição Social sobre o Lucro Líquido – CSLL, Contribuição para o Financiamento da Seguridade Social – Cofins, Contribuição para o Programa de Integração Social – PIS/PASEP, Contribuição Patronal Previdenciária para a Seguridade Social – CPP), estadual (Imposto sobre Operações relativas à Circulação de Mercadorias e sobre Prestações de Serviços de Transporte Interestadual e Intermunicipal e de Comunicação – ICMS) e municipal (Imposto sobre Serviços de Qualquer Natureza – ISS). Os entes tributantes – União, Estados, Municípios e Distrito Federal – submetem-se aos procedimentos desburocratizados de arrecadação das exações tributárias que lhe são devidas, todavia, mantêm o exercício da autonomia em matéria de competência outorgada pela Constituição[5].

Art. 32. O disposto nos arts. 9º e 22 aplica-se somente às Soluções de Consulta Cosit e às Soluções de Divergência publicadas a partir da entrada em vigor desta Instrução Normativa.

COMENTÁRIO DO AUTOR

A interpretação oficial, manifestada por meio de soluções de consulta publicadas a partir do dia 17 de novembro de 2013, vincula a Administração Tributária Federal não só perante o consulente, mas também frente a todos os sujeitos passivos da obrigação tributária que se enquadrem na moldura fático-jurídica delimitada pelo objeto da consulta. Por sua vez, as soluções de consulta, publicadas anteriormente àquela data, geram efeitos vinculantes apenas em relação ao consulente.

Art. 33. A Cosit poderá expedir normas complementares ao disposto nesta Instrução Normativa.

---

5   Código Tributário Nacional – Lei nº 5.172, de 1966: [...] Art. 7º A competência tributária é indelegável, salvo atribuição das funções de arrecadar ou fiscalizar tributos, ou de executar leis, serviços, atos ou decisões administrativas em matéria tributária, conferida por uma pessoa jurídica de direito público a outra, nos termos do § 3º do artigo 18 da Constituição. § 1º A atribuição compreende as garantias e os privilégios processuais que competem à pessoa jurídica de direito público que a conferir. § 2º A atribuição pode ser revogada, a qualquer tempo, por ato unilateral da pessoa jurídica de direito público que a tenha conferido. § 3º Não constitui delegação de competência o cometimento, a pessoas de direito privado, do encargo ou da função de arrecadar tributos [...]

COMENTÁRIO DO AUTOR

Outras normas jurídicas complementam o regramento relativo ao processo de consulta fiscal. Normas de Execução e Ordens de Serviço, dentre outros normativos, regulamentam detalhadamente demais aspectos atinentes ao processo de consulta fiscal, tais como: modo, frequência e critérios de distribuição de processos; classificação processual; definição de grupos de trabalho; tramitação interna de processos e regras sobre emissão de relatórios gerenciais.

Art. 34. A partir da data de publicação desta Instrução Normativa, a Instrução Normativa RFB nº 740, de 2 de maio de 2007, não se aplica aos processos de consulta de que trata o art. 1º.

COMENTÁRIO DO AUTOR

De se ressaltar que a Instrução Normativa RFB nº 740, de 2 de maio de 2007, foi parcialmente revogada por esta Instrução. A partir da data de publicação da Instrução Normativa em comento, a IN RFB nº 740, de 2007, deixou de ser aplicada aos processos administrativos de consulta sobre interpretação da legislação tributária e aduaneira relativa aos tributos administrados pela Secretaria da Receita Federal do Brasil (RFB) e sobre classificação de serviços, intangíveis e outras operações que produzam variações no patrimônio.

Art. 35. Esta Instrução Normativa entra em vigor na data de sua publicação.

Decreto-lei nº 4.657, de 4 de setembro de 1942 (Lei de Introdução às Normas do Direito Brasileiro)	Art. 1º Salvo disposição contrária, a lei começa a vigorar em todo o país quarenta e cinco dias depois de oficialmente publicada.

COMENTÁRIO DO AUTOR

A publicação desta Instrução Normativa ocorreu em 17 de novembro de 2013, momento a partir do qual passou a produzir efeitos na esfera jurídica.

ANEXOS DA INSTRUÇÃO

ANEXO I

CONSULTA SOBRE A INTERPRETAÇÃO DA LEGISLAÇÃO TRIBUTÁRIA E ADUANEIRA
PESSOA FÍSICA

Ao Coordenador-Geral da Cosit.

_____, (nome completo e atividade profissional) domiciliado(a) na (Rua/Avenida/Praça/Travessa) _____, nº____, bairro _____, cidade/UF _____, CEP _____, telefone (__)_____, e-mail _____, Caixa Postal Eletrônica_____, inscrito(a) no Cadastro de Pessoas Físicas (CPF) sob o nº_____(obrigatório), por meio de seu(sua) representante legal ou procurador(a), o Sr.(a) _____, portador(a) do documento de identidade nº _____, expedido por _____, vem, na forma da Instrução Normativa RFB nº 1.396, de 16 de setembro de 2013, formular consulta sobre a interpretação da legislação tributária e aduaneira relativa a tributo administrado pela Secretaria da Receita Federal do Brasil (RFB).

O(a) consulente informa que:

1) Submete-se ao acompanhamento econômico-tributário diferenciado, nos termos da Portaria RFB nº 2.356, de 14 de dezembro de 2010.
☐sim   ☐não

2) Tem prioridade de atendimento, nos termos do art. 1º da Lei nº 10.048, de 8 de novembro de 2000, c/c art. 3º da Lei nº 10.741, de 1º de outubro de 2003.
☐sim   ☐não

I - DESCRIÇÃO DETALHADA DA QUESTÃO

II - FUNDAMENTAÇÃO LEGAL (Dispositivos da legislação que ensejaram a consulta)

III - QUESTIONAMENTOS (Enumerar de forma objetiva):
   1) _____
   2) _____

IV - NÚMERO TOTAL DE QUESTIONAMENTOS:

OBS.: O teor da consulta deve:

1) limitar-se a fato determinado, contendo descrição detalhada de seu objeto e indicação das informações necessárias ao esclarecimento da dúvida;

2) indicar o dispositivo da legislação tributária e aduaneira (Lei, Decreto, Regulamento, Instrução Normativa, Ato Declaratório etc., com especificação de artigo, inciso, parágrafo e alínea, se for o caso) causador da dúvida de interpretação;

3) descrever detalhadamente o fato relacionado à atividade do(a) interessado(a) a que será aplicada a interpretação solicitada; e

4) apresentar de forma objetiva qual a dúvida específica do(a) interessado(a) na interpretação do dispositivo da legislação tributária.

Por fim, o(a) consulente(a) declara que:

a) não se encontra sob procedimento fiscal iniciado ou instaurado para apurar fatos que se relacionem com a matéria objeto da consulta;

b) não foi intimado(a) a cumprir obrigação relativa ao fato objeto da consulta; e

c) o fato exposto na consulta não foi objeto de decisão anterior, ainda não modificada, proferida em consulta ou litígio em que foi parte.

_____, ___ de _____ de _____
(local e data)

_____
(nome e assinatura do contribuinte ou de seu representante legal ou procurador)

(Modelo aprovado pela IN RFB nº 1434, de 30 de dezembro de 2013.)

ANEXO II

CONSULTA SOBRE A INTERPRETAÇÃO DA LEGISLAÇÃO TRIBUTÁRIA E ADUANEIRA
PESSOA JURÍDICA

Ao Coordenador-Geral da Cosit.

A pessoa jurídica _____, estabelecido(a) na cidade de _____, na (Rua, Avenida, Praça, Travessa) _____, nº____, bairro _____, CEP _____, telefone (__)_____, e-mail _____, Caixa Postal Eletrônica_____inscrito(a) no Cadastro Nacional da Pessoa Jurídica (CNPJ) sob o nº_____(obrigatório), inscrito(a) no Cadastro Específico do INSS (CEI) sob o nº _____ (opcional) e com ramo de atividade _____, por meio de seu(sua) representante legal ou procurador(a), o Sr.(a) _____, portador(a) do documento de identidade nº _____, expedido por _____, vem, na forma da Instrução Normativa RFB nº nº 1.396, de 16 de setembro de 2013, formular consulta sobre a interpretação da legislação tributária e aduaneira relativa a tributo administrado pela Secretaria da Receita Federal do Brasil (RFB).

O(a) consulente informa que:
* Submete-se ao acompanhamento econômico-tributário diferenciado, nos termos da Portaria RFB nº 2.563, de 19 de dezembro de 2012.
☐sim ☐não

I - DESCRIÇÃO DETALHADA DA QUESTÃO

II - FUNDAMENTAÇÃO LEGAL (Dispositivos da legislação que ensejaram a consulta)

III - QUESTIONAMENTOS (Enumerar de forma objetiva):
    1) _____
    2) _____

IV - NÚMERO TOTAL DE QUESTIONAMENTOS:

OBS.: O teor da consulta deve:

1) limitar-se a fato determinado, contendo descrição detalhada de seu objeto e indicação das informações necessárias ao esclarecimento da dúvida;

2) indicar o dispositivo da legislação tributária e aduaneira (Lei, Decreto, Regulamento, Instrução Normativa, Ato Declaratório etc., com especificação de artigo, inciso, parágrafo e alínea, se for o caso) causador da dúvida de interpretação;

3) descrever detalhadamente o fato relacionado à atividade do(a) interessado(a) a que será aplicada a interpretação solicitada; e

4) apresentar de forma objetiva qual a dúvida específica do(a) interessado(a) na interpretação do dispositivo da legislação indicado.

Por fim, o(a) consulente(a) declara que:

a) não se encontra sob procedimento fiscal iniciado ou instaurado para apurar fatos que se relacionem com a matéria objeto da consulta;

b) não foi intimado(a) a cumprir obrigação relativa ao fato objeto da consulta; e

c) o fato exposto na consulta não foi objeto de decisão anterior, ainda não modificada, proferida em consulta ou litígio em que foi parte.

_____, ___ de _____ de _____
(local e data)

_____
(nome e assinatura do contribuinte ou de seu representante legal ou procurador)

(Modelo aprovado pela IN RFB nº 1434, de 30 de dezembro de 2013.)

ANEXO III

CONSULTA SOBRE CLASSIFICAÇÃO FISCAL DE SERVIÇOS, INTANGÍVEIS E OUTRAS OPERAÇÕES QUE PRODUZAM VARIAÇÕES NO PATRIMÔNIO

Instruções Preliminares

A classificação fiscal de serviços, intangíveis e outras operações que produzam variações no patrimônio deve ser determinada, em princípio, pelo próprio consulente, através de pesquisa efetuada na Nomenclatura Brasileira de Serviços, Intangíveis e Outras Operações que Produzam Variações no Patrimônio (NBS), nas Notas Explicativas da Nomenclatura Brasileira de Serviços, Intangíveis e Outras Operações que Produzam Variações no Patrimônio (NEBS) e nas ementas de Pareceres e Soluções de Consulta publicadas no D.O.U. Somente nos casos em que, após pesquisa, persistir dúvida razoável, pode-se formular consulta sobre classificação fiscal nos termos da legislação vigente, prestando todas as informações técnicas necessárias ao perfeito entendimento do serviço, intangível ou outra operação.

Lembrar que são ineficazes consultas que não comportem dúvida razoável, por se enquadrarem em uma das hipóteses do art. 18 da IN RFB n.º 1.396, de 16 de setembro de 2013.

ATENÇÃO!! A consulta sobre Classificação Fiscal de Serviços, Intangíveis e outras Operações que produzam variações no patrimônio deve referir-se a um único serviço, intangível ou operação por processo.

Ilmo. Sr. Coordenador-Geral da Cosit.

Assunto: Consulta sobre classificação fiscal de serviço, intangível ou operação na NBS (ou as NEBS).

__ (nome empresarial) __, com sede na __ (rua/cidade/Estado) __, telefone_____, e-mail_____, Caixa Postal Eletrônica_____, registrada no CNPJ nº _____ _____, por seu representante legal (ou procurador) ___ (nome do representante ou procurador) ___, (contrato social, ata e estatuto e/ou procuração em anexo), que adiante assina, vem à presença de V.Sa., nos termos do § 1º do art. 48 da Lei n.º 9.430, de 26 de dezembro de 1996, combinado com os arts. 46 a 53 do Decreto n.º 70.235, de 6 de março de 1972, e com a Instrução Normativa RFB nº 1.396, de 16 de setembro de 2013, apresentar consulta sobre a classificação de serviços, intangíveis e outras operações que produzam variações no patrimônio, de que trata o art. 4º do Decreto nº 7.708, de 2 de abril de 2012, que institui a NBS e as NEBS, declarando que:

a) não se encontra sob procedimento fiscal iniciado ou já instaurado para apurar fatos que se relacionem com a matéria objeto da consulta;

b) não está intimado(a) a cumprir obrigação relativa ao fato objeto da consulta; e

c) o fato exposto na consulta não foi objeto de decisão anterior, ainda não modificada, proferida em consulta ou litígio em que foi parte.

O(a) consulente informa que:
* Submete-se ao acompanhamento econômico-tributário diferenciado, nos termos da Portaria RFB nº 2.563, de 19 de dezembro de 2012.
☐sim   ☐não

Indicação dos dispositivos que ensejaram a apresentação da consulta, bem assim dos fatos a que será aplicada a classificação solicitada. Na hipótese de consulta que verse sobre situação determinada ainda não ocorrida, o consulente deverá demonstrar a sua vinculação com o fato, bem como a efetiva possibilidade da sua ocorrência.

DESCRIÇÃO DETALHADA DA QUESTÃO (DESCRIÇÃO DO SERVIÇO, INTANGÍVEL OU OUTRA OPERAÇÃO QUE PRODUZA VARIAÇÃO NO PATRIMÔNIO):

Circunscreva-se a fato determinado, descrevendo-o suficientemente e indicando as informações necessárias à perfeita elucidação da matéria, para fins de enquadramento fiscal.

I – CLASSIFICAÇÃO ADOTADA E PRETENDIDA, COM OS CORRESPONDENTES CRITÉRIOS UTILIZADOS;

II – ENQUADRAMENTO DO SERVIÇO, DO INTANGÍVEL OU DE OUTRAS OPERAÇÕES NA LEGISLAÇÃO DO IMPOSTO SOBRE CIRCULAÇÃO DE MERCADORIAS E SERVIÇOS (ICMS) OU DO IMPOSTO SOBRE SERVIÇOS DE QUALQUER NATUREZA (ISSQN), QUANDO FOR O CASO; e

III – DESCRIÇÃO DO SERVIÇO, DO INTANGÍVEL OU DA OPERAÇÃO OBJETO DA CONSULTA.

OUTRAS EXIGÊNCIAS

1) O consulente poderá ser intimado para apresentar outras informações ou elementos que se fizerem necessários à apreciação da consulta.

2) Documentos e informações necessários para a correta caracterização técnica dos serviços, intangíveis e outras operações objeto da consulta, quando expressos em língua estrangeira, serão acompanhados de tradução para o idioma nacional.

_____, ___ de _____ de _____
(local e data)

_____
(nome e assinatura do contribuinte ou de seu representante legal ou procurador)

(Modelo aprovado pela IN RFB nº 1434, de 30 de dezembro de 2013.)

ANEXO IV

LISTA DE VERIFICAÇÃO – PROCESSO DE CONSULTA

1. ☐sim ☐não – O assunto tratado no processo de consulta confere com aquele constante da capa do processo?

2. ☐sim ☐não – A pessoa em nome da qual foi protocolado o processo de consulta é uma daquelas autorizadas pela legislação a formulá-la?

3. ☐sim ☐não – Sendo o consulente pessoa jurídica, a consulta foi formulada pelo estabelecimento matriz?

4. ☐sim ☐não – A consulta foi formulada por um único sujeito passivo?

5. ☐sim ☐não – Quem formula a consulta é o próprio consulente, a pessoa física responsável perante o CNPJ ou pessoa investida dos poderes de representação?

6. ☐sim ☐não – Os dados de identificação do consulente, tal como referenciado pelo art. 3º, § 2º, inciso I, da IN RFB nº 1.396, de 16 de setembro de 2013, estão completos?

7. ☐sim ☐não – O consulente apresentou a declaração de que trata o art. 3º, § 2º, inciso II, da IN RFB nº 1.396, de 16 de setembro de 2013?

8. ☐sim ☐não – A consulta circunscreve-se a fato determinado, descrevendo detalhadamente o seu objeto e indicando as informações necessárias à elucidação da matéria?

9. ☐sim ☐não – Há indicação dos dispositivos da legislação tributária e aduaneira que ensejaram a apresentação da consulta, bem como dos fatos a que será aplicada a interpretação solicitada?

10. ☐sim ☐não – Caso a consulta trate de situação determinada ainda não ocorrida, o consulente demonstra a sua vinculação com o fato, bem como a efetiva possibilidade da sua ocorrência?

11. ☐sim ☐não – Se a consulta foi formulada por entidade representativa de categoria econômica ou profissional em nome de seus associados ou filiados, foi apresentada autorização expressa destes, em estatuto ou documento individual ou coletivo?

12. ☐sim ☐não – A consulta sobre interpretação da legislação tributária e aduaneira se refere a um único tributo administrado pela RFB, restringindo-se a uma única matéria, ou, no caso de abordar mais de um tributo ou mais de uma matéria, trata de matérias conexas?

13. ☐sim ☐não – A consulta sobre classificação de serviços, intangíveis e outras operações que produzam variações no patrimônio refere-se a um único serviço, intangível ou operação?

14. ☐sim ☐não – Foram cumpridos os demais requisitos a que se referem os arts. 3º e 4º da IN RFB nº 1.396, de 16 de setembro de 2013?

Preencher, se de conhecimento imediato:

☐sim ☐não – O consulente está intimado a cumprir obrigação relativa ao fato objeto da consulta?

☐sim ☐não – A consulta versa sobre fato objeto de litígio, de que o consulente faça parte, pendente de decisão definitiva nas esferas administrativa ou judicial?

☐sim ☐não – O consulente está sob procedimento fiscal, iniciado antes da apresentação da consulta, para apurar os fatos que se relacionem com a matéria consultada?

☐sim ☐não – O fato relatado na consulta foi objeto de solução anterior proferida em consulta ou litígio em que foi parte o consulente, e cujo entendimento por parte da Administração não foi alterado por ato superveniente?

☐sim ☐não – O fato relatado na consulta encontra-se disciplinado em ato normativo publicado na Imprensa Oficial antes de sua apresentação?

☐sim ☐não – A consulta versa sobre constitucionalidade ou legalidade da legislação tributária e aduaneira?

☐sim ☐não – O fato relatado na consulta encontra-se definido ou declarado em disposição literal da lei?

☐sim ☐não – O fato relatado na consulta encontra-se definido como crime ou contravenção penal?

☐sim ☐não – A consulta versa sobre procedimentos relativos a parcelamento de débitos administrados pela RFB?

☐sim ☐não – A consulta tem por objetivo a prestação de assessoria contábil-fiscal pela RFB?

☐sim ☐não – A matéria objeto da consulta é estranha à legislação tributária e aduaneira?

REFERÊNCIAS BIBLIOGRÁFICAS

AMARO, Luciano. Direito Tributário Brasileiro. São Paulo: Saraiva, 2012.

AMARO, Luciano. Direito tributário Brasileiro. 8ª ed. São Paulo: Saraiva, 2002,

ARAÚJO, Florivaldo Dutra. Motivação e controle do ato administrativo. 2ª ed. Belo Horizonte: Del Rey, 2005.

ÁVILA, Humberto. Teoria dos Princípios: da Definição à Aplicação dos Princípios Jurídicos. São Paulo: Malheiros Editora, 2005.

BRASIL, Constituição da República Federativa do Brasil, 1988.

BRASIL. Decreto-lei nº 5.452, de 1º de maio de 1943 (Consolidação das Leis do Trabalho)

BRASIL. Lei nº 4.502, de 30 de novembro de 1964.

BRASIL. Lei nº 5.172, de 25 de outubro de 1966 (Código Tributário Nacional)

BRASIL. Decreto nº 70.235, 6 de março de 1972.

BRASIL. Lei nº 8.906, de 4 de julho de 1994 (Estatuto da Advocacia e a Ordem dos Advogados do Brasil).

BRASIL. Lei nº 8.112, de 11 de dezembro de 1990.

BRASIL. Lei nº 9.430, de 27 de dezembro de 1996.

BRASIL. Lei nº. 9.784, de 29 de janeiro de 1999.

BRASIL. Lei nº 10.522, de 19 de julho de 2002.

BRASIL. Lei nº 10.406, de 10 de janeiro de 2002 (Código Civil)

BRASIL. Lei nº 10.833, de 29 de dezembro de 2003.

BRASIL. Lei nº 11.457, de 16 de março de 2007

BRASIL. Lei nº 12.527, de 15 de novembro de 2011.

BRASIL. Lei nº 12.546, de 14 de dezembro de 2011.

BRASIL. Lei nº 12.546, de 14 de dezembro de 2011

BRASIL. Medida Provisória nº 2.200-2, de 24 de agosto de 2001.

BRASIL. Decreto nº 592, de 6 de julho de 1992 (Pacto Internacional sobre Direitos Civis e Políticos), art. 2.3

BRASIL. Decreto nº 3.724, de 10 de janeiro de 2001.

BRASIL. Decreto nº 7.574, de 29 de setembro de 2011.

BRASIL. Decreto nº 7.212, de 15 de junho de 2010.

BRASIL. Decreto 9.094, de 17 de julho de 2017

BRASIL. Decreto nº 7.708, de 2 de abril de 2012.

BRASIL. Portaria MF nº 527, de 9 de novembro de 2010.

BRASIL. Portaria MF nº 203, de 14 de maio de 2012.
BRASIL. Portaria MF nº 2, de 6 de novembro de 2006.
BRASIL. Portaria RFB nº 2.218, de 19 de dezembro de 2014.
BRASIL. Portaria RFB nº 1.098, de 8 de agosto de 2013.
BRASIL. Portaria RFB nº 1.195, de 26 de agosto de 2013.
BRASIL. Portaria RFB nº 2.344, de 24 de março de 2011.
BRASIL. Portaria RFB nº 1.880, de 24 de dezembro de 2013
BRASIL. Instrução Normativa RFB 1.077, de 2010.
BRASIL. Instrução Normativa RFB nº 1.396, de 16 de setembro de 2013
BRASIL. Instrução Normativa RFB nº 1.434, de 30 de dezembro de 2013.
BRASIL. Instrução Normativa RFB nº 1.470, de 30 de maio de 2014.
BRASIL. Instrução Normativa RFB nº 740, de 2 de maio de 2007
BRASIL. Instrução Normativa RFB nº 944, de 29 de maio de 2009
BRASIL. Instrução Normativa RFB nº 1.277, de 28 de junho de 2012.
BRASIL. Instrução Normativa RFB nº 1.567, de 5 de junho de 2015.
BRASIL. Instrução Normativa RFB nº 1689, de 20 de fevereiro de 2017.
BRASIL. CARF, Acórdão nº 3803-004.436, data da publicação: 24/09/2013.
BRASIL. CARF, Acórdão nº 3101-001.575, rel. Cons. Rodrigo Mineiro Fernandes, 1ª Câmara, 1ª Turma Ordinária, sessão de 25 de fevereiro de 2014.
BRASIL. CARF, Acórdão nº 1101-00014, publicado em 12/03/2009.
BRASIL. CARF – Acórdão nº 1802-001.997, Rel. Cons. Nelso Kichel, 2ª Turma Especial, sessão de 11/02/2014.
BRASIL. CARF, Acórdão 3202-000.622, 2ª Câmara – 2ª Turma Ordinária. Recurso Voluntário. Sessão de 30 de janeiro de 2013.
BRASIL. STF, RE nº 100.378, rel. Min. Aldir Passarinho.
BRASIL. AI nº 29.978, rel. Min. Antonio Villas Boas, julgamento em 13/03/1964, 2ª Turma.
BRASIL. AI nº 32.661, rel. Min. Hermes Lima, julgamento em 14/05/1965, 2ª Turma.
BRASIL. STF, Rep. 1417, Rel. Min. Moreira Alves,1987.
BRASIL. STF, RE 131.741/SP, Rel. Min. Marco Aurélio, Segunda Turma, DJ 24/05/96.
BRASIL. STF, RE nº 72.430/SP, rel. Min. Oswaldo Trigueiro, 1ª Turma, sessão de 29/02/1972, publicado em 05/04/1972.
BRASIL. STF, ADI Nº 447, rel. Min. Octávio Gallotti, voto do Min. Carlos Velloso, julgamento em 5/6/1999, Plenário, DJ de 5/3/1993.
BRASIL. STF. Plenário. RE nº 573.232/SC, rel. orig. Min. Ricardo Lewandowski, red. p/ o acórdão Min. Marco Aurélio, julgado em 14/5/2014.
BRASIL. STF, RE nº 75.234/SP, rel. Min. Aldir Passarinho, 2ª Turma, julgamento em 19/04/1983, DJ 03/06/1983.
BRASIL. STF, AI 257.205-AgR-ED-ED, Rel. Min. CEZAR PELUSO, Segunda Turma, DJe 24/10/2008.

BRASIL. STJ, REsp 786.473/MG, Rel. Min. CASTRO MEIRA, T2 – Segunda Turma, DJ 31/10/2006.

BRASIL. REsp 58.827, Rel. Min. Antônio de Pádua Ribeiro, 2ª Turma, DJ 28/08/1995.

BRASIL. STJ, Resp nº 1.120.295/SP, rel. Min. Luiz Fux, Primeira Seção, julgamento em 12/05/2010, Dje 21/05/2010.

BRASIL. REsp 1.203.488 / MG, Rel. Min. Mauro Campbell Marques, 2ª Turma, DJE 08/10/2010.

BRASIL. STJ, REsp 1.251.566/SC, Rel. Min. MAURO CAMPBELL MARQUES, julgado em 07/06/2011, DJe 14/06/2011.

BRASIL. STJ, Resp nº 877.352, rel. Min. Luiz Fux, 1ª Turma, Dje 15/09/2008.

BRASIL. STJ, REsp 1.248.719/PR, Rel. Min. HERMAN BENJAMIN, T2 – Segunda Turma, DJe 30/05/2011.

BRASIL. STJ, HC 411.648/SP, Rel. Ministra MARIA THEREZA DE ASSIS MOURA, SEXTA TURMA, julgado em 14/11/2017, DJe 21/11/2017.

BRASIL. STJ, Resp nº 670.601/PR, rel. Min. Teori Zavaski, 1ª Turma, julgamento em 10/06/2008, Dje de 19/06/2006.

BRASIL. STJ, REsp nº 761.376/PR, Rel. Min. Castro Meira, 2ª Turma, DJ 25/08/ 2006.

BRASIL. STJ, Resp 600.218. Rel. Min., José Delgado, T1 – Primeira Turma, DJ 17/05/2004.

BRASIL. STJ, REsp 256.131/SP, Rel. Min. Humberto Gomes de Barros, 1ª Turma, DJ 04/09/2000

BRASIL. STJ, Resp 615.335/SP, Rel. Min. Luiz Fux, Primeira Turma, DJ 31/05/2004.

BRASIL. STJ, Resp 37.551/PE, Rel. Min. MILTON LUIZ PEREIRA, T1 – Primeira Turma, DJ 10/04/1995.

BRASIL. STJ, Resp nº 396.483/PR, rel. Min. Humberto Martins, Segunda Turma, julgado em 2/08/2007, DJ de 17/12/2007, p. 158.

BRASIL. STJ, REsp 50.440/MG, Rel. Min. Milton Luiz Pereira, 1 ª Turma, DJ 18/09/1995.

BRASIL. STJ, REsp Nº 555.608/MG, Rel. Min. JOÃO OTÁVIO DE NORONHA, Segunda Turma, DJ 16/11/2004.

BRASIL. STJ, AgRg no AgRg no REsp 747.383/SC, 200500736953, Primeira Turma, Rel. Min. Francisco Falcão, DJ 24/08/2006.

BRASIL. STJ, Resp nº 965.271/RJ, Rel. Min. Eliana Calmon, Segunda Turma, Dje de 3/09/2009.

BRASIL. STJ, REsp 21.185-9, Rel. Min. CÉSAR ROCHA, DJ 22/11/1993.

BRASIL. TRF 5, APELREEX 135051220124058100, Rel. Des. Fed. MANOEL ERHARDT, Primeira Turma, DJe 12/12/2013.

BRASIL. TJ/RJ, Apelação Cível nº 60.107/RJ, rel. Min. Pedro Rocha Acioli, DJU 1º de julho de 1982.

BURMAN, Leornard E., SLEMROD, Joel. Taxes in América: what everyone needs to know. Oxford University Press: New York, 2013.

CARVALHO FILHO, José dos Santos. Manual de Direito Administrativo. 27. ed. São Paulo: Atlas, 2014.

CARVALHO FILHO, José dos Santos. Manual de Direito Administrativo. 6ª ed., Rio de Janeiro: Editora Lúmen Júris, 2000, p.99.

CASTARDO, Hamilton Fernando. Processo Tributário Administrativo. São Paulo: IOB, 2011.

CASSONE, Vittorio & Maria Eugênia Teixeira Cassone. Processo Tributário: Teoria e Prática. 8ª ed. São Paulo: Atlas, 2007.

COÊLHO, Sacha Calmon Navarro. Curso de Direito Tributário Brasileiro. Rio de Janeiro: Forense, 2005.

COOLEY, Thomas. The Law of Taxation §1. Chicago: Callaghan, 1924.

DINIZ, Maria Helena. Código Civil Comentado. São Paulo, 2010.

DI PIETRO, Maria Sylvia Zanella. Direito Administrativo. 16 ed. São Paulo: Atlas, 2003.

FALEIRO, Kelly Magalhães. Procedimento de Consulta Fiscal. São Paulo: Noeses, 2005.

FERRAJOLI, Luigi. Direito e Razão: teoria do garantismo penal. 2ª ed.. São Paulo: Revista dos Tribunais, 2006.

FERRAZ JÚNIOR., Tércio Sampaio Introdução ao Estudo do Direito: Técnica, Decisão, Dominação. São Paulo: Atlas, 2011.

FERRAZ; Sérgio; DALLARI, Adilson Abreu. Processo Administrativo. 1ª ed. São Paulo: Malheiros, 2002.

INTER-AMERICAN COURT OF HUMAN RIGHTS (ICHR). Compulsory Membership in an Association Prescribed by Law for the Practice of Journalism. Parecer Consultivo OC-5/85, San José, 1985.

LARENZ, Karl. Metodologia da Ciência do Direito. Tradução de José Lamego. 4. ed.. Lisboa: Fundação Calouste Gulbekian, 2005.

MACHADO, Hugo de Brito, Curso de Direito Tributário, 20 ed. São Paulo: Malheiros, 2002.

MACHADO SEGUNDO, Hugo de Brito. Processo Tributário, 5ª ed., São Paulo: Atlas, 2010.

MARINS, Jaime. Direito Processual Tributário Brasileiro (Administrativo e Judicial), 6ª ed., São Paulo: Dialética, 2012.

MAXIMILIANO, Carlos. *Hermenêutica e Aplicação do Direito.* Rio de Janeiro: Forense, 2001.

MEIRELLES, Hely Lopes. Direito Administrativo Brasileiro. 31ª ed., São Paulo: Malheiros Editores, 2005.

MELLO, Celso Antônio Bandeira de. Curso de Direito Administrativo. 26ª ed. São Paulo: Malheiros, 2009.

NEDER, Marcos Vinicius; LÓPEZ, Maria Teresa Martinez. Processo Administrativo Fiscal Federal, 3. ed.. São Paulo: Dialética, 2010.

NEVES, Castanheira. A Interpretação Jurídica. *In*: Digesta: escritos acerca do direito, do pensamento jurídico, da sua metodologia e outros. Coimbra: Coimbra Editora, 1995. V. 2.

NOGUEIRA, Ruy Barbosa. Curso de direito tributário. 12. ed. São Paulo: Saraiva, 1994.

NOGUEIRA, Ruy Barbosa. Da Interpretação e da aplicação das leis tributárias. 2. ed. São Paulo: José Bushatsky-Editor 1974.

ORGANIZATION OF AMERICAN STATES (OEA). Inter-American Commission on Human Rights. Report of the Office of the Special Rapporteur for Freedom of Expression, Washington, 1999, v.3. (OEA/Ser. L/V/II.102, Doc. 6 rev.).

PEREIRA, Caio Mário da Silva. Instituições de Direito Civil: Contratos. Rio de Janeiro: Forense, 2013.

POSNER, Eric A. & VERMEULE, Adrian. The Executive Unbound. After the Madisonian Republic. Oxford University Press: 2010.

RIBEIRO, Ricardo Lodi. Tributos: teoria geral e espécies. Niterói, Rio de Janeiro: Impetus, 2013.

ROCHA, Valdir de Oliveira. A consulta fiscal. São Paulo: Dialética, 1996.

ROCHA, Valdir de Oliveira. A Consulta Fiscal. 2005. 129f. Tese (livre Docência do Departamento de Direito Econômico e Financeiro – Departamento de Direito Econômico e Financeiro, área de Direito Tributário. Faculdade de Direito, Universidade de São Paulo, São Paulo, 2005.

ROSA JÚNIOR, Luiz Emygdio. Manual de Direito Financeiro e Direito Tributário. Rio de Janeiro: Renovar, 2007.

SEPULVEDA, Antonio. As Diferentes Estratégias Interpretativas e a Influência Institucional sobre o Intérprete. V. 8. São Paulo: Revista do Instituto de Hermenêutica Jurídica, 2017.

SILVA, Virgílio Afonso. "Interpretação Conforme à Constituição: entre a Trivialidade e a Centralização Judicial". Revista DireitoGV, 2:1, 2006.

STRECK, Lênio Luiz. Jurisdição Constitucional e Decisão Jurídica. São Paulo: Revista dos Tribunais, 2013.

SUNDFELD, Carlos Ari. Motivação do ato administrativo como garantia dos administrados. Revista de Direito Público. São Paulo, v. 18, n.75, p. 118-127, jul./set., 1985.

SUNSTEIN, Cass; VERMEULE, Adrian. "Interpretation and Institutions". John Olin Law & Economics Working Paper, 156, 2010.

TORRES, Ricardo Lobo. Curso de Direito Financeiro e Tributário. Rio de Janeiro: Renovar, 2011.

VERMEULE, Adrian. SUNSTEIN, Cass. *Interpretation and institutions*. Chicago Public Law & Legal Theory Working Papers Series, nº 28, 2002.

VERMEULE, *Mechanisms of Democracy. Institutional Design Writ Small*, Oxford University Press, 2007.

VERMEULE, Adrian. The System of the Constitutional. Oxford University Press: New York, 2011.

VERMEULE, Adrian. The Constitution of Risk. Harvard Law School: 2014.

VERMEULE, A., The Constitution of Risk. New York: Cambridge University Press, 2014.

WARAT, Luiz Alberto. Introdução Geral ao Direito: Interpretação da Lei. Porto Alegre: Sergio Fabris, 1994.

www.ingramcontent.com/pod-product-compliance
Lightning Source LLC
Chambersburg PA
CBHW031619210526
45464CB00004B/1658